Mathematik

4

eins zwei drei

Schülerbuch

Erarbeitet von
Ümmü Demirel
Astrid Deseniss
Claudia Drews
Christina Hohenstein
Christian Grulich
Anne Schachner
Susanne Ullrich
Christine Winter

und
der Cornelsen Redaktion
Primarstufe

Cornelsen

Hierüber solltet ihr gemeinsam sprechen.

Hier findest du wichtige Wörter und Erklärungen.

Die Stellenwerttafel

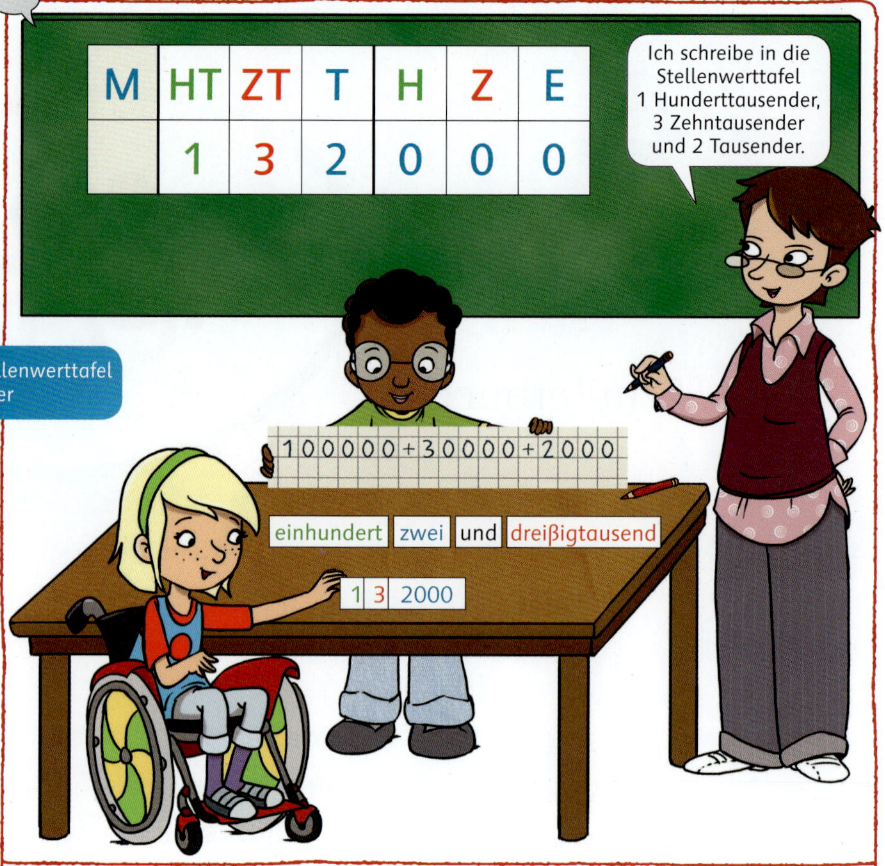

M | HT | ZT | T | H | Z | E
1 | 3 | 2 | 0 | 0 | 0
Ich schreibe in die Stellenwerttafel 1 Hunderttausender, 3 Zehntausender und 2 Tausender.
100000 + 30000 + 2000
einhundert zwei und dreißigtausend
1 3 2000

die Stellenwerttafel
die Ziffer

one hundred and thirty-two thousand

sto trzydzieści dwa tysiące

yüz otuz iki bin

centotrentaduemila

① Lege die Zahl mit Zahlenkarten.
Schreibe die Plusaufgabe.
Schreibe die Zahl in die Stellenwerttafel.

a) 7 HT 9 ZT 8 T　　b) 4 HT 8 ZT 1 T　　c) 2 H 5 T

d) 108 000　　e) 692 000　　f) 999 000

g) achthundertfünfundzwanzigtausend　　h) vierundachtzigtausend

22

Didaktische Information
Vertiefung der Struktur des Zehnersystems – Stellenwertschreibweise; **I** Um die Schwierigkeit zu isolieren, zuerst nur glatte Tausender; darauf achten, dass auch Nullen eingetragen werden; **D** Zahlen legen lassen.

Sprechen
Handlung sprachlich begleiten: *Ich schreibe in die Stellenwerttafel. Wie viele Hundertausender, … es sind.* **I** Analogie in der Sprechweise der HT, ZT, T zu H, Z, E erkennen; Sprachvergleich: Zahlen in verschiedenen Sprachen

▸D 13/14
▸KV 14/15

Das bedeuten die Zeichen:

Piktogramme: ins Heft schreiben　S. 12 Nr. 2　a) 5 · 5 + 4 =　　mit einem Partner arbeiten

① Anforderungsbereich „Reproduzieren“

① Anforderungsbereich „Zusammenhänge herstellen“

① Anforderungsbereich „Verallgemeinern und Reflektieren“

Leo und Lina bringen Hilfsmittel und erinnern an Strategien.

M	HT	ZT	T	H	Z	E
	1	3	2	6	4	1

100000 + 30000 + 2000 + 600 + 40 + 1

einhundert | zwei | und | dreißigtausend | sechshundert | ein | und | vierzig

1 3 2 6 4 1

② Wie heißt die Zahl? Schreibe als Plusaufgabe.

S. 23 Nr. 2
a) 300000 + 50000 + 20 = 350020

	M	HT	ZT	T	H	Z	E
a)		■■■	■■■■■			■■	
b)		■	■■	■	■■■		■■
c)			■■■■			■■■	
d)		■■		■■		■■	
e)	■						

③ Lege die Zahl 748 392 in die Stellenwerttafel.

a) Wie viele Plättchen hast du benutzt?

b) Nimm ein Plättchen weg. Wie heißt die Zahl? Finde verschiedene Möglichkeiten.

c) Lege ein Plättchen dazu. Wie heißt die Zahl? Finde verschiedene Möglichkeiten.

④ Lege mit zehn Plättchen verschiedene Zahlen in die Stellenwerttafel. Vergleiche mit einem Partner.

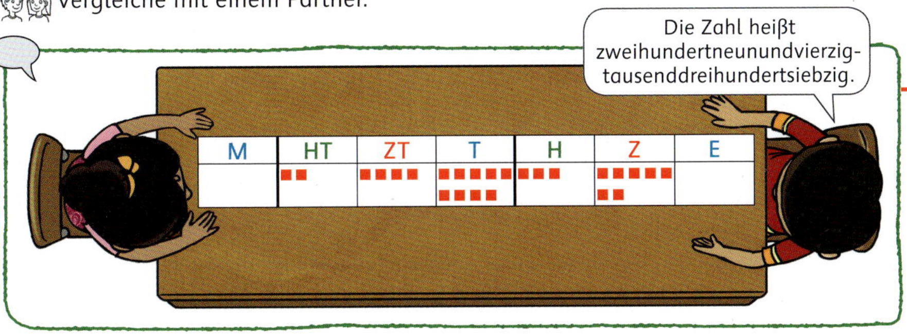
Die Zahl heißt zweihundertneunundvierzigtausenddreihundertsiebzig.
M
HT
ZT
T
H
Z
E

Hier kannst du mit einem Partner üben.

►AH 13/14
►D 13/14
►KV 14/15

Sprechen
Zahlen sprechen auch in Partnerarbeit (z. B. als Partnerdiktat) üben

Didaktische Information
Sprechen, Lesen und Darstellen der Zahlen bis 1 000 000 mit allen Stellenwerten;
! Besprechen, was sich wie verändert, wenn man Plättchen in der Stellenwerttafel verschiebt/wegnimmt.

Erklärung/ Grundwissen

Partnerkurs

Sprachförderung

Fachwortschatz

die Stellenwerttafel
die Ziffer

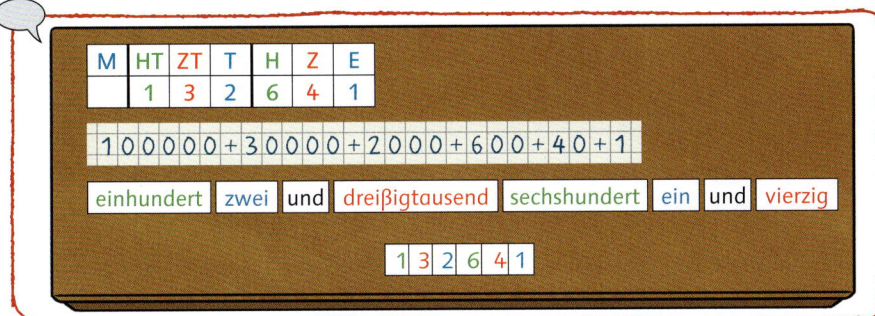

Inhaltsverzeichnis

Wiederholung: Rechnen bis 1000

Die Zahlen bis 1 000 000

Längen

Addieren und Subtrahieren bis 1 000 000

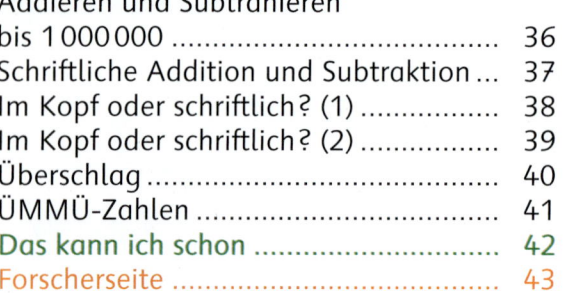

Geometrie: Zeichnen

Multiplizieren und Dividieren bis 1 000 000

Pläne und Zeit

Schriftliches Multiplizieren

Gewicht

Symmetrie und Flächen

Schriftliches Dividieren

Volumen

Daten, Häufigkeit, Wahrscheinlichkeit

Sachrechnen mit gemischten Größen

Körper

Addieren und Subtrahieren bis 1000

die Addition
addieren
die Subtraktion
subtrahieren

① a) Welche Aufgaben findest du leicht?
Rechne die leichten Aufgaben.

b) Welche Aufgaben findest du schwer?
Schreibe deinen Rechenweg auf und rechne die schweren Aufgaben.

c) Erkläre, warum du die Aufgaben schwer findest.

② Rechne die Aufgabe.
Beschreibe, wie sich die Hunderter, Zehner und Einer bei der Rechnung verändern.

a) 284 + 301 b) 351 – 5 c) 270 + 70 d) 593 – 70

der Einer | der Zehner | der Hunderter

wird kleiner. | wird größer. | bleibt gleich.

③ Setze die richtigen Zeichen <, > oder = ein.

a) 888 – 440 ◯ 444
697 – 323 ◯ 374
1000 – 666 ◯ 444
563 – 199 ◯ 364

b) 215 ◯ 800 – 500
738 ◯ 434 + 304
671 ◯ 292 + 350
345 ◯ 900 – 655

Didaktische Information
1 ist auch zum Ermitteln der Lernausgangslage nutzbar; Rechenwege können auszugsweise präsentiert werden

Sprechen
Beschreiben lassen, woran Kinder erkennen, dass eine Aufgabe für sie schwer oder leicht ist, ggf. durch Wortkarten/Satzanfänge unterstützen
3 ist größer als, ist kleiner als, ist gleich

▸D 1/2
▸KV 1/2

④ Finde zu jedem Rechenweg die passende Beschreibung.

> Hunderter plus Hunderter,
> Zehner plus Zehner.
> Einer plus Einer, dann
> rechne ich zusammen.

> Erst die Einer dazu. Die Partnerzahlen
> helfen mir. Dann die Zehner dazu und
> dann die Hunderter dazu.

> Erst die Hunderter dazu,
> dann die Zehner dazu
> und dann die Einer dazu.

> Erst die Einer weg.
> Ich zerlege die Einer.
> Dann die Zehner weg und
> dann die Hunderter weg.

> Erst die Hunderter weg,
> dann die Zehner weg
> und dann die Einer weg.

a) 325 + 136
325 + 100 = 425
425 + 30 = 455
455 + 6 = 461

b) 524 – 317
524 – 4 – 3 = 517
517 – 10 = 507
507 – 300 = 207

c) 458 + 136 = 594
400 + 100 = 500
50 + 30 = 80
8 + 6 = 14

d) 624 – 253
624 – 200 = 424
424 – 50 = 374
374 – 3 = 371

e) 238 + 347
238 + 2 + 5 = 245
245 + 40 = 285
285 + 300 = 585

⑤ Wie rechnest du?

a) 753 – 408 b) 607 + 214 c) 629 – 372
d) 406 + 424 e) 350 – 127 f) 187 + 370
g) Finde eigene Aufgaben.

⑥ Bei 5 Aufgaben ist das Ergebnis größer als 500.
Finde die 5 Aufgaben und schreibe sie auf.

a) 250 + 175 b) 796 – 397 c) 825 – 375 d) 606 – 96
e) 666 + 67 f) 136 + 376 g) 242 + 242 h) 666 – 66
i) 613 – 127 j) 209 + 241 k) 1000 – 550 l) 409 + 99

Sprechen
Kinder beschreiben und erklären Rechenwege frei oder mit Hilfe von „Strategiekarten“.

Didaktische Information
5 Auswahl eines günstigen Rechenwegs

Schriftliche Addition

die schriftliche Addition
die Summe
der Übertrag

① Addiere schriftlich.

a) 448 + 341　b) 253 + 314　c) 206 + 250
d) 529 + 149　e) 208 + 26　f) 390 + 177
g) 87 + 36　h) 248 + 208　i) 263 + 82
j) 598 + 191　k) 593 + 394　l) 195 + 483

S. 8 Nr. 1

a)
```
  448
+ 341
-----
    9
```

m) Sieh dir alle Ergebnisse an. Welches Ergebnis passt nicht?

② Schreibe die richtigen Sätze zur schriftlichen Addition in dein Heft.

- Ich schreibe die Einer unter die Einer.
- Ich schreibe die Zehner unter die Hunderter.
- Ich kann 10 Einer in 1 Zehner wechseln.
- Den Übertrag von den Einern schreibe ich zu den Zehnern.
- Das Ergebnis einer Additionsaufgabe heißt Summe.
- Den Übertrag von den Einern schreibe ich zu den Einern.

③ Addiere schriftlich.
Der Übertrag kann größer als 1 sein.

a) 349 + 88 + 117　b) 203 + 199 + 107
c) 420 + 244 + 83　d) 333 + 69 + 209
e) 701 + 107 + 96　f) 426 + 64 + 91

S. 8 Nr. 3

a)
```
  349
+  88
+ 117
   2
-----
    4
```

④ Welche Aufgaben rechnest du im Kopf?
Welche Aufgaben rechnest du schriftlich?

426 + 199　703 + 157　350 + 250　444 + 222　467 + 256　378 + 187　567 + 234　605 + 270

S. 8 Nr. 4

im Kopf	schriftlich
350 + 250 =	378 + 187 ―――

Didaktische Information
4 Beschreiben lassen, woran Kinder erkennen, dass sie die Aufgabe im Kopf rechnen können bzw. schriftlich rechnen müssen

Sprechen
Die Kinder sollten begleitend zur Notation die Sprechweise wiederholen und den Rechenweg beschreiben und erklären.

▸AH 6
▸KV 3

Schriftliche Subtraktion

① Subtrahiere schriftlich.

a) 856 – 234 b) 694 – 321 c) 742 – 322

d) 569 – 264 e) 386 – 65 f) 645 – 34

S. 9 Nr. 1

a)
```
  856
- 234
-----
```

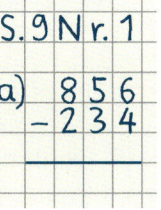

② Subtrahiere schriftlich. Denke an den Übertrag.

a) 715 – 608 b) 872 – 256 c) 563 – 184

d) 608 – 143 e) 526 – 78 f) 913 – 209

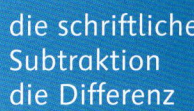

die schriftliche Subtraktion
die Differenz

③ Schreibe die richtigen Sätze zur schriftlichen Subtraktion in dein Heft.

- Ich muss mit den Hundertern anfangen.
- Ich kann 1 Zehner in 10 Einer wechseln.
- Ich muss mit den Einern anfangen.
- Die größere Zahl steht immer oben.
- Das Ergebnis einer Subtraktionsaufgabe heißt Differenz.
- Bei der schriftlichen Subtraktion muss ich addieren.

④ Bilde mit den Zahlenkarten zwei dreistellige Zahlen. Subtrahiere.

1 2 3 4 5 6 7 8 9

a) Die Differenz soll zwischen 400 und 500 liegen.

b) Die Differenz soll möglichst groß sein.

c) Die Differenz soll möglichst klein sein.

d) Vergleiche mit einem Partner.

⑤ Welche Aufgaben rechnest du im Kopf? Welche Aufgaben rechnest du schriftlich?

715 – 85 500 – 350 673 – 287 805 – 690 800 – 222 666 – 440

S. 9 Nr. 5

im Kopf	schriftlich
500 – 350 =	673 – 287

Sprechen
Die Kinder sollten begleitend zur Notation die Sprechweisen wiederholen und den Rechenweg beschreiben und erklären.

Didaktische Information
Aufgaben können mit Ergänzungs- oder Abziehverfahren bearbeitet werden;
4 Zahlenkarten und Stellenwerttafel zur Verfügung stellen

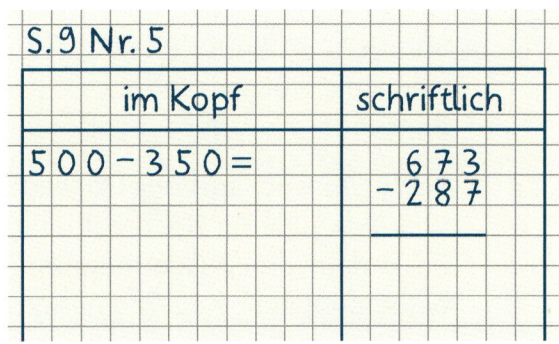

addieren
multiplizieren

① Rechne die Mal-Plus-Häuser.

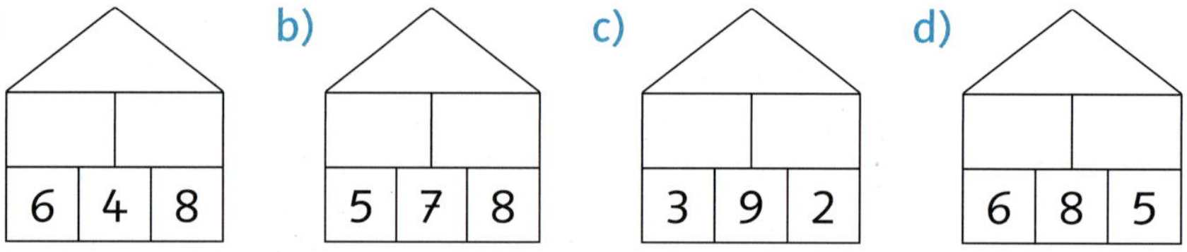

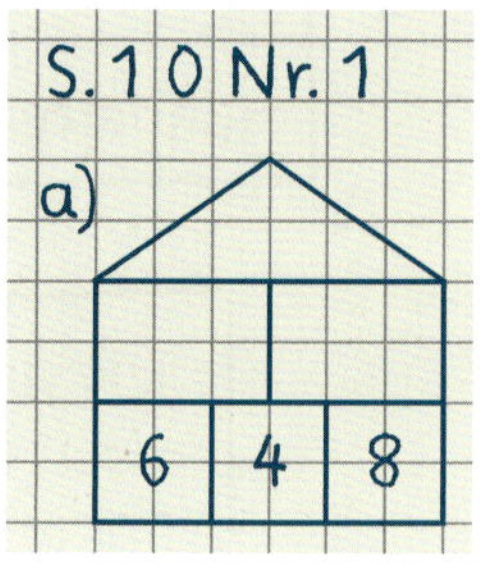

e) Finde eigene Mal-Plus-Häuser.

②

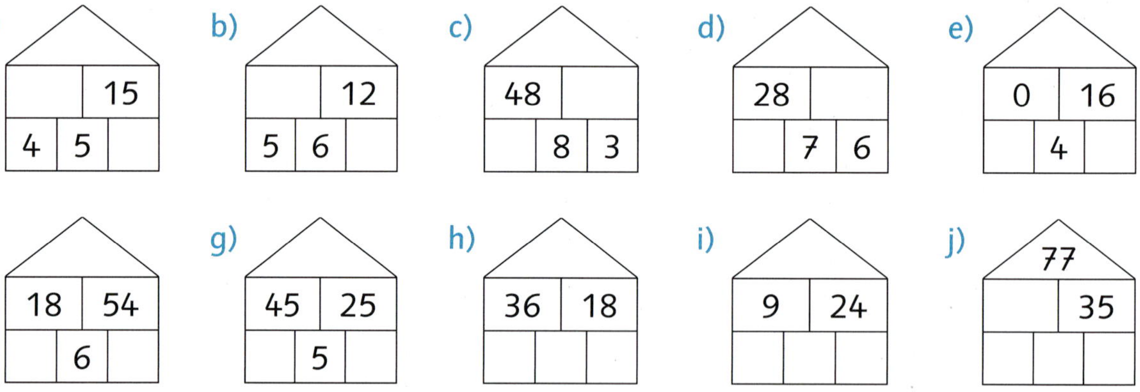

③ a) Finde alle Häuser mit der Dachzahl 35 und der mittleren Kellerzahl 7.
Wie viele Häuser gibt es?
Begründe, warum es nicht mehr Häuser gibt.

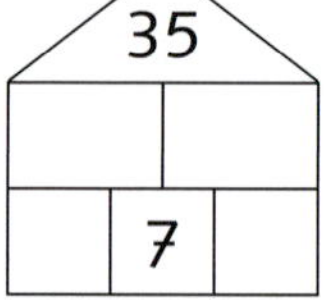

b) Finde ein Haus mit der Dachzahl 70 und den äußeren Kellerzahlen 6 und 4.
Beschreibe den Zusammenhang zwischen den beiden äußeren Kellerzahlen und der Dachzahl.

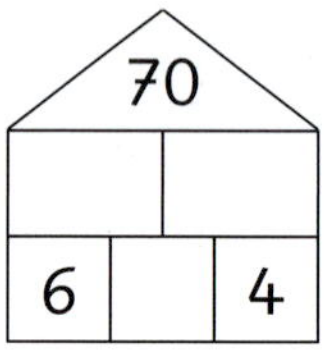

Didaktische Information
! Andere Rechenweise als bei den bekannten Zahlenmauern;
Erkennen von Beziehungen in Mal-Plus Häusern;
Begründen von Entdeckungen

Sprechen
Zuerst multipliziere ich im Keller. Dann addiere ich in der Wohnung.

▸KV 5/6

Vielfache und Teiler

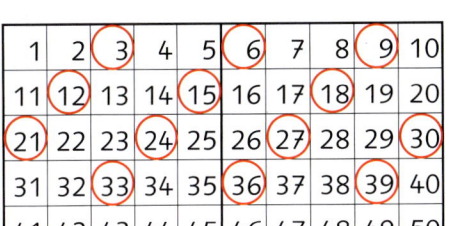

1	2	(3)	4	5	(6)	7	8	(9)	10
11	(12)	13	14	(15)	16	17	(18)	19	20
(21)	22	23	(24)	25	26	(27)	28	29	(30)
31	32	(33)	34	35	(36)	37	38	(39)	40
41	42	43	44	45	46	47	48	49	50

Die Ergebnisse der Dreierreihe sind Vielfache von 3.

das Vielfache

① Schreibe immer 10 Vielfache auf.

a) Vielfache von 2 b) Vielfache von 4 c) Vielfache von 6

② Vervollständige die Sätze.

a) 35 ist ein Vielfaches von 5, denn ____ ist 35.

b) 48 ist ein Vielfaches von 8, denn ____ ist 48.

c) ____ ist ein Vielfaches von ____, denn 4 · 7 ist 28.

d) ____ ist ein Vielfaches von ____, denn 3 · 9 ist 27.

S. 11 Nr. 2
a) 35 ist ein Vielfaches
von 5, denn
7 · 5 ist 35.

12	:	1	=	12
12	:	2	=	6
12	:	3	=	4
12	:	4	=	3
12	:	6	=	2
12	:	12	=	1

1, 2, 3, 4, 6 und 12 sind Teiler von 12.

der Teiler
teilbar

③ Finde alle Geteiltaufgaben.
Markiere die Teiler.

a) 8 b) 15 c) 24 d) 7 e) 20

S. 11 Nr. 3
a) 8 : 1 =
8 : =

④ Schreibe die richtigen Sätze auf.

Das Sechsfache von 7 ist 49.

Jedes Vielfache von 6 ist auch ein Vielfaches von 3.

Die Zahl 12 hat mehr Teiler als die Zahl 13.

Eine Zahl ist durch 2 teilbar, wenn der Zehner durch 2 teilbar ist.

Eine Zahl ist durch 2 teilbar, wenn der Einer durch 2 teilbar ist.

Sprechen
35 ist ein Vielfaches von 5, denn 7 mal 5 ist 35.
1,2,3,4,6 und 12 sind Teiler von 12.
12 ist teilbar durch 1,2,3,4,6 und 12.

Didaktische Information
1 Vielfache können auch unbegrenzt gebildet werden.
2 Kinder eigene Sätze bilden lassen

Punktrechnung vor Strichrechnung

die Punktrechnung
multiplizieren
dividieren
die Strichrechnung
addieren
subtrahieren

7 + 5 · 6 = 37
7 + 30 = 37

40 : 5 − 2 = 6
8 − 2 = 6

Die Rechenregel heißt Punktrechnung (· und :) vor Strichrechnung (+ und –).

① Rechne und denke an die Rechenregel.

a) 9 · 4 + 5 b) 16 : 4 – 3 c) 10 · 8 – 8

d) 6 + 4 · 10 e) 70 – 15 : 5 f) 30 + 40 : 5

Ich muss zuerst ________ und dann ________.

multiplizieren dividieren addieren subtrahieren

② Schreibe eine Aufgabe mit Punktrechnung und Strichrechnung.

a) 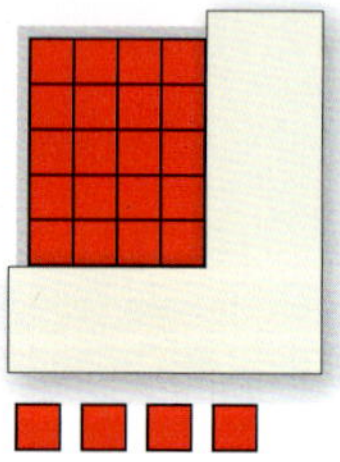

b) 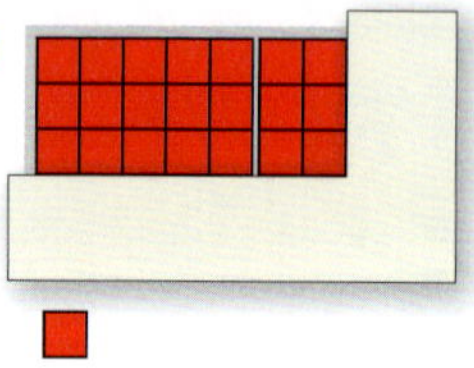

c) 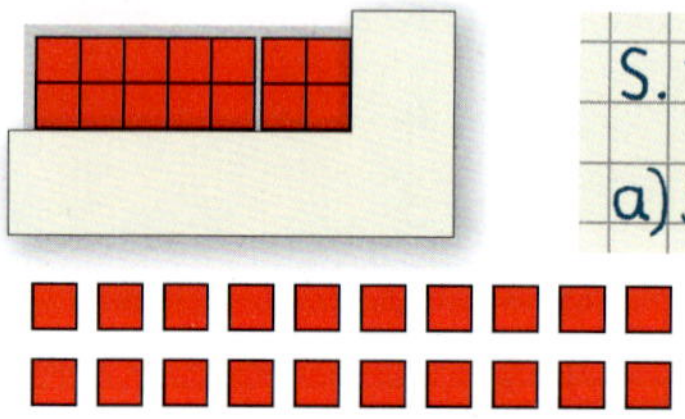

S. 12 Nr. 2
a) 5 · 4 + 4 =

d) 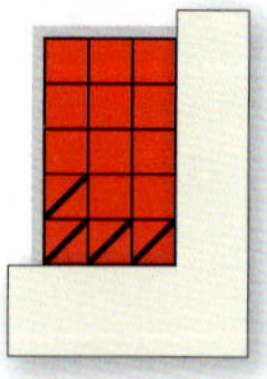

e) 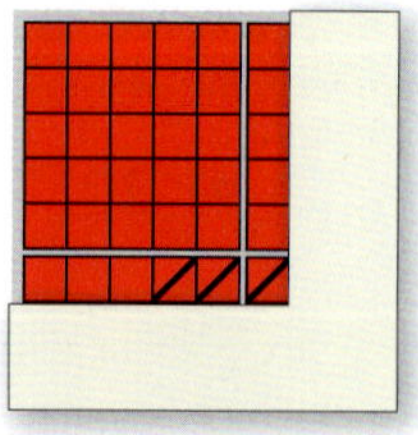

f) 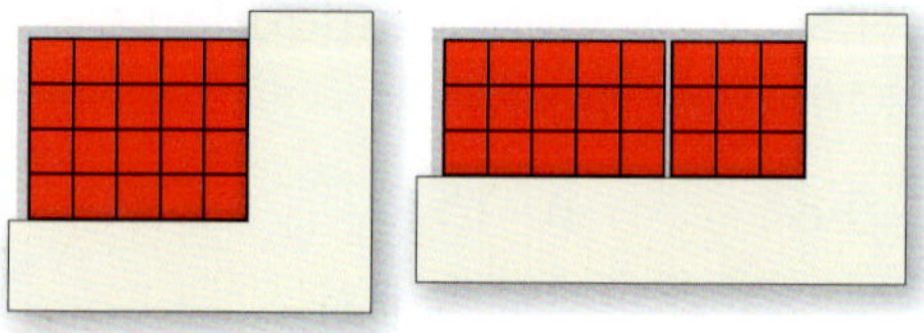

③ Setze die richtigen Zeichen (+), (–), (·) oder (:) ein.

a) 5 · 4 ◯ 10 = 30 b) 36 ◯ 9 + 6 = 10 c) 8 · 3 ◯ 4 = 20

d) 5 = 45 ◯ 5 – 4 e) 14 = 20 : 4 ◯ 9 f) 10 = 25 – 5 ◯ 3

g) 4 ◯ 2 ◯ 6 = 16 h) 12 ◯ 4 ◯ 7 = 10 i) 12 ◯ 6 ◯ 6 = 13

Didaktische Information
Ggf. wiederholend die Begriffe Punktrechnung, Strichrechnung und Bedeutung der Rechenregel vor selbstständigen Übungen klären

Sprechen
Ich muss zuerst multiplizieren oder dividieren und dann addieren oder subtrahieren.

► AH 8

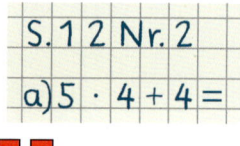

Zahlenrätsel

① Eine Zahl passt nicht. Erkläre.

a) 8 13 49 21 9 7 15

b) 63 14 48 21 56 7

c) 81 42 36 16 64 25

② a) Ich denke mir eine Zahl. Die Zahl ist ein Vielfaches von 9. Die Zahl liegt zwischen 20 und 30.

b) Ich denke mir eine Zahl. Sie ist ein Vielfaches von 5 und 6 und ist kleiner als 50.

c) Ich denke mir eine Zahl. Sie liegt zwischen 20 und 30 und hat die Teiler 3 und 8.

d) Ich denke mir eine Zahl. Sie liegt zwischen 40 und 50 und hat den Teiler 7, aber nicht den Teiler 6.

e) Meine Zahl ist das Doppelte von dem Ergebnis der Malaufgabe $9 \cdot 5$.

f) Meine Zahl ist die Hälfte von dem Ergebnis der Malaufgabe $4 \cdot 9$.

③ Wie heißt die Zahl?

a) Multipliziere 6 mit 5 und addiere 20.

b) Dividiere 63 durch 9 und addiere 43.

c) Addiere zum Vierfachen von 7 die Zahl 72.

d) Subtrahiere 50 vom Fünffachen von 10.

e) Schreibe eigene Zahlenrätsel.

Sprechen
multiplizieren, dividieren, addieren, subtrahieren, Teiler, Vielfaches, gerade/ungerade, Quadratzahl, das Doppelte, die Hälfte, kleiner als, zwischen

Didaktische Information
Anwendung und Festigung des Fachvokabulars;
D Kinder können eigene Zahlenrätsel erfinden und in ein Lerntagebuch eintragen

Kleine und große Aufgaben

①
a) 6 · 2 = □
6 · 20 = □

b) 4 · 3 = □
4 · 30 = □

c) 6 · 7 = □
6 · 70 = □

d) 3 · 5 = □
3 · 50 = □

e) 6 · □ = 24
6 · □ = 240

f) 8 · □ = 32
8 · □ = 320

g) 9 · □ = 54
9 · □ = 540

h) 4 · □ = 28
4 · □ = 280

---

②
a) 9 : 3 = □
90 : 3 = □

b) 56 : 7 = □
560 : 7 = □

c) 16 : 4 = □
160 : 4 = □

d) 64 : 8 = □
640 : 8 = □

e) 27 : □ = 9
270 : □ = 90

f) 25 : □ = 5
250 : □ = 50

g) □ : 6 = 6
□ : 6 = 60

h) □ : 2 = 4
□ : 2 = 40

---

③ Finde die Tauschaufgabe und rechne.

a) 4 · 70 → 70 · 4

b) 3 · 80 → □ · □

c) 5 · 60 → □ · □

d) 8 · 50 → □ · □

e) 6 · 40 → □ · □

f) 7 · 30
g) 9 · 20
h) 7 · 50
i) 6 · 30
j) 3 · 80

---

④ Finde die Umkehraufgabe und rechne.

a) 480 : 6 = □
□ · 6 = 480

b) 720 : 9 = □
□ · 9 = 720

c) 560 : 8 = □
□ · 8 = 560

d) 810 : 9
e) 350 : 7
f) 60 : 3
g) 360 : 6
h) 540 : 6
i) 180 : 3
j) 210 : 7
k) 400 : 5

---

⑤ Schreibe alle passenden Zahlen auf.

a) □ · 40 < 130
b) □ · 80 < 100
c) □ · 80 < 250
d) □ · 60 < 200
e) □ · 50 < 280
f) □ · 70 < 210
g) 400 : □ > 90
h) 450 : □ > 80
i) 480 : □ > 70

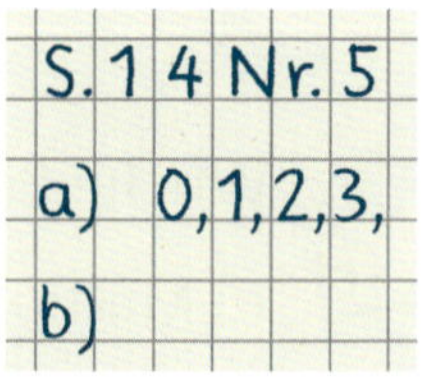

---

⑥ Finde Multiplikationsaufgaben, bei denen das Ergebnis größer als 500 ist.

Didaktische Information
Analogien zum kleinen Einmaleins und zu den kleinen Divisionsaufgaben erkennen;
D Aufgaben legen lassen

Sprechen
6 mal 2 gleich 12.
6 mal 20 gleich 120. 9 geteilt durch 3 gleich 3.
90 geteilt durch 3 gleich 30.

► AH 9

Halbschriftliches Multiplizieren und Dividieren

① Rechne in Schritten.

a) 4 · 43 = □
4 · 40 = □
4 · 3 = □

b) 8 · 27 = □
8 · 20 = □
8 · 7 = □

c) 6 · 18 = □
6 · 10 = □
6 · 8 = □

d) 3 · 25 e) 2 · 47 f) 5 · 64 g) 7 · 38 h) 9 · 26

i) 6 · 43 j) 8 · 25 k) 6 · 55 l) 3 · 61 m) 7 · 74

② Wähle immer 2 Zahlen und multipliziere sie.
Wie viele Aufgaben findest du?

2 | 4 | 5 | 6 | 9 | · | 13 | 15 | 26 | 33 | 51 | 94

a) Das Ergebnis soll kleiner als 100 sein.

b) Das Ergebnis soll zwischen 150 und 200 liegen.

c) Das Ergebnis soll größer als 300 sein.

d) Das Ergebnis soll zwischen 200 und 300 liegen.

e) Das Ergebnis soll eine gerade Zahl sein.

f) Das Ergebnis soll eine ungerade Zahl sein.

③ Rechne in Schritten.

a) 84 : 6 = □
60 : 6 = □
24 : 6 = □

b) 112 : 8 = □
80 : 8 = □
32 : 8 = □

c) 48 : 3 = □
30 : 3 = □
18 : 3 = □

d) 245 : 7 = □
210 : 7 = □
35 : 7 = □

e) 144 : 6 = □
120 : 6 = □
24 : 6 = □

f) 256 : 8 = □
240 : 8 = □
16 : 8 = □

g) 135 : 3 h) 135 : 5 i) 369 : 9 j) 172 : 4 k) 72 : 2

l) 738 : 9 m) 344 : 4 n) 198 : 9 o) 644 : 7 p) 415 : 5

④ Finde die Fehler und rechne richtig.

a) 204 : 3 = 66
180 : 3 = 60
24 : 3 = 6

b) 258 : 6 = 48
240 : 6 = 40
48 : 6 = 8

c) 108 : 4 = 72
80 : 4 = 20
28 : 4 = 7

d) 185 : 5 = 55
150 : 3 = 50
35 : 7 = 5

Sprechen
Bei der Aufgabe 4 mal 43 zerlege ich die Zahl 43 in 4 Z und 3 E. Dann multipliziere ich 4 Z mit 4 und die 3 E auch mit 4. Dann addiere ich die Ergebnisse.

Didaktische Information
Lösen von Multiplikationsaufgaben und Divisionsaufgaben mit Hilfe von Zerlegungen

Sachrechnen: Texte-Fragen-Skizzen

Die 4. Klasse macht einen Ausflug in den Zoo.
Es gibt viele verschiedene Tiere zu sehen.
Im Streichelgehege sind Hasen,
Ziegen und Schafe.
Mia zählt dort zusammen 24 Tiere.
Mia fragt den Tierpfleger:
„Wie viele Ziegen sind es?"
Der Tierpfleger antwortet:
„Es sind 5 Schafe. Ohne Hasen
sind es 13 Tiere."
Mia wundert sich über die
komische Antwort und erzählt
Umut davon.

① Welche Fragen kannst du beantworten?

Wie viele Kinder machen einen Ausflug?

Wohin fährt die vierte Klasse?

Wie heißt der Tierpfleger?

Wie viele Tiere sind im Streichelgehege?

Welche Tiere sind im Streichelgehege?

Wie viele Schafe sind im Streichelgehege?

② Welche Skizze passt zur Frage „Wie viele Ziegen sind im Streichelgehege?"

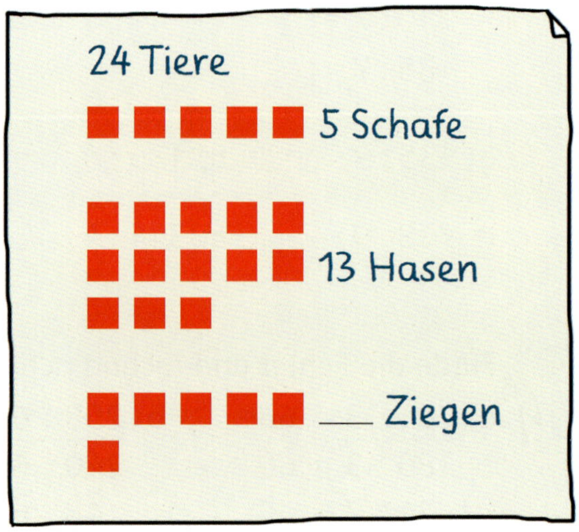

Didaktische Information
Darstellen als Schwerpunkt; Antworten zu Fragen in einem Text finden;
Skizzen interpretieren und erstellen

Sprechen
Wie hast du die Aufgabe gelöst?
Wer hat es anders gemacht?

▸AH 10
▸D 7/8
▸KV 7/8

③ Umut bearbeitet die Frage „Wie viele Ziegen sind im Streichelgehege?“

a) Erkläre, wie Umut das Rechendreieck benutzt.

Diese Fragen können dir helfen:
- Warum benutzt Umut 24 Rechenplättchen?
- Warum liegen 19 Rechenplättchen an der Seite?
- Warum schreibt Umut die Zahl 13 an das Rechendreieck?

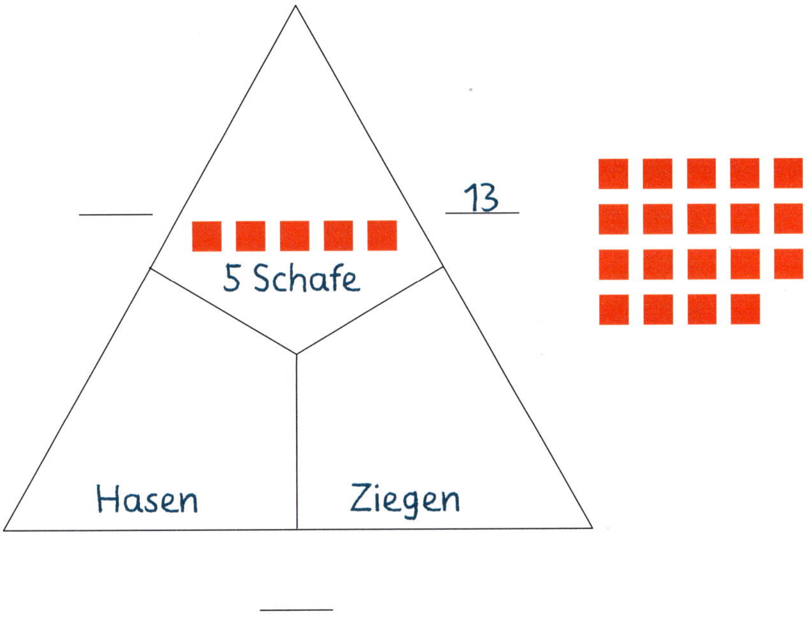

b) Verteile die Plättchen im Rechendreieck.
Ohne Hasen sind es 13 Tiere.

c) Wie viele Hasen sind im Streichelgehege?

④ Wie viele Fische jeder Art gibt es im Aquarium?

Im Aquarium sind Goldfische, Neonfische und Guppys. Zusammen sind es 28 Fische. Der Tierpfleger sagt: „Ohne Guppys sind es 16 Fische. Es gibt 4 Goldfische.“

Sprechen
Wie hast du die Aufgabe gelöst?
Wer hat es anders gemacht?

Didaktische Information
Skizzen interpretieren und erstellen;
D Kinder können eigene „Rätseltexte“ erfinden und in ein Lerntagebuch eintragen

Zahlen in der Umwelt

Berlin-Marathon in Zahlen

Läufer:	41 120
Inlineskater:	6 298
Handbiker:	178
Rollstuhlfahrer:	18
Preisgeld:	40 000 €
bei Weltrekord zusätzlich:	50 000 €
ehrenamtliche Helfer:	5 900
medizinische Helfer:	760
Massageöl:	250 l
Wasser:	240 000 l
Joghurtdrinks:	10 000
Schwämme:	40 500
Äpfel:	45 000
Kekse:	80 000
Bananen:	145 000
Sicherheitsnadeln:	272 000
Trinkbecher:	1 000 000

Quelle: Presse-Dokumentation 40. Berlin Marathon

Kleinbus

Länge:	4,89 m
Breite:	2,28 m
Höhe:	1,97 m
Leergewicht:	2 067 kg
zulässiges Gesamtgewicht:	3 100 kg
Sitzplätze:	9
Tankvolumen:	80 l
Verbrauch: (Diesel auf 100 km laut Hersteller)	10,5 l

Köln bleibt Millionenstadt!
Seit 2010 hat Köln mehr als 1 000 000 Einwohner und es werden jedes Jahr mehr. Laut einer Prognose wird Köln in den kommenden Jahren Millionenstadt bleiben. Bereits 1975 hatte Köln durch Eingemeindungen einiger Vororte schon einmal mehr als eine Million Einwohner. Aber schon im Jahr darauf sank die Einwohnerzahl wieder unter eine Million.
Quelle: Landesbetrieb Information und Technik NRW

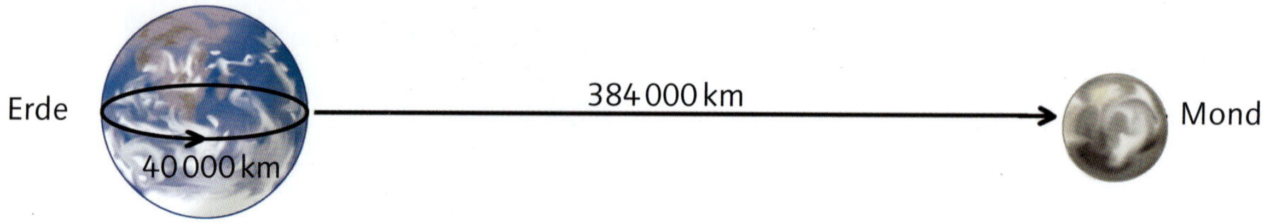

Didaktische Information
Zahlen in der Umwelt entdecken und beschreiben; Zahlen auch in der Klasse suchen; evtl. Zeitungsausschnitte, Prospekte mitbringen und darüber sprechen; Sprach- und Lernvoraussetzungen werden ermittelt

Sprechen
Sprachanlässe schaffen: Zuschauerzahlen bei Veranstaltungen, Zahlen in Zeitungsartikel etc. Verschiedene Zahlaspekte thematisieren

Die Zahlen bis 1 000 000

ein Einer
1 E | 1 |

ein Zehner
1 Z | 10 |

 ein Hunderter
1 H | 100 |

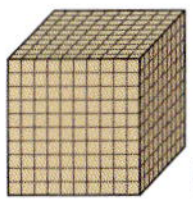 ein Tausender
1 T | 1000 |

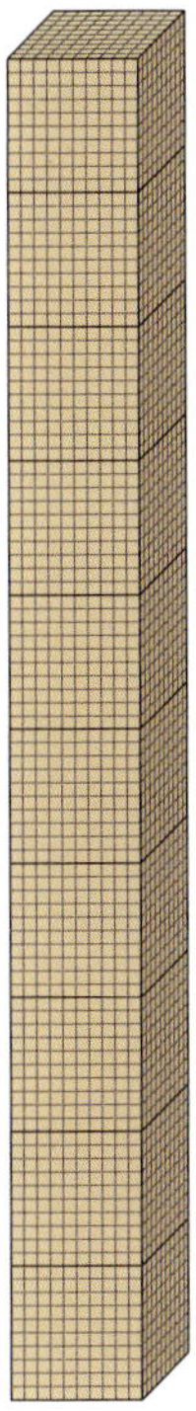

ein Zehntausender
1 ZT | 10 000 |

ein Hunderttausender
1 HT | 100 000 |

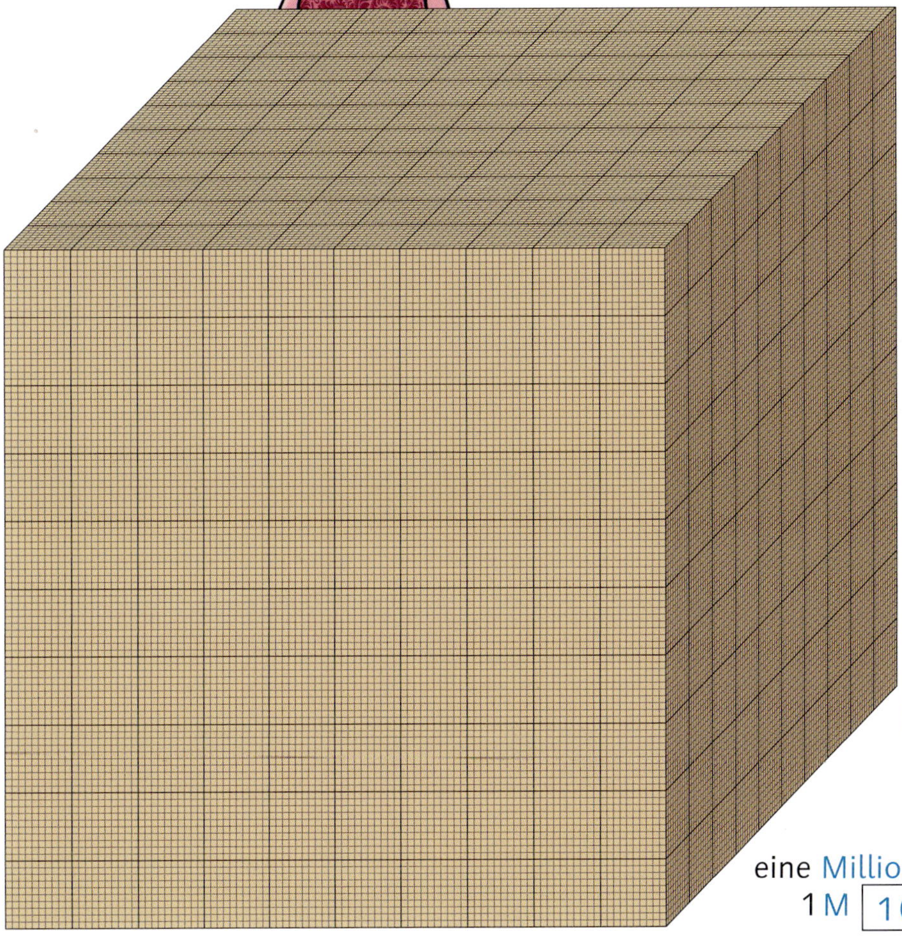

Ein Zehner hat _____ Einer.

Ein Hunderter hat _____ Zehner.

Ein Tausender hat _____ Hunderter.

Ein Zehntausender hat _____ Tausender.

Ein Hunderttausender hat _____ Zehntausender.

Eine Million hat _____ Hunderttausender.

Ein Hunderter hat _____ Einer.

Ein Tausender hat _____ Zehner.

① Finde weitere passende Sätze.

eine Million
1 M | 1 000 000 |

Sprechen
Bündelungen sprachlich unterstützen; Satzmuster auch in der Partnerarbeit üben – passende Sätze bilden

Didaktische Information
Zahldarstellung, Zahlvorstellung gewinnen; Mengen bündeln; Einführung in die Struktur des Zehnersystems im erweiterten Zahlenraum

Zehntausender, Hunderttausender und eine Million

der Hunderter
der Tausender

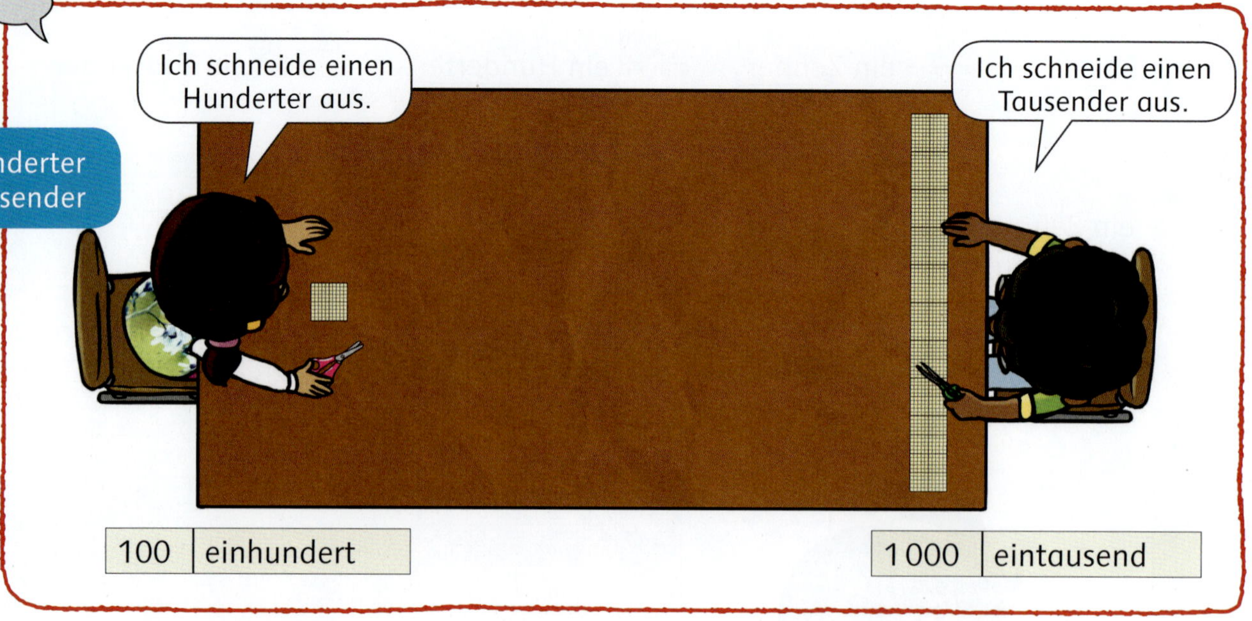
Ich schneide einen Hunderter aus.
Ich schneide einen Tausender aus.
100 einhundert
1000 eintausend

2000	zweitausend
3000	dreitausend
4000	viertausend
5000	fünftausend
6000	sechstausend
7000	siebentausend
8000	achttausend
9000	neuntausend
10000	zehntausend

① Stelle Hunderter und Tausender aus Millimeterpapier her. Du brauchst zehn Hunderter und zehn Tausender.

② Wie heißt die Zahl?

a) 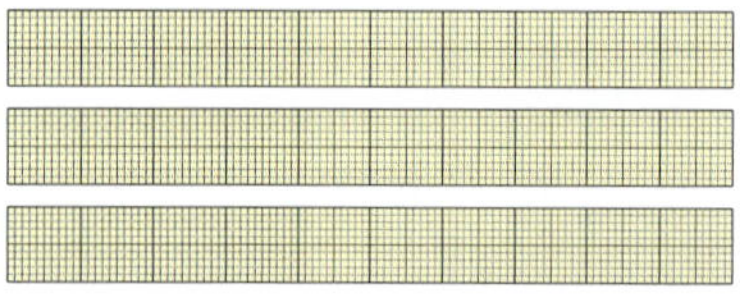

b) 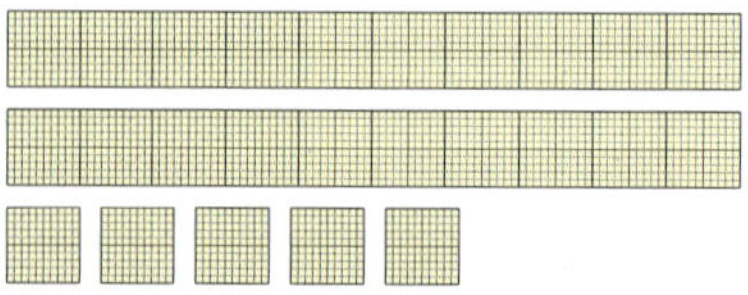

c) 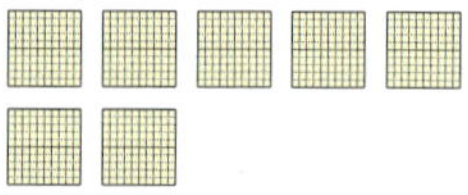

③ Lege und sprich die Zahl.

a) 4 T b) 2 T c) 8 T d) 5 T e) 9 T

f) 3 T 2 H g) 1 T 5 H h) 7 T 4 H i) 4 T 8 H j) 6 T 1 H

④ Lege und sprich die Zahl.

a) 3500 b) 5600 c) 1900 d) 4200 e) 8700

f) 9600 g) 7100 h) 10000 i) 900 j) 6300

k) Lege eigene Zahlen.

Didaktische Information
Legematerial handelnd aus Millimeterpapier erstellen; Zahlen bis 10 000 legen, lesen und sprechen

Sprechen
Bündelungen sprachlich und handelnd unterstützen und Zahlen in Partnerarbeit üben und sprechen:
Ich lege 3 Tausenderstreifen. Die Zahl heißt dreitausend.

▸D 11/12
▸KV 10/11

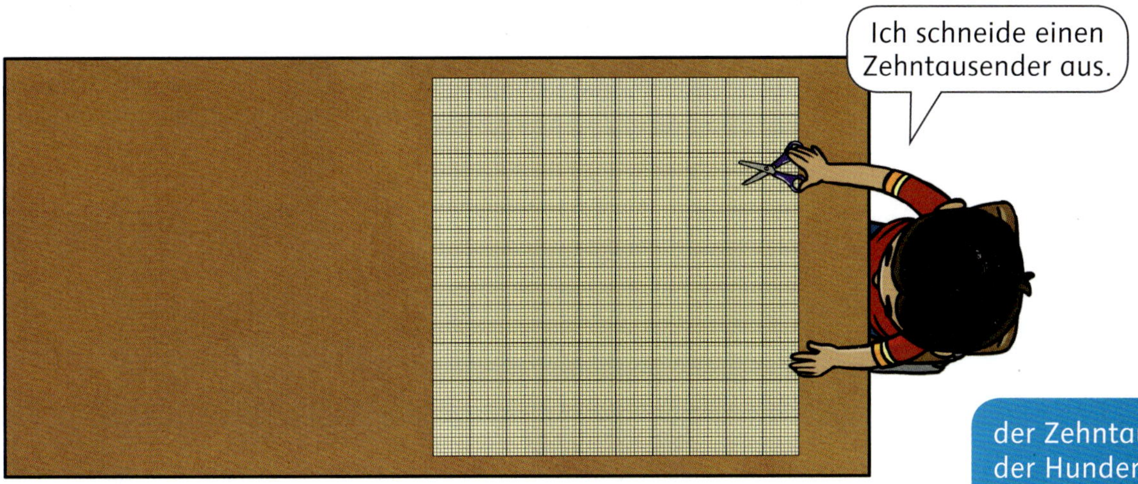
Ich schneide einen Zehntausender aus.

der Zehntausender
der Hunderttausender
die Million

10 000	zehntausend
20 000	zwanzigtausend
30 000	dreißigtausend
40 000	vierzigtausend
50 000	fünfzigtausend
60 000	sechzigtausend
70 000	siebzigtausend
80 000	achtzigtausend
90 000	neunzigtausend
100 000	hunderttausend

⑤ Stelle Zehntausender aus Millimeterpapier her.
Du brauchst zehn Zehntausender.

⑥ Lege und sprich die Zahl.

a) 4 ZT   b) 2 ZT   c) 3 ZT 2 T   d) 1 ZT 3 T 5 H   e) 7 ZT 4 H   f) 4 ZT 5 T

⑦ Lege und sprich die Zahl.

a) 35 000   b) 56 000   c) 19 000   d) 42 300   e) 87 100   f) 30 500

⑧ Stellt in eurer Klasse Hunderttausender aus Millimeterpapier her.

100 000	einhunderttausend
200 000	zweihunderttausend
300 000	dreihunderttausend
400 000	vierhunderttausend
500 000	fünfhunderttausend
600 000	sechshunderttausend
700 000	siebenhunderttausend
800 000	achthunderttausend
900 000	neunhunderttausend
1 000 000	eine Million

▸KV 12/13

Sprechen
Bündelungen sprachlich und handelnd unterstützen und Zahlen in Partnerarbeit üben und sprechen:
Ich lege 3 Zehntausenderstreifen. Die Zahl heißt dreißigtausend.

Didaktische Information
Legematerial handelnd aus Millimeterpapier erstellen; Zahlen bis 1 000 000 legen, lesen und sprechen;
! 5 Stellenwerte beachten

Die Stellenwerttafel

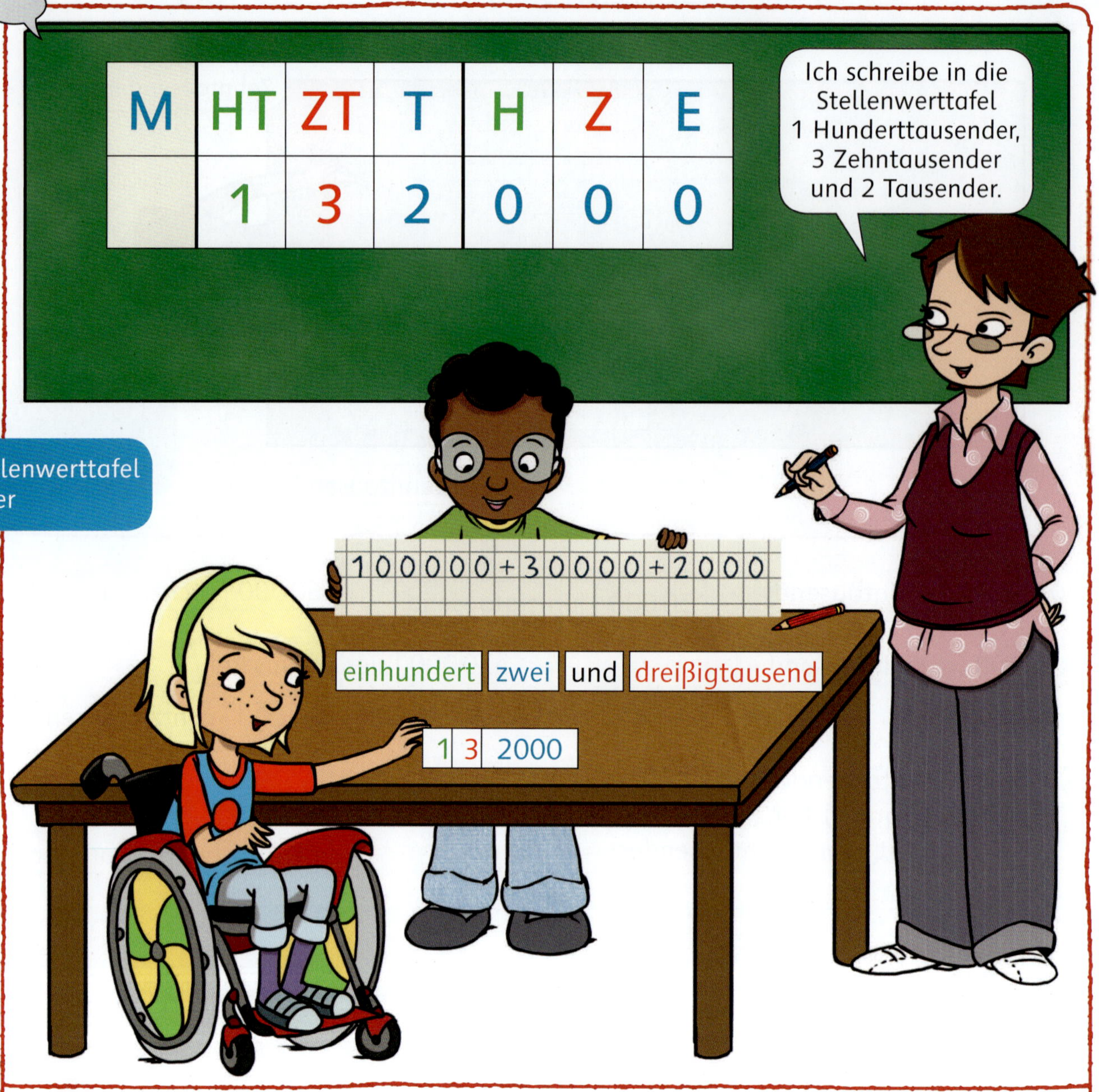

M HT ZT T H Z E
1 3 2 0 0 0
Ich schreibe in die Stellenwerttafel 1 Hunderttausender, 3 Zehntausender und 2 Tausender.
100000+30000+2000
einhundert zwei und dreißigtausend
1 3 2000

die Stellenwerttafel
die Ziffer

one hundred and thirty-two thousand

sto trzydzieści dwa tysiące

yüz otuz iki bin

centotrentaduemila

① Lege die Zahl mit Zahlenkarten.
Schreibe die Plusaufgabe.
Schreibe die Zahl in die Stellenwerttafel.

a) 7 HT 9 ZT 8 T b) 4 HT 8 ZT 1 T c) 2 H 5 T

d) 108 000 e) 692 000 f) 999 000

g) achthundertfünfundzwanzigtausend h) vierundachtzigtausend

Didaktische Information
Vertiefung der Struktur des Zehnersystems – Stellenwertschreibweise; ! Um die Schwierigkeit zu isolieren, zuerst nur glatte Tausender; darauf achten, dass auch Nullen eingetragen werden; D Zahlen legen lassen.

Sprechen
Handlung sprachlich begleiten: *Ich schreibe in die Stellenwerttafel. Wie viele Hundertausender, … es sind.* ! Analogie in der Sprechweise der HT, ZT, T zu H, Z, E erkennen; Sprachvergleich: Zahlen in verschiedenen Sprachen

►D 13/14
►KV 14/15

M	HT	ZT	T	H	Z	E
	1	3	2	6	4	1

100000 + 30000 + 2000 + 600 + 40 + 1

einhundert | zwei | und | dreißigtausend | sechshundert | ein | und | vierzig

132641

② Wie heißt die Zahl? Schreibe als Plusaufgabe.

S. 23 Nr. 2
a) 300000 + 50000 + 20 = 350020

	M	HT	ZT	T	H	Z	E
a)		■■■	■■■■■			■■	
b)		■	■■	■	■■■		■■
c)			■■■■			■■■	
d)		■■		■■		■■	
e)	■						

③ Lege die Zahl 748 392 in die Stellenwerttafel.

a) Wie viele Plättchen hast du benutzt?

b) Nimm ein Plättchen weg. Wie heißt die Zahl? Finde verschiedene Möglichkeiten.

c) Lege ein Plättchen dazu. Wie heißt die Zahl? Finde verschiedene Möglichkeiten.

④ Lege mit zehn Plättchen verschiedene Zahlen in die Stellenwerttafel. Vergleiche mit einem Partner.

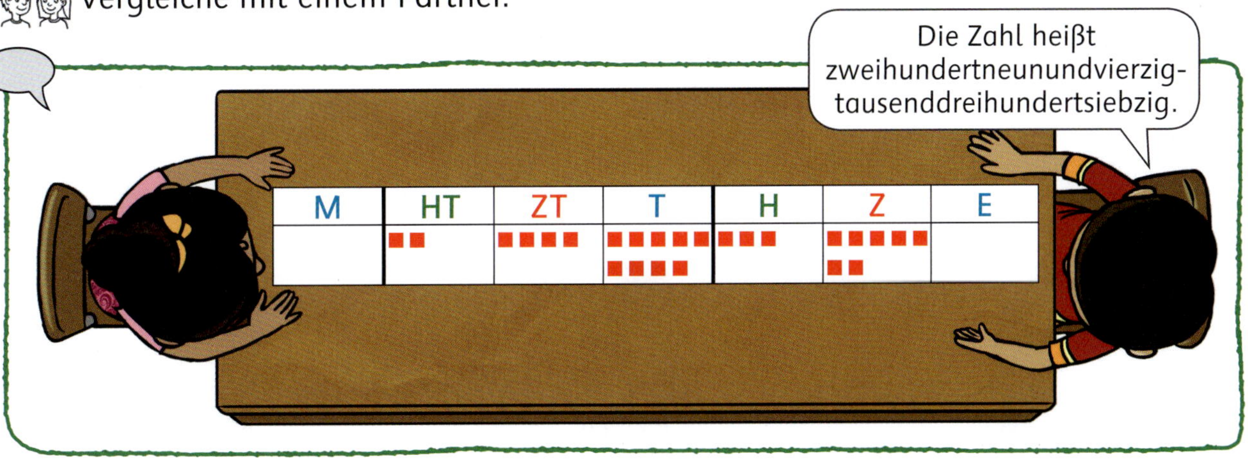
Die Zahl heißt zweihundertneunundvierzigtausenddreihundertsiebzig.
M HT ZT T H Z E
■■ ■■■■ ■■■■■■■■■ ■■■ ■■■■■■■

Sprechen
Zahlen sprechen auch in Partnerarbeit (z. B. als Partnerdiktat) üben

Didaktische Information
Sprechen, Lesen und Darstellen der Zahlen bis 1 000 000 mit allen Stellenwerten;
! Besprechen, was sich wie verändert, wenn man Plättchen in der Stellenwerttafel verschiebt/wegnimmt.

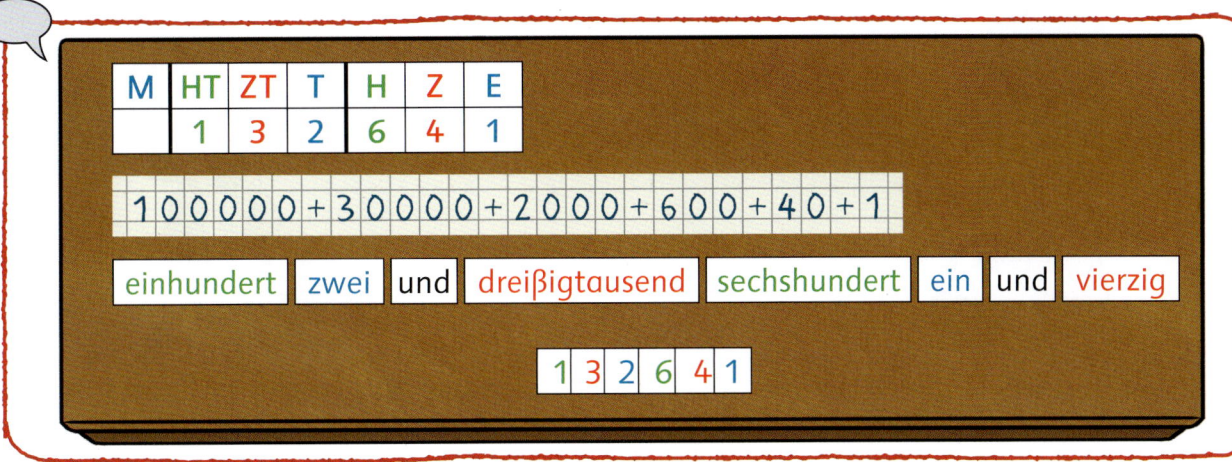

Zahlen runden

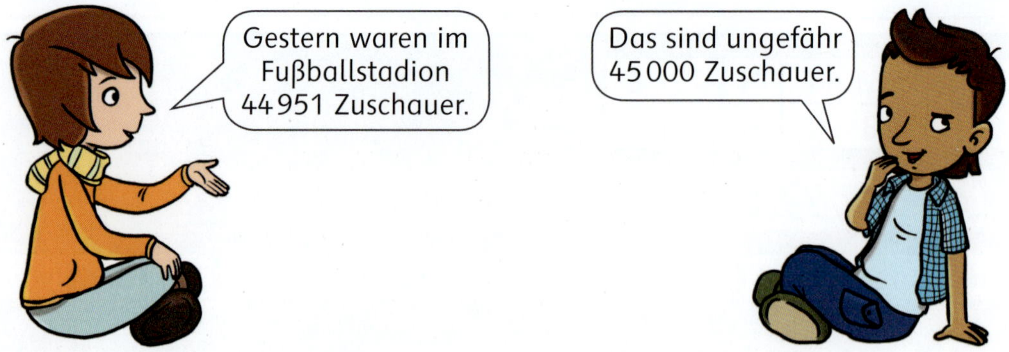

① Überlegt mit eurer Klasse, wann man die ungefähre Zahl und wann man die genaue Zahl nennt.
Sammelt Beispiele aus Zeitungen und dem Internet.

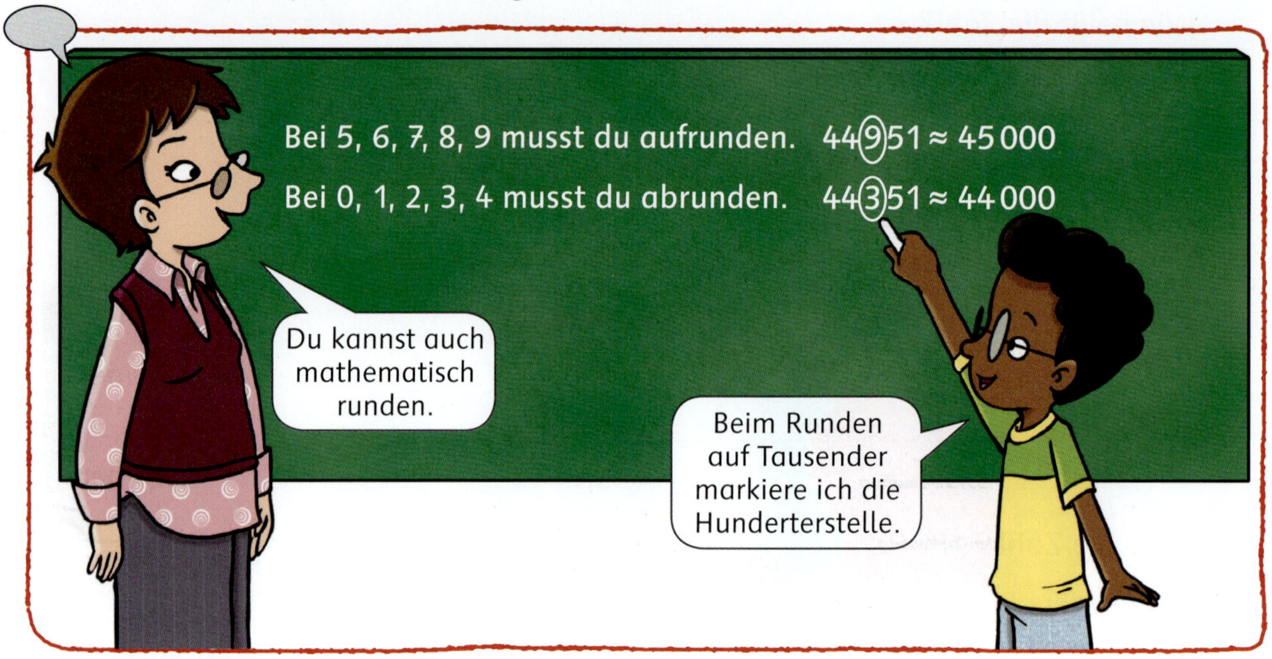

② Runde auf Tausender. Markiere die Hunderterstelle.

a) 80 645 b) 42 102 c) 74 244 d) 55 869 e) 18 555

③ Überlege die Regel für das Runden auf Zehntausender.
Auf welchen Stellenwert musst du achten?

④ Wer hat Recht? Begründe.

Ich habe 1945 € gespart. Das sind ungefähr 2000 €.
Nein, das sind etwa 1900 €.
Ich denke, es sind eher 1950 €.
Mia
Emira
Umut

Didaktische Information
Zur Isolierung der Schwierigkeit die Rundungsregel zunächst nur an einem Beispiel üben;
! Runden und Überschlagen sind nicht gleichzusetzen, da es für das Runden klare Regeln gibt.

Sprechen
! Besprechen, dass es wichtig ist, auf welche Stelle gerundet werden soll; Kinder selbst Rundungsregeln formulieren und erklären lassen

▸AH 15/16
▸D 15/16
▸KV 16/17

Angaben Dezember 2012

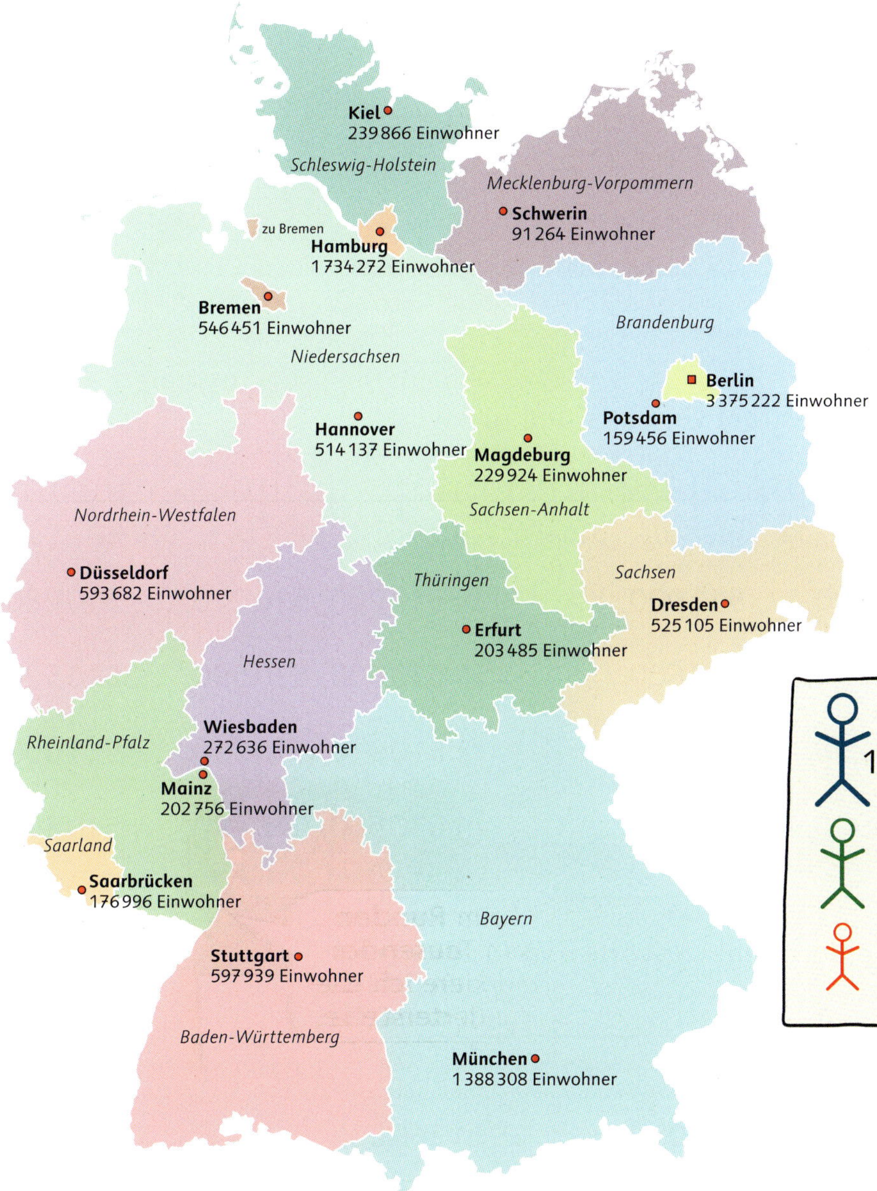

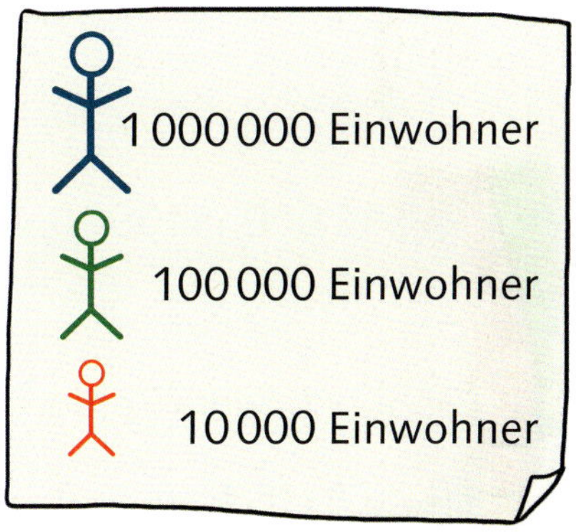

⑤ a) Runde die Einwohnerzahlen der Städte auf Zehntausender.

b) Male die richtige Anzahl  in dein Heft.

⑥ a) Runde die Einwohnerzahlen der Städte auf Hunderttausender.

b) Zeichne ein Säulendiagramm.

c) Vergleicht die Einwohnerzahlen der Städte.

d) Welche Städte haben ungefähr die gleiche Einwohnerzahl?

e) Welche Städte haben über 1 Million Einwohner?

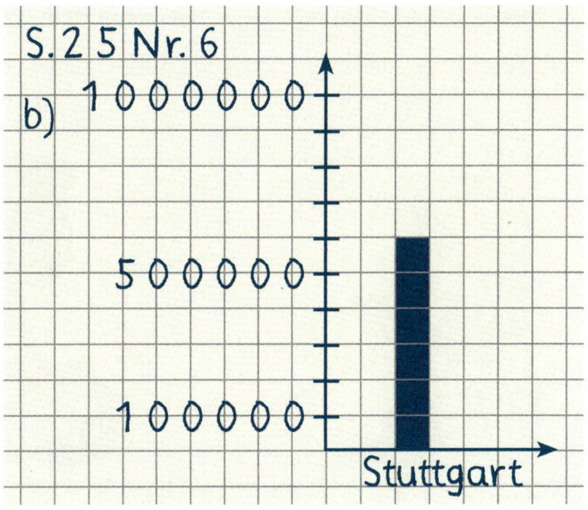

▸AH 15/16
▸D 15/16
▸KV 16/17

Didaktische Information
Informationen aus einem Diagramm lesen und verarbeiten; Zahlen runden und in eine andere Darstellungsform umwandeln

Der Zahlenstrahl

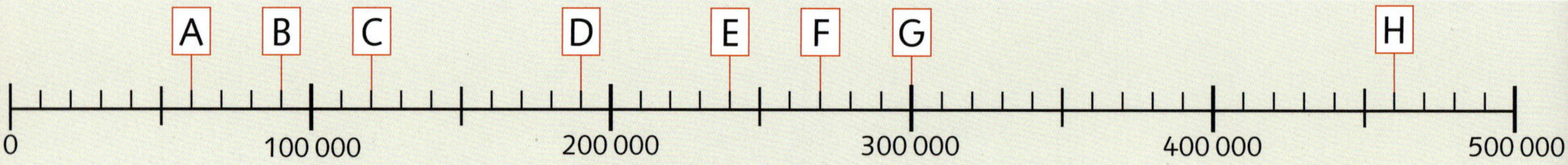

① Wie heißt die Zahl?

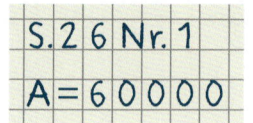

S. 26 Nr. 1
A = 60000

② Zähle auf dem Zahlenstrahl vorwärts und rückwärts.

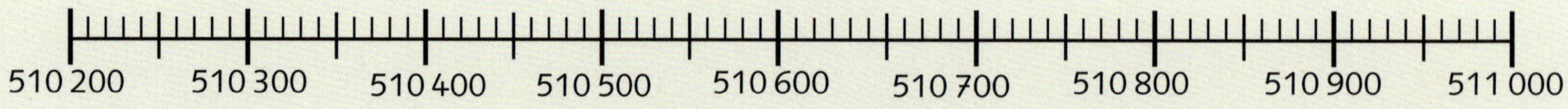

a) 510 200, 510 300, …, 511 000
b) 510 200, 510 210, …, 510 280
c) 511 000, 510 950, …, 510 600
d) 510 600, 510 590, …, 510 520
e) 510 200, 510 250, …, 510 600
f) 510 910, 510 920, …, 511 000
g) 511 000, 510 900, …, 510 200
h) 510 500, 510 480, …, 510 340

③ Zähle auf dem Zahlenstrahl vorwärts und rückwärts.

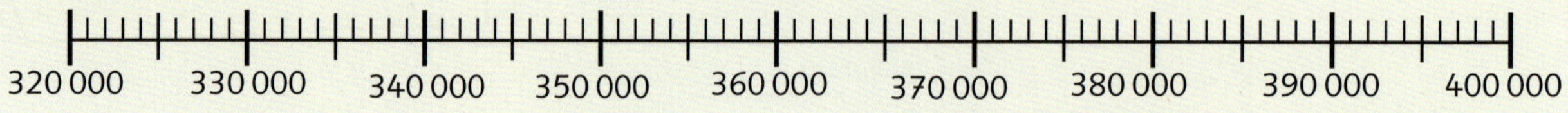

a) 320 000, 330 000, …, 400 000
b) 360 000, 365 000, …, 400 000
c) 400 000, 399 000, …, 392 000
d) 385 000, 375 000, …, 305 000
e) 265 000, 280 000, …, 385 000
f) 320 000, 340 000, …, 400 000
i) 390 000, 375 000, …, 270 000
h) 360 000, 355 000, …, 320 000

Didaktische Information
Zahlen auf dem Zahlenstrahl bestimmen; in Schritten zählen, unterschiedliche Zählschritte erkennen und fortsetzen

Sprechen
Zählen in Schritten auch in der Partnerarbeit als sprachliche Übung

▸AH 17
▸D 17/18
▸KV 18–20

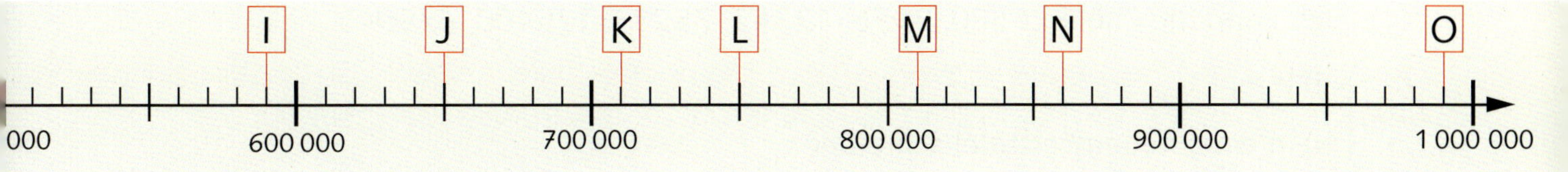

④ a) Finde die fehlenden Zahlen.

S. 27 Nr. 4

Nachbartausender	Vorgänger	Zahl	Nachfolger	Nachbartausender
		679837		
			98231	
	761395			
				68000
28000				
		12490		

b) Unterstreiche den Nachbartausender, der näher an der Zahl liegt.

⑤ Ordne die Zahlen nach der Größe. Beginne mit der kleinsten Zahl.

679 280 | 352 035 | 194 638 | 91 877 | 902 005 | 590 999

⑥ Setze ⓧ<, ⓧ> oder ⓧ= ein.

a) 555 333 ◯ 553 333
b) 76 999 ◯ 778 990
c) 989 898 ◯ 898 989
d) 8 HT 7 T 5 E ◯ 8 HT 6 ZT 4 E
e) 40 ZT 6 T 8 H ◯ 4 HT 6 T 8 H
f) 78 ZT 6 E ◯ 6 HT 9 E
g) 2 HT 56 H ◯ 2 HT 5 T 6 H

Didaktische Information
Nachbartausender aus dem Wissen über Nachbarhunderter herleiten
! 6 Auf Stellenwerte achten (z. B. 40 ZT = 4 HT)

Das kann ich schon

① Ich kann die Zahlen 4 580, 8 976, 12 342, 75 289, 125 400, 678 945

S. 20–23

a) lesen,

b) in eine Stellenwerttafel schreiben,

c) als Plusaufgabe schreiben,

d) als Zahlwort schreiben.

---

② Ich kann Zahlen auf Tausender runden.

S. 24/25

a) 5 667 b) 37 700 c) 61 490

d) 89 060 e) 49 900 f) 9 900

---

③ Ich kann Zahlen auf Zehntausender runden.

S. 24/25

a) 345 777 b) 355 530 c) 175 642

d) 811 111 e) 263 641 f) 9 900

---

④ Ich kann Zahlen am Zahlenstrahl ablesen.

S. 26/27

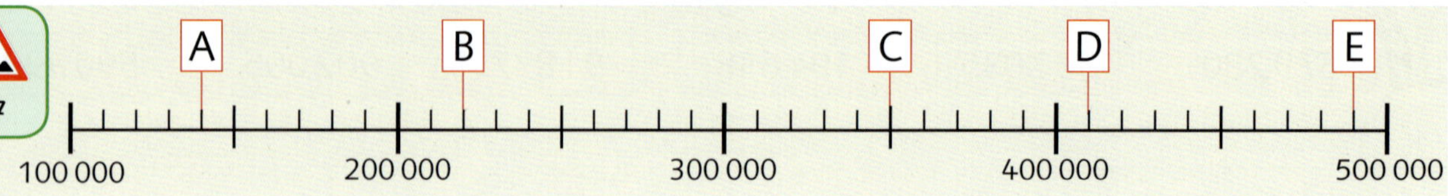

---

⑤ Ich kann in Schritten vorwärts oder rückwärts zählen.

S. 26/27

a) 10 000, 20 000, …, 60 000 b) 45 000, 40 000, …, 20 000

c) 2 600, 2 500, …, 2 100 d) 620 000, 520 000, …, 220 000

e) 10 000, 12 000, …, 20 000 f) 100 000, 95 000, …, 75 000

---

⑥ Ich kann zu einer Zahl den Vorgänger, den Nachfolger und die Nachbartausender nennen.

S. 26/27

a) 345 266 b) 9 999 c) 15 290

d) 888 100 e) 576 543 f) 9 990

Didaktische Information
Aufgaben zur Selbstüberprüfung und Selbsteinschätzung

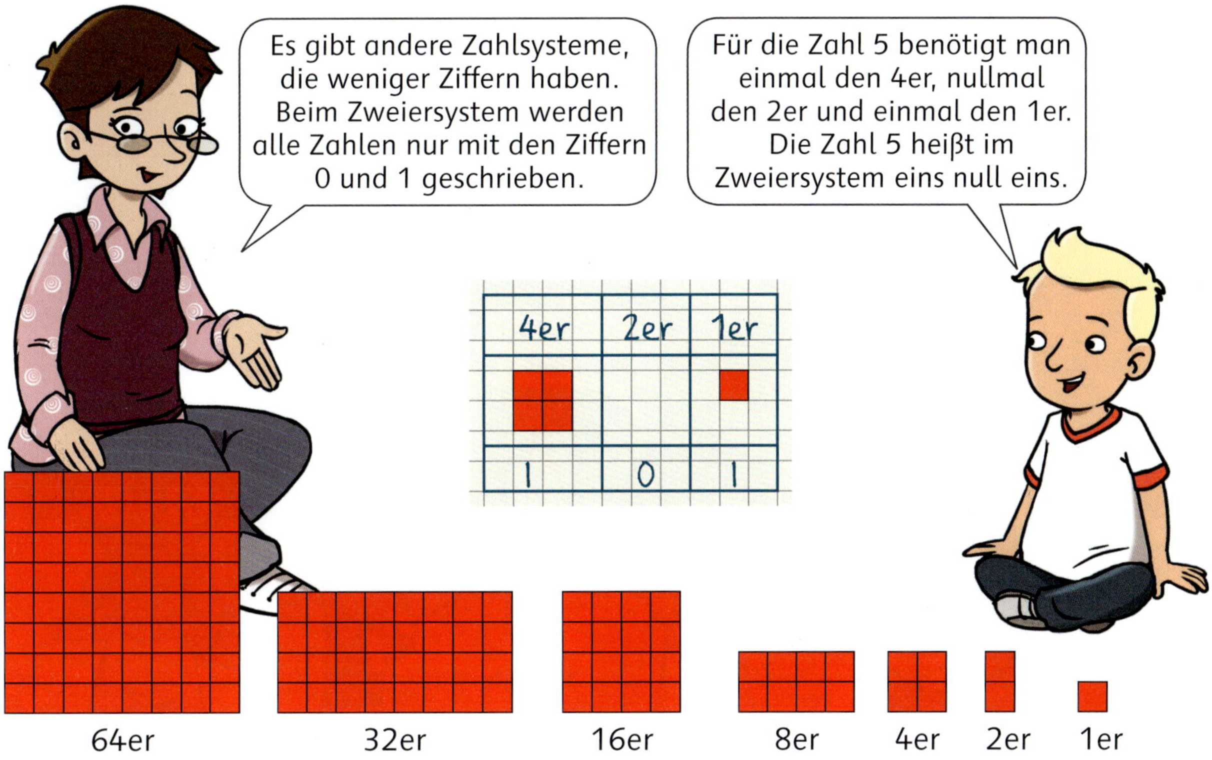

① a) Stelle das Legematerial für das Zweiersystem her.

b) Lege die Zahlen mit dem Material.

c) Trage die Zahlen in eine Stellenwerttafel für das Zweiersystem ein.

19 6 17

12 39 45

52 77

S. 29 Nr. 1 c)

	64er	32er	16er	8er	4er	2er	1er
19	–	–	1	0	0	1	1

d) Schreibe alle Zahlen bis 20 im Zweiersystem.

② Wie heißen die Zahlen im Zehnersystem?

a) 1010101 b) 11111 c) 1000001 d) 1011101 e) 1111000

③ Rechne im Zweiersystem. Lege die Aufgaben mit dem Material und überprüfe dein Ergebnis im Zehnersystem.

a) 1 + 1 b) 1001 + 1 c) 11 + 11 d) 110 + 11

e) Schreibe eigene Aufgaben.

④ Erkläre den Unterschied zwischen dem Zweiersystem und unserem Zehnersystem.

Didaktische Information
Anregungen zum Ausprobieren, Knobeln, Forschen und Entdecken mit Anforderungen, die über die der vorherigen Seiten hinausgehen; D Eigene Aufgaben erfinden und in ein Lerntagebuch schreiben

Maßeinheiten für Längen

Kilometer, Meter, Zentimeter und Millimeter sind Maßeinheiten für Längen.
Ein Kilometer hat 1000 Meter.
1 km = 1000 m
Ein Meter hat 100 Zentimeter.
1 m = 100 cm
Ein Zentimeter hat 10 Millimeter.
1 cm = 10 mm
Die Tafel ist 1 m hoch.
Die Büroklammer ist 30 mm lang.
Der Bleistift ist 15 cm lang.

die Maßeinheit
die Länge
der Kilometer
der Meter
der Zentimeter
der Millimeter

① Welche Maßeinheit passt?

S. 30 Nr. 1
das Auto 4,5 m

• das Auto
4,5 ____

• das Buch
29,6 ____

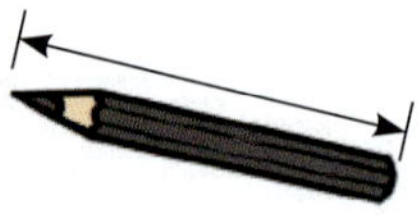
• der Bleistift
15 ____

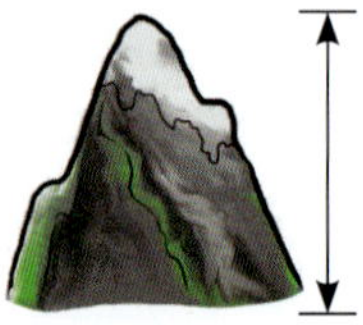
• der Berg
4,5 ____

• die Ameise
8 ____

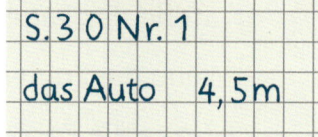

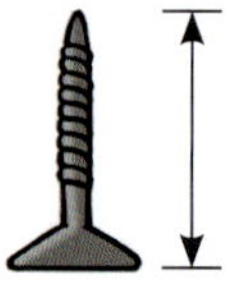
• die Schraube
25 ____

Frau Koch
1,68 ____

② Rechne in eine andere Längeneinheit um.
Welche Tabelle hilft dir beim Umrechnen?

10 m	1 m	,	10 cm	1 cm
		,		

1 cm	,	1 mm
	,	

1 km	,	100 m	10 m	1 m
	,			

a) 3725 m
7025 m
5600 m
6 m

b) 324 cm
7 cm
1403 cm
95 cm

c) 13 mm
4 mm
135 mm
4104 mm

d) 4,23 km
318 m
59 cm
781 mm

Didaktische Information
Repräsentanten zu den Maßeinheiten sollten genutzt werden.
D Tabelle kann beim Umrechnen der Maßeinheiten helfen.

Sprechen
Beschreibungen von Längen thematisieren;
... ist ...cm/m/km lang/breit/hoch/tief.

▸AH 19/20
▸D 21/22
▸KV 21/22

① Bist du schon einmal mit dem Auto durch Europa gefahren? Findest du die Strecke auf der Karte?

② a) Wie weit ist es von Berlin nach Basel? Finde die kürzeste Strecke.

b) Wie weit ist es von Paris nach Wien? Finde die kürzeste Strecke.

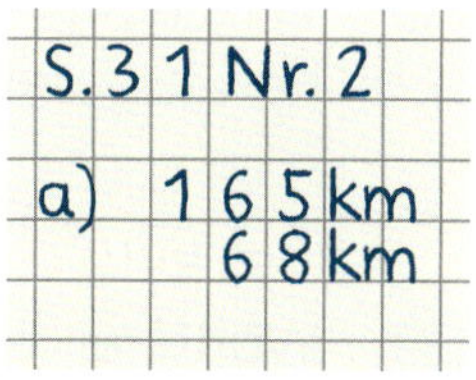

③ In einer Entfernungstabelle kannst du die kürzeste Entfernung zwischen zwei Städten ablesen. Berechne die Entfernungen.

	Amsterdam	Berlin	Paris	Wien
Amsterdam				
Berlin				
Paris				
Wien				

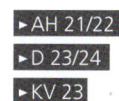

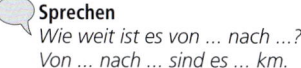

Sprechen
Wie weit ist es von … nach …?
Von … nach … sind es … km.

Didaktische Information
Ablesen von Entfernung auf der Karte und Erstellen einer Entfernungstabelle;
Nutzung der schriftlichen Addition
D Kinder können die Entfernungstabelle erweitern

Unsere Planeten

Die Erde

Durchmesser:	12 756 km
Temperatur:	−88 °C bis 58 °C
Entfernung zur Sonne:	150 Millionen km
Umlaufzeit um die Sonne:	365 Tage
Anzahl der Monde:	1

Emira

Der Aufbau der Erde

Die Erde ist ein Gesteinsplanet.

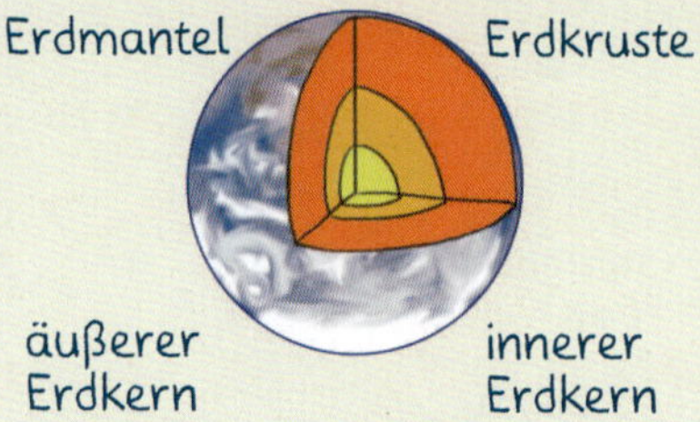

Erdkruste:	Landflächen und Wasserflächen
Erdmantel:	2 700 °C heiß
äußerer Erdkern:	5 000 °C heiß
innerer Erdkern:	6 500 °C heiß

Umut

Der Mond der Erde

Der Mond ist 384 000 km von der Erde entfernt.

Der Durchmesser ist 3 476 km groß.

Der Mond kreist in einem Monat einmal um die Erde.

Der erste Mensch auf dem Mond war Neil Armstrong. Er ist 1969 auf dem Mond gelandet.

Timo

① Welche Informationen haben Emira, Umut und Timo über die Erde herausgefunden?

② Wähle einen Planeten aus.
Erstelle ein Plakat über den Planeten.
Hier kannst du dich informieren:

③ Der Erdumfang am Äquator ist ungefähr 40 000 km lang.

a) Erkläre das Wort Äquator.

b) Wie lange würde eine Fahrt mit dem Auto um die Erde dauern? Ist es möglich, mit dem Auto den Äquator entlangzufahren?

c) Wie lange würde ein Flug mit dem Flugzeug um die Erde dauern?

Didaktische Information
! Daten zur Entfernung überschreiten den Zahlenraum bis 1 Million

Sprechen
! Fachwörter zum Thema Planeten besprechen (Durchmesser, Umlaufzeit, Äquator …)

▸KV 24–26

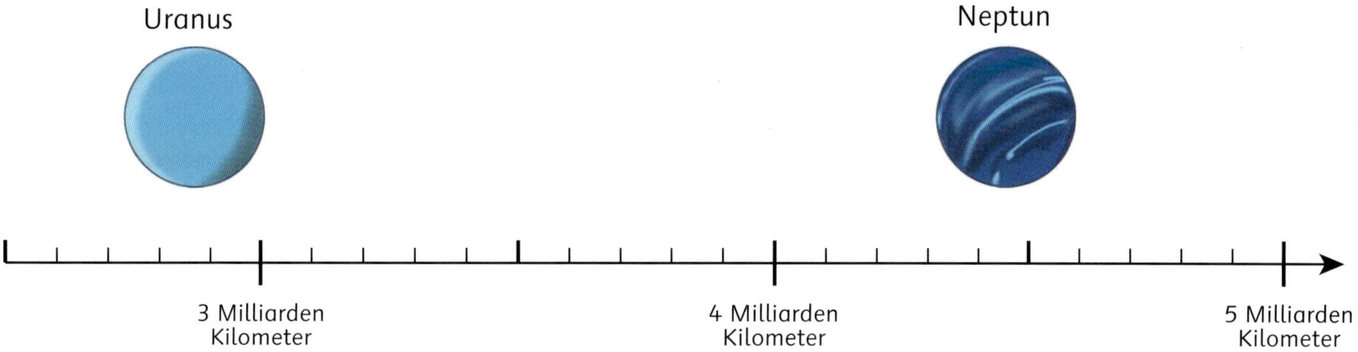

	• der Merkur	• die Venus	• die Erde	• der Mars	• der Jupiter	• der Saturn	• der Uranus	• der Neptun
Entfernung zur Sonne	58 Mio. km	108 Mio. km	150 Mio. km	228 Mio. km	770 Mio. km	1 426 Mio. km	2 871 Mio. km	4 498 Mio. km
Durchmesser	4 879 km	12 104 km	12 756 km	6 794 km	142 980 km	120 536 km	51 118 km	49 528 km
Temperatur	−173 °C bis +427 °C	+437 °C bis +497 °C	−89 °C bis +58 °C	−133 °C bis +27 °C	−108 °C bis −161 °C	−139 °C bis −189 °C	−197 °C bis −220 °C	−201 °C bis −218 °C
Umlaufzeit um die Sonne	88 Tage	225 Tage	365 Tage	687 Tage	4 328 Tage	10 773 Tage	30 667 Tage	60 152 Tage
Anzahl der Monde	0	0	1	2	63	56	27	13

4 Beantworte die Fragen in deinem Heft.

a) Welcher Planet hat die meisten Monde?

b) Auf welchem Planeten ist es am kältesten?

c) Welcher Planet braucht am längsten für einen Umlauf um die Sonne?

d) Welcher Planet ist am kleinsten?

e) Finde eigene Fragen zu den Planeten.

5 a) Schreibe die richtigen Sätze in dein Heft.

Der Neptun braucht ungefähr doppelt so lange für einen Umlauf um die Sonne wie der Uranus.

Der Saturn hat die meisten Monde.

Auf der Venus ist es am kältesten.

Der Jupiter ist der größte Planet.

Der Merkur hat die kürzeste Entfernung zur Sonne.

b) Schreibe noch 3 weitere richtige Sätze.

► KV 24–26

Didaktische Information

! Daten zu den Temperaturen enthalten negative Zahlen

Das kann ich schon

① Ich kann einer Längenangabe eine Maßeinheit zuordnen.

S. 30

a)

12 ____

b)

1,42 ____

c)

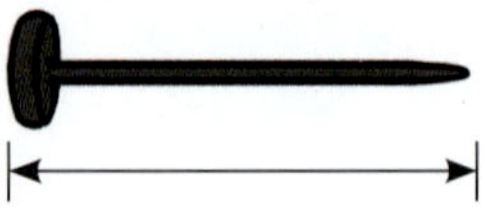

45 ____

② Ich kann Längenangaben umrechnen.

S. 30

a)		b)		c)	
673 cm =	☐ m	7 341 m =	☐ km	18 mm =	☐ cm
171 cm =	☐ m	12 391 m =	☐ km	209 mm =	☐ cm
1 203 cm =	☐ m	8 008 m =	☐ km	1 mm =	☐ cm
29 cm =	☐ m	808 m =	☐ km	93 mm =	☐ cm

③ Ich kann Entfernungen auf einer Karte ablesen und berechnen.

S. 31

Wie weit ist es
a) von München nach Venedig?
b) von Verona nach Graz?
c) von Zürich nach Zagreb?
d) von Wien nach Mailand?

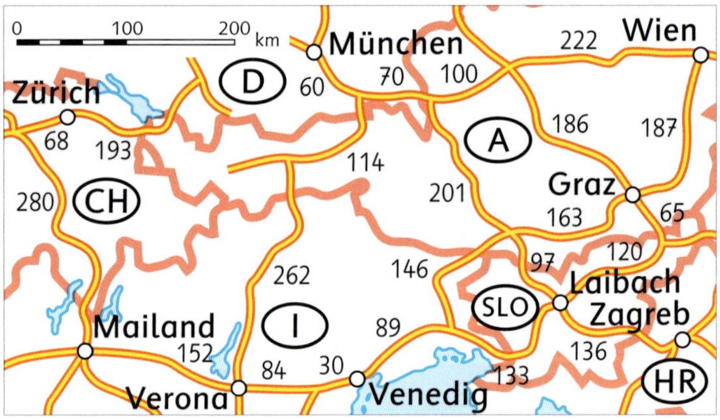

④ Ich kann Informationen aus einer Tabelle entnehmen und große Entfernungen miteinander vergleichen.

S. 33

a) Welcher Planet hat die meisten Monde?

b) Ordne die Planeten nach der Größe. Beginne mit dem kleinsten Planeten.

c) Berechne den Unterschied zwischen der Entfernung der Erde zur Sonne und der Entfernung des Mars zur Sonne.

	• die Erde	• der Mars	• der Jupiter	• der Saturn
Entfernung zur Sonne	150 Mio. km	228 Mio. km	770 Mio. km	1 426 Mio. km
Durchmesser	12 756 km	6 794 km	142 980 km	120 536 km
Anzahl der Monde	1	2	63	56

Didaktische Information
Aufgaben zur Selbstüberprüfung und Selbsteinschätzung

Enrico Fermi war ein Physiker (1901–1954). Er war bekannt dafür, gute Abschätzungen machen zu können, obwohl ihm Informationen dafür fehlten. Enrico Fermi hat seinen Studenten häufig solche Aufgaben gestellt. Das Besondere an diesen Aufgaben ist, dass es keine genaue Lösung gibt.

1 Wähle eine FERMI-Aufgabe aus, die du spannend findest.
Schreibe auf, wie du zu deiner Lösung gekommen bist.

A **Die Menschenkette**
Stelle dir vor, alle Schülerinnen und Schüler bilden eine Menschenkette um die Schule.
Könnt ihr dann die Schule umschließen?

Diese Fragen können dir helfen:
- Was will ich herausfinden?
- Was kann ich schätzen?
- Was kann ich zählen?
- Was kann ich messen?
- Was kann ich berechnen?
- Was ist eine gute Durchschnittsgröße?
- Mit welchen Schritten kann ich mich der Lösung annähern?
- Gibt es Ausnahmen?

B **Dein Schulweg**

a) Wie lang ist dein Schulweg?

b) Wie viele Kilometer gehst oder fährst du in einer Woche?

c) Wie viele Kilometer sind es in deiner Grundschulzeit?

C **Das Kopierpapier**
Stelle dir vor, du würdest einen Turm aus dem Papier bauen, das in deiner Schule jedes Jahr für Kopien verbraucht wird.
Wie hoch wäre der Turm?

D **Die Bleistiftschlange**
Stelle dir vor, du würdest eine Schlange mit Bleistiften legen.
Wie lang wäre eine Schlange aus Bleistiften, die in einem Jahr in deiner Schule verbraucht werden?

Didaktische Information
Anregungen zum Ausprobieren, Knobeln, Forschen und Entdecken mit Anforderungen, die über die der vorherigen Seiten hinausgehen; D Eigene Aufgaben erfinden und in ein Lerntagebuch schreiben

Addieren und Subtrahieren bis 1 000 000

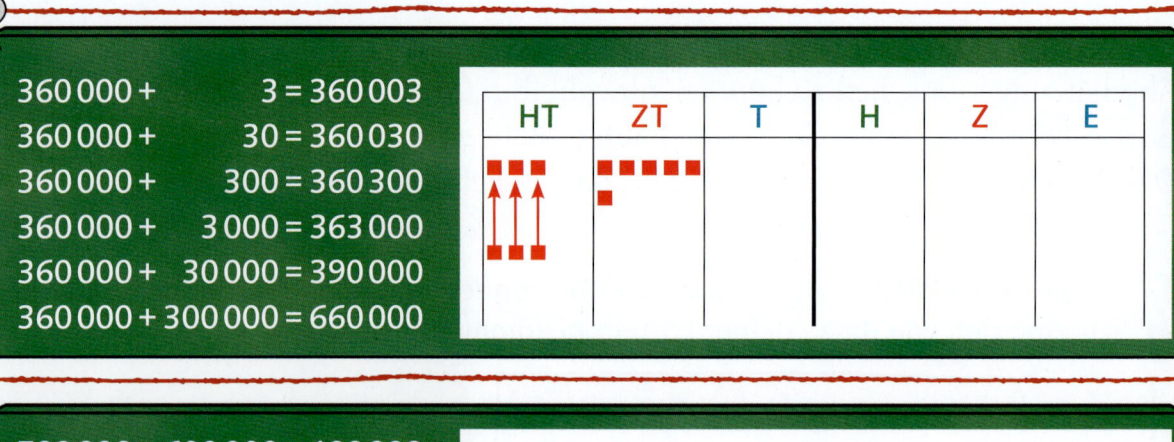

360 000 + 3 = 360 003
360 000 + 30 = 360 030
360 000 + 300 = 360 300
360 000 + 3 000 = 363 000
360 000 + 30 000 = 390 000
360 000 + 300 000 = 660 000

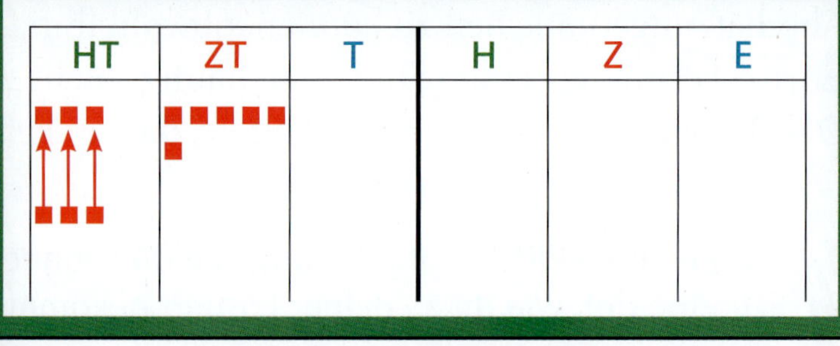

799 999 – 600 000 = 199 999
799 999 – 60 000 = 739 999
799 999 – 6 000 = 793 999
799 999 – 600 = 799 399
799 999 – 60 = 799 939
799 999 – 6 = 799 993

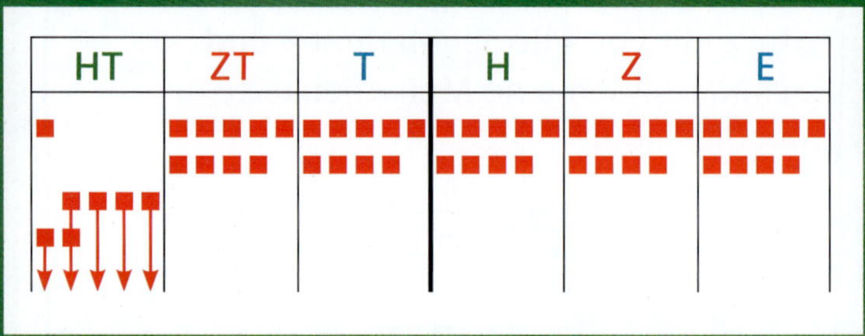

① Was entdeckst du? Erkläre.

wird größer/kleiner | der Hunderttausender | bleibt gleich | der Tausender | der Zehner | der Einer | der Hunderter

② 

a)
420 000 + 5
420 000 + 50
420 000 + 500
420 000 + 5 000
420 000 + 50 000
420 000 + 500 000

b)
111 000 + 8
111 000 + 80
111 000 + ___
___ + ___
___ + ___
___ + 800 000

c)
551 000 + 3
___ + ___
___ + ___
___ + ___
___ + ___
___ + ___

d)
689 789 – 600 000
68___ – 60 000
68___ – 6 000
68___ – 600
68___ – 60
68___ – 6

e)
988 888 – 700 000
9___ – 70 000
___ – ___
___ – ___
___ – ___
___ – ___

f)
465 465 – ___
___ – ___
___ – ___
___ – ___
___ – ___
___ – 4

③
a)
565 + 4
4 565 + 4
34 565 + 4
734 565 + 4

b)
834 – 20
9 834 – 20
69 834 – 20
169 834 – 20

c)
423 + 300
6 423 + 300
26 423 + 300
126 423 + 300

d)
123 – 120
8 123 – 120
84 123 – 120
584 123 – 120

Didaktische Information
Veränderungen farblich hervorheben; Material und Stellenwerttafel zur Verfügung stellen

Sprechen
Nur der Einer, Zehner, Hunderter ... wird größer/kleiner
... Der Einer, Zehner, Hunderter ... bleibt gleich.

▸ AH 23–26
▸ D 25–28
▸ KV 27–30

Schriftliche Addition und Subtraktion

① Addiere schriftlich.

a) 643 836 + 51 410
b) 39 000 + 251 410
c) 158 337 + 381 792
d) 7 106 + 73 485
e) 73 009 + 1 999
f) 381 767 + 71 005
g) 59 777 + 23 593
h) 673 538 + 8 695

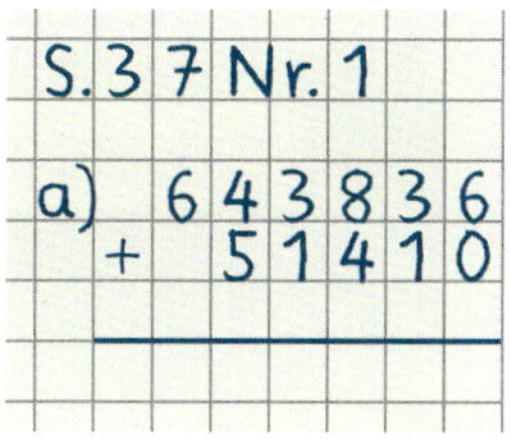

S. 37 Nr. 1
a) 643836
+ 51410

② Subtrahiere schriftlich.

a) 871 346 – 34 799
b) 681 445 – 392 515
c) 734 216 – 724 216
d) 356 118 – 92 478
e) 168 258 – 146 036
f) 411 135 – 287 679
g) 999 232 – 873 342
h) 217 933 – 181 976
i) 542 312 – 68 511

③ Bilde mit den Zahlenkarten zwei fünfstellige Zahlen. Addiere.

0 1 2 3 4 5 6 7 8 9

a) Die Summe soll möglichst groß sein.
b) Die Summe soll möglichst klein sein.
c) Die Summe soll zwischen 70 000 und 80 000 liegen.

④ Bilde mit den Zahlenkarten zwei fünfstellige Zahlen. Subtrahiere.

a) Die Differenz soll möglichst groß sein.
b) Die Differenz soll möglichst klein sein.
c) Die Differenz soll zwischen 10 000 und 20 000 liegen.

⑤ a)

Wenn ich zu meiner Zahl die Hälfte von 84 466 addiere, erhalte ich 523 614.

b)

Wenn ich von meiner Zahl das Doppelte von 24 134 subtrahiere, erhalte ich 157 432.

c)

Ich bilde die Differenz von 481 334 und 243 588 und addiere zum Ergebnis 76838. Wie heißt meine Zahl?

Sprechen
Die Summe
Die Differenz
fünfstellige Zahlen

Didaktische Information
3 Zahlenkarten zur Verfügung stellen, damit Zahlen nicht doppelt benutzt werden

Im Kopf oder schriftlich? (1)

① a) Welche Aufgabe rechnest du im Kopf? Erkläre.

b) Welche Aufgabe rechnest du schriftlich? Erkläre.

der Hunderttausender | wird größer/kleiner | der Zehntausender | der Tausender | der Einer | der Hunderter | der Zehner | bleibt gleich

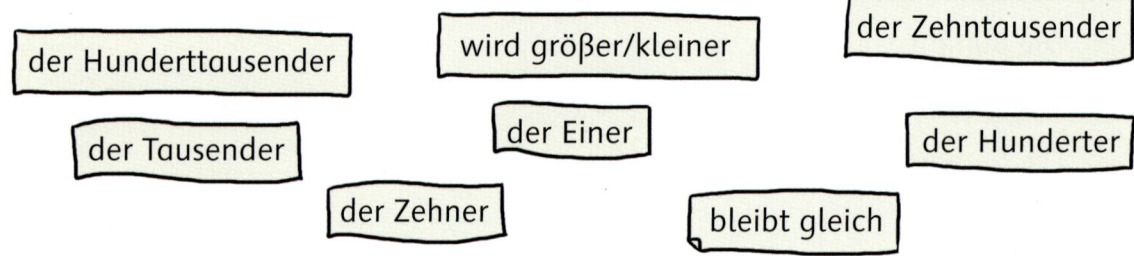

c) Finde eigene Aufgaben, die du im Kopf rechnest.

d) Finde eigene Aufgaben, die du schriftlich rechnest.

e) Vergleiche mit einem Partner.

Didaktische Information
Beschreiben lassen, woran Kinder erkennen, dass sie die Aufgabe im Kopf rechnen können bzw. schriftlich rechnen müssen;
1 c, d Kinder anregen, passende Aufgaben zu finden

Sprechen
Nur der Einer, Zehner, Hunderter ... wird größer/kleiner.
Der Einer, Zehner, Hunderter ... bleibt gleich.
Die Einer, Zehner, Hunderter ... werden größer/kleiner.

► AH 27
► D 29/30
► KV 31/32

Mathe-
konferenz

296000 + 245000 = 541000

300000 + 245000 = 545000

545000 − 4000 = 541000

296000 + 245000

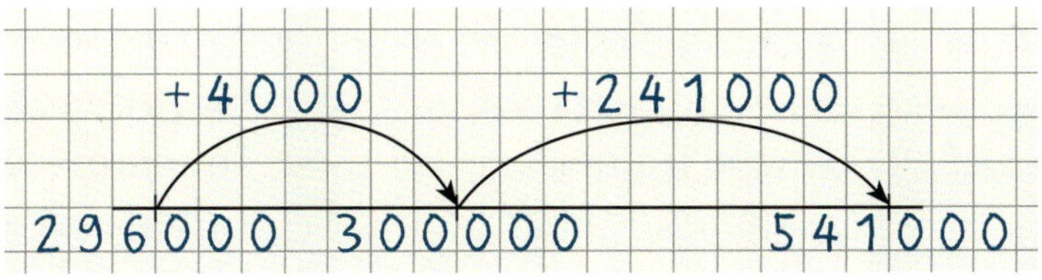

Timo

Lisa

498000 − 133000 = 365000

500000 − 133000 = 367000

367000 − 2000 = 365000

498000 − 133000

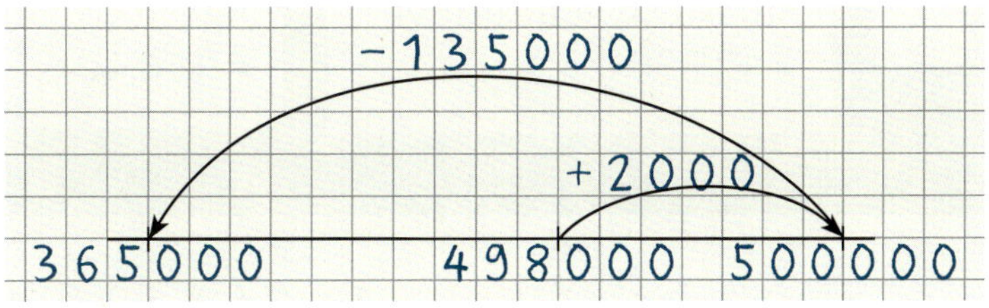

Natalia

Momo

① a) Wie rechnen die Kinder?

b) Welchen Rechenweg kannst du gut erklären?

② Wie rechnest du?

a) 493 000 + 149 000 b) 404 000 + 343 000 c) 698 000 + 177 000

d) 895 000 − 367 000 e) 788 000 − 465 000 f) 591 000 − 356 000

g) Finde eigene Aufgaben.

Sprechen
Kinder erklären und beschreiben den Rechenweg der Buchkinder; Kinder erklären den eigenen Weg.

Didaktische Information
Kinder befassen sich mit den halbschriftlichen Verfahren (gestütztes Kopfrechnen), um zu erkennen, dass Aufgaben nicht nur im Kopf oder schriftlich gerechnet werden müssen.

Überschlag

Die 24 Kinder der Klasse 4a planen eine Klassenfahrt.
Jedes Kind soll dafür höchstens 170 € bezahlen.
Die Busfahrt kostet 18,10 € für jedes Kind.

Kletterpark

Paket A	Paket B	Paket C
4 Übernachtungen, Vollverpflegung, 2 Stunden Kletterkurs für Anfänger mit einem Trainer = 129,30 €	4 Übernachtungen, Vollverpflegung, 4 Stunden Kletterkurs für Anfänger mit einem Trainer, Lagerfeuer + Stockbrot = 137,80 €	4 Übernachtungen, Vollverpflegung, 6 Stunden Kletterkurs für Anfänger mit zwei Trainern, Lagerfeuer + Stockbrot, Kletterrallye, Grillparty = 152,20 €

Ritterburg

Paket A	Paket B	Paket C
4 Übernachtungen, Vollverpflegung, Besuch des Rittermuseums, 1 ritterliches Abendmahl = 114,10 €	4 Übernachtungen, Vollverpflegung, Besuch des Rittermuseums, 1 ritterliches Abendmahl, Lagerfeuer + Stockbrot, Burgrallye = 121,90 €	4 Übernachtungen Vollverpflegung Besuch des Rittermuseums, 1 ritterliches Abendmahl, Lagerfeuer + Stockbrot, Burgrallye, Reitunterricht, Ritterausbildung = 156,40 €

überschlagen
der Überschlag

18 € + 120 € = 138 €
Mia

140 € + 18 € = 158 €
Timo

18 € + 152 € = 170 €
Umut

① a) Wieso rechnen die Kinder mit dem Betrag 18 €?

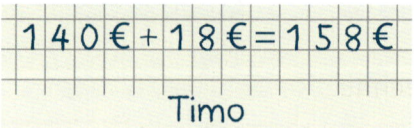

b) Für welches Paket hat Umut sich entschieden? Reicht das Geld? Rechne genau nach.

c) Für welche Pakete reicht das Geld? Überschlage.

② a) Für welches Paket würdest du dich entscheiden?

b) Wie viel würde die Fahrt für deine Klasse insgesamt kosten? Überschlage.

Didaktische Information
Überschlagen und Runden sind nicht gleichzusetzen, da es klare Regeln für das Runden gibt; beim Überschlag können die Zahlen selbst gewählt werden; auch Aufgaben mit multiplikativen Strukturen entwickeln

Sprechen
Wichtig ist, dass die Kinder darüber sprechen, nach welchen Kriterien sinnvoll Zahlen für den Überschlag ausgewählt werden können.

▸AH 28
▸D 31/32
▸KV 33

ÜMMÜ-Zahlen

① Das sind ÜMMÜ-Zahlen.

8448 1221 3993 6336

a) Finde möglichst viele ÜMMÜ-Zahlen und ordne sie.

b) Vergleiche deine ÜMMÜ-Zahlen mit einem Partner.

c) Finde einen anderen Namen für die Zahlen.

② Finde die zweite ÜMMÜ-Zahl mit den gleichen Ziffern. Rechne.

a)	b)	c)	d)
7 3 3 7	5 2 2 5	9 7 7 9	3 2 2 3
− □□□□	− □□□□	− □□□□	− □□□□
□□□□	□□□□	□□□□	□□□□

③ Rechne die ÜMMÜ-Aufgaben. Was entdeckst du? Erkläre.

a)	b)	c)	d)
7 6 6 7	4 3 3 4	9 8 8 9	6 5 5 6
− 6 7 7 6	− □□□□	− □□□□	− □□□□
□□□□	□□□□	□□□□	□□□□

die erste Zahl | die zweite Zahl | die Ziffer | der Einer | der Tausender | der Zehner | bleibt immer gleich | der Hunderter | wird immer um ____ größer/kleiner

④ a) Finde alle ÜMMÜ-Aufgaben und schreibe jede Aufgabe auf einen Zettel. Rechne.

b) Vergleiche mit einem Partner.

c) Sortiere deine ÜMMÜ-Aufgaben. Welche Aufgaben haben das gleiche Ergebnis?

d) Erkläre.

⑤ 65665 ist eine PIPPI-Zahl.

a) Finde weitere PIPPI-Zahlen.

b) Finde Subtraktionsaufgaben mit PIPPI-Zahlen und rechne.

c) Was entdeckst du? Erkläre.

Sprechen
Gefundene Zahlen und Aufgaben auf Lernplakaten sammeln und ordnen;
Gemeinsamkeiten finden und benennen

Didaktische Information
Aufgaben nach den Ergebnissen sortieren lassen, damit Beziehungen erkannt werden können

Das kann ich schon

① Ich kann bis 1 000 000 schriftlich addieren.

S. 37

a) 381 763 + 549 165 b) 459 847 + 289 416 c) 625 389 + 298 347

---

② Ich kann bis 1 000 000 schriftlich subtrahieren.

S. 37

a) 632 451 – 89 186 b) 927 138 – 356 899 c) 868 452 – 684 520

---

③ Ich kann unterscheiden, welche Aufgaben ich im Kopf und welche ich schriftlich rechne.

S. 38

a) 425 312 – 12 489 b) 222 430 – 100 000 c) 895 732 + 2 000

d) 154 246 + 763 188 e) 678 572 – 60 000 f) 382 486 + 73 820

---

④ Ich kann meinen Rechenweg aufschreiben.

S. 39

a) 495 312 + 206 000 b) 895 000 – 244 000 c) 602 000 + 243 000

---

⑤ Ich kann einen Überschlag rechnen.

S. 40

Ein Fußballverein mit 98 Kindern möchte einen Stadionbesuch machen.
Die Busfahrt kostet 2,30 € für jedes Kind.
Der Eintritt kostet 9,50 €.

Wie viel kostet der Ausflug für alle Kinder? Überschlage.

---

⑥ Ich kann ÜMMÜ-Aufgaben lösen.

S. 41

a)
```
  6 5 5 6
– 5 6 6 5
---------
  □ □ □ □
```

b)
```
  8 4 4 8
– □ □ □ □
---------
  □ □ □ □
```

c)
```
  9 1 1 9
– □ □ □ □
---------
  □ □ □ □
```

d)
```
  7 6 6 7
– □ □ □ □
---------
  □ □ □ □
```


Didaktische Information
Aufgaben zur Selbstüberprüfung und Selbsteinschätzung

Das Schachbrett und die Reiskörner

Der Erfinder des Schachspiels hatte beim König als Belohnung einen Wunsch frei. Er wünschte sich: Das Schachbrett soll mit Reiskörnern gefüllt werden. Dazu soll auf das erste Feld ein Reiskorn gelegt werden Auf das zweite Feld sollen zwei Reiskörner gelegt werden. Auf jedes weitere Feld immer doppelt so viele wie auf dem Feld davor.

1. Ist der Wunsch des Erfinders schlau? Begründe.

2. Was könnte der Erfinder mit den Reiskörnern vorhaben?

3. Drei Reiskörner wiegen ungefähr 1 Gramm.
Kann der Erfinder alle Reiskörner, die auf dem Schachbrett liegen, alleine tragen? Begründe.

Didaktische Information
Anregungen zum Ausprobieren, Knobeln, Forschen und Entdecken mit Anforderungen, die über die der vorherigen Seiten hinausgehen; D Eigene Aufgaben erfinden und in ein Lerntagebuch schreiben

Geodreieck

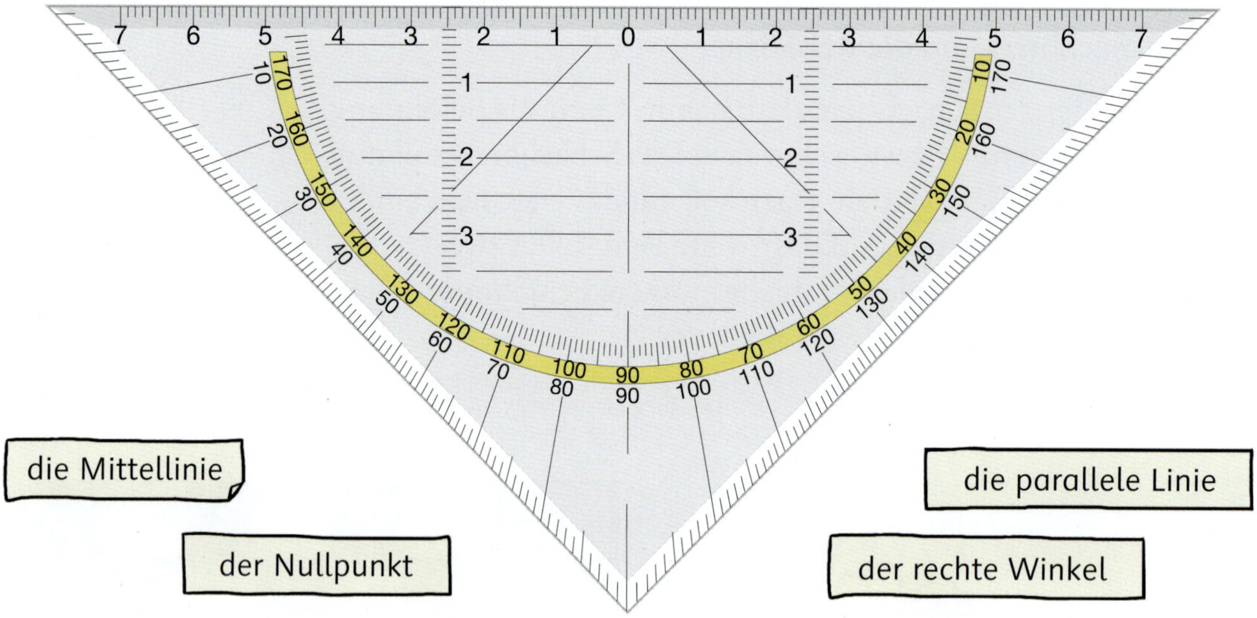

① Betrachte dein Geodreieck.

a) Beschreibe dein Geodreieck.

b) Vergleiche mit einem Partner.

② Zeichne Strecken.

③ Zeichne Strecken mit der Länge:

a) 2 cm b) 3 cm c) 14 cm

Didaktische Information
Geodreieck kennen lernen und Strecken zeichnen

Sprechen
Fachbegriffe zum Benutzen des Geodreiecks und die Definition einer Strecke müssen besprochen werden;
! Es gibt keinen linken Winkel.

▸AH 29
▸D 33/34
▸KV 34–36

④ Zeichne rechte Winkel.

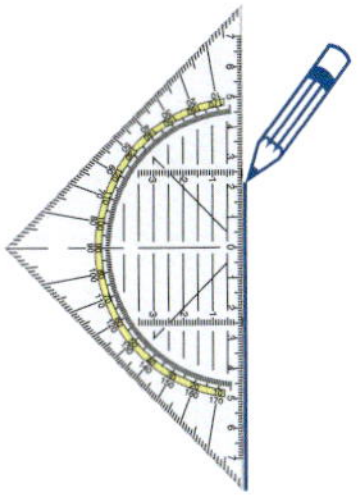

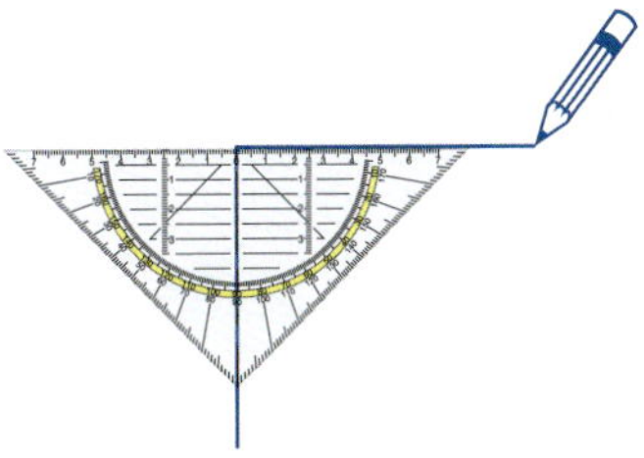

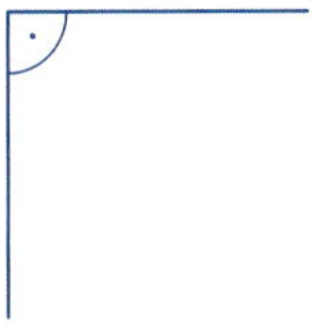

a) Zeichne eine gerade Linie.

b) Lege die Mittellinie auf die Linie. Zeichne eine neue Linie vom Nullpunkt aus.

c) Zeichne den rechten Winkel ein.

d) Zeichne fünf rechte Winkel.

⑤ Zeichne parallele Linien.

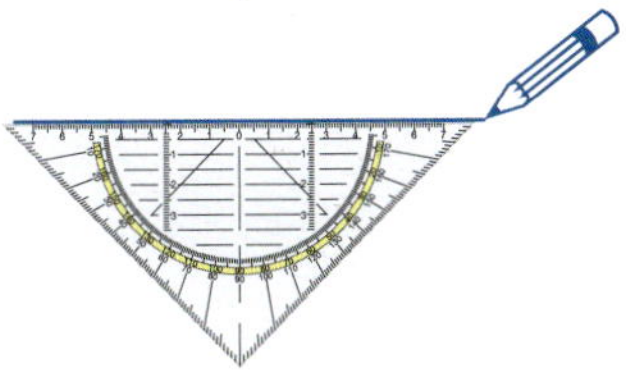

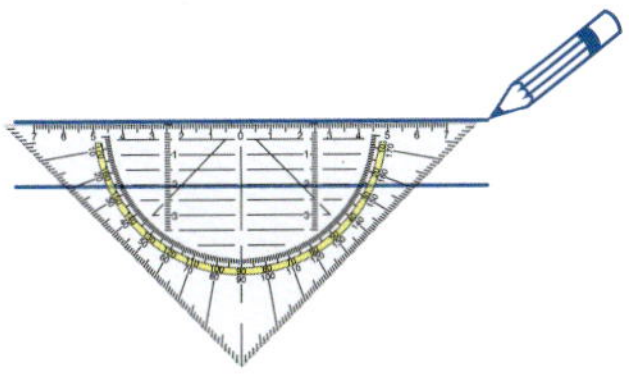

a) Zeichne eine gerade Linie.

b) Schiebe das Geodreieck nach oben, bis die gezeichnete Linie genau unter einer parallelen Linie des Geodreiecks liegt. Zeichne eine parallele Linie.

c) Die Linien sind parallel zueinander.

d) Zeichne fünf parallele Linien.

e) Gib deine Zeichnung einem Partner zur Kontrolle.

⑥ Zeichne Quadrate und Rechtecke mit dem Geodreieck.

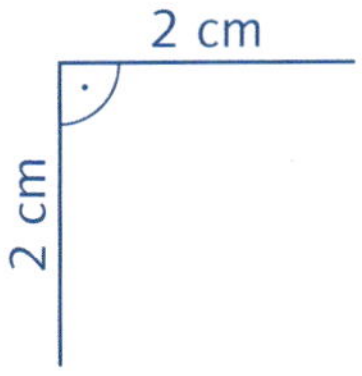

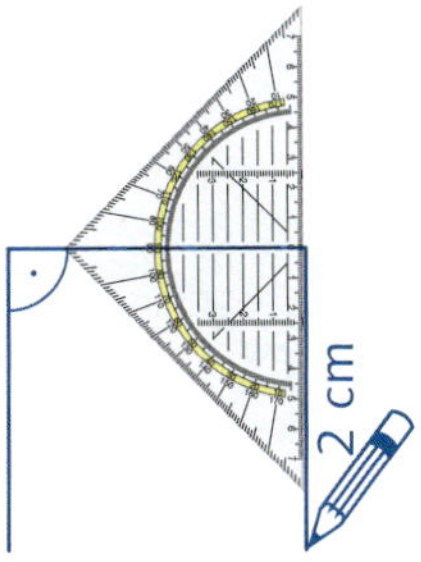

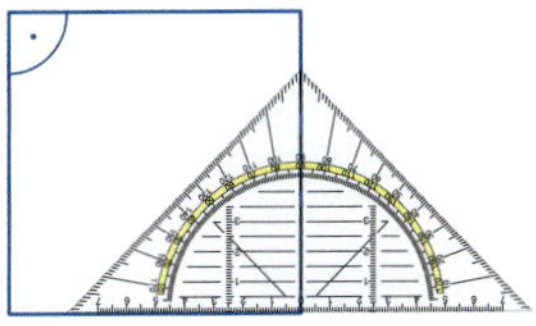

a) Zeichne einen rechten Winkel. Beide Seiten sind 2 cm lang.

b) Zeichne eine neue Seite im rechten Winkel. Sie ist 2 cm lang.

c) Zeichne eine neue Seite im rechten Winkel. Sie ist auch 2 cm lang. Das Quadrat ist fertig.

d) Zeichne fünf verschiedene Quadrate.

e) Zeichne fünf verschiedene Rechtecke.

▸AH 30
▸D 33–36
▸KV 37

Sprechen
Mit den vorgegebenen Formulierungen können die Kinder ihr eigenes Handeln verbalisieren.

Didaktische Information
Umgang mit dem Geodreieck üben: rechte Winkel, parallele Linien und Quadrate bzw. Rechtecke zeichnen

Zirkel

der Zirkel
der Mittelpunkt
der Radius
die Kreislinie
der Durchmesser

① a) Zeichne fünf verschiedene Kreise mit deinem Zirkel.

b) Zeichne den größtmöglichen Kreis mit deinem Zirkel.
Wie groß ist der Radius?

c) Zeichne den kleinstmöglichen Kreis mit deinem Zirkel.
Wie groß ist der Radius?

d) Welche Kreise sind schwierig zu zeichnen? Begründe.

② Nimm einen Bindfaden, einen Stab und einen Bleistift.

a) Zeichne größere Kreise.

b) Zeichne auf dem Schulhof einen viel größeren Kreis. Was brauchst du?

③

Durchmesser
d = 25 cm

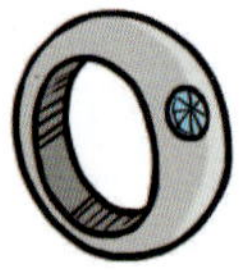

Durchmesser
d = 20 mm

Durchmesser
d = 30 cm

Der Durchmesser ist die gerade Linie, die durch den Mittelpunkt führt und den Kreis in zwei Hälften teilt. Der Durchmesser ist doppelt so lang wie der Radius.

a) Zeichne fünf verschiedene Kreise mit einem Zirkel.
Wie groß ist der Radius?
Wie groß ist der Durchmesser?

b) Gib deine Zeichnung einem Partner zur Kontrolle.

Didaktische Information
Zirkel kennen lernen und Kreise zeichnen; beim Übertragen auf einen großen „Zirkel" unbedingt darauf achten, dass der Faden nicht dehnbar ist; das Material (Stab, Faden, Kreide) anbieten

Sprechen
Fachbegriffe zum Benutzen des Zirkels und Zeichnen des Kreises besprechen.

④ Miss den Radius.

a)

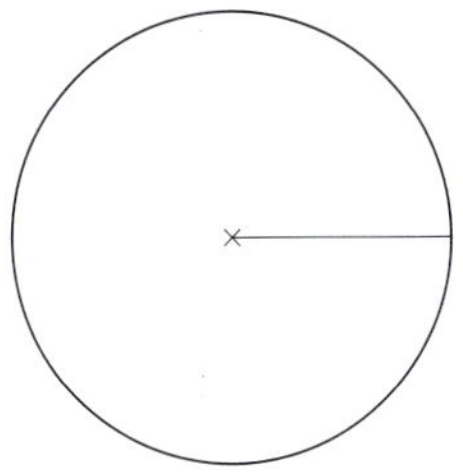

b)

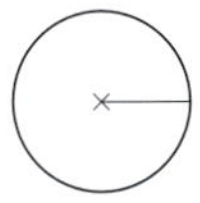

c)

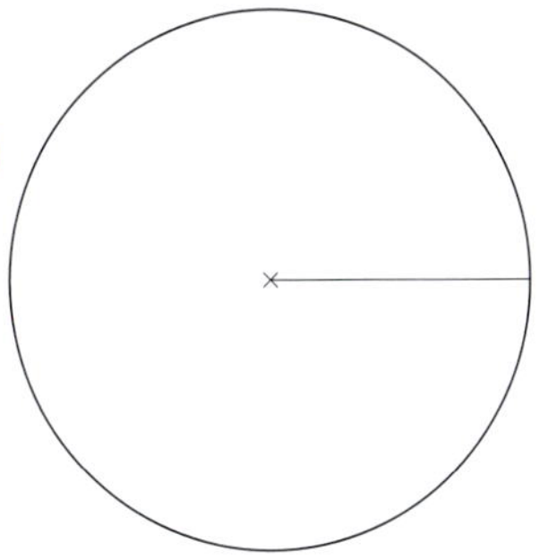

⑤ Zeichne nach.

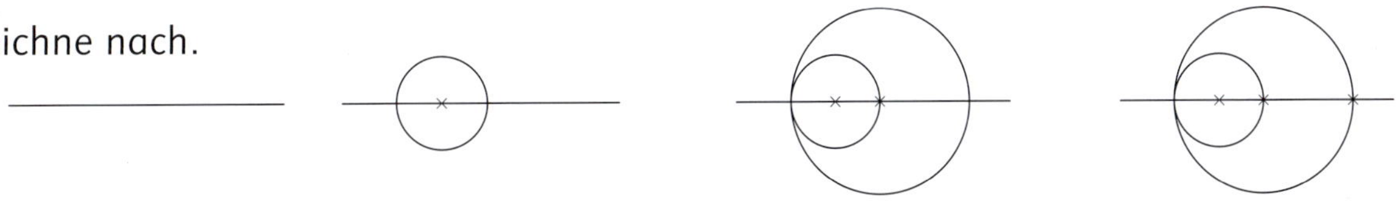

a) Zeichne eine gerade Linie.

b) Zeichne einen Kreis mit dem Radius r = 1 cm. Der Mittelpunkt liegt auf der Linie.

c) Zeichne einen Kreis mit dem Radius r = 2 cm. Der Mittelpunkt liegt genau dort, wo die Kreislinie des ersten Kreises die Linie schneidet.

d) Zeichne den nächsten Mittelpunkt. Dieser Kreis hat den Radius r = 4 cm.

e) Setze das Muster fort, bis die Kreise für deinen Zirkel zu groß sind.

⑥ Zeichne das Muster.

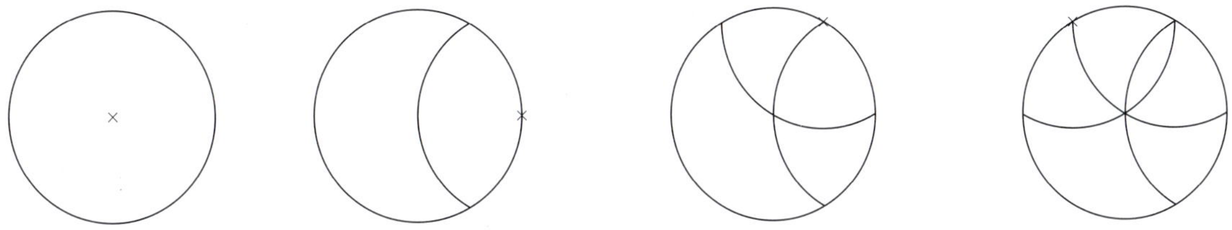

a) Zeichne einen Kreis.

b) Setze den Mittelpunkt auf die Kreislinie. Der Radius muss gleich bleiben. Zeichne die Kreislinie nur innerhalb des Kreises.

c) Setze den nächsten Mittelpunkt so auf die Kreislinie. Der Radius muss gleich bleiben. Zeichne die Kreislinie nur innerhalb des Kreises.

d) Setze den nächsten Mittelpunkt so auf die Kreislinie und zeichne weiter.

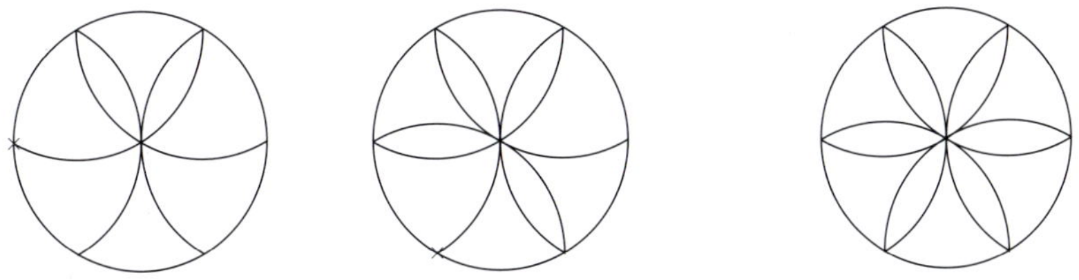

e) Der Mittelpunkt wandert weiter.

f) Die Rosette ist fertig.

▸D 37–40

Sprechen
Mit den vorgegebenen Formulierungen können die Kinder ihr eigenes Handeln verbalisieren.

Didaktische Information
Umgang mit dem Zirkel üben; komplexere Bilder sind in nachvollziehbare Phasen aufgegliedert

Geodreieck und Zirkel

① Zeichne nach.

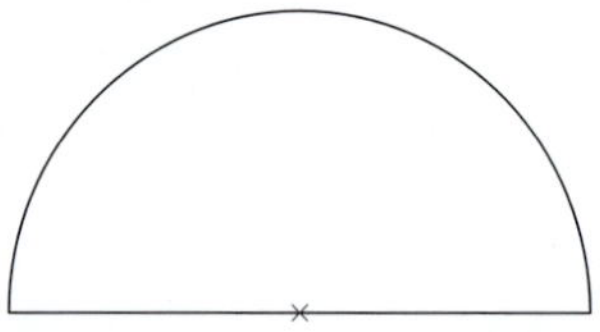

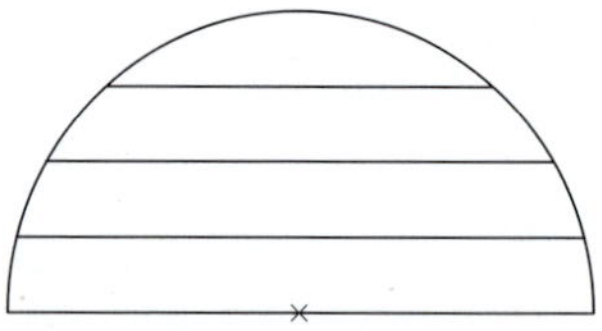

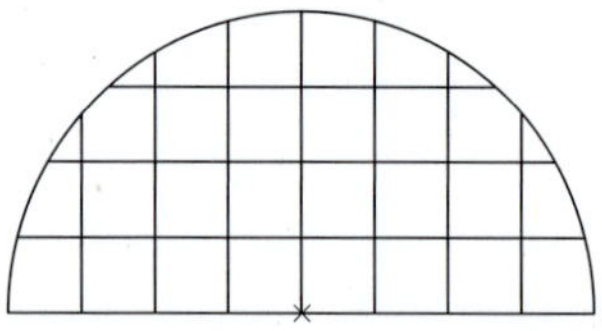

a) Zeichne eine Strecke mit der Länge 4 cm. Zeichne einen Halbkreis mit dem Radius $r = 2$ cm.

b) Zeichne parallele Linien zur Strecke mit dem Abstand 0,5 cm.

c) Zeichne durch den Mittelpunkt eine Linie im rechten Winkel zur Strecke. Zeichne parallele Linien im Abstand 0,5 cm.

d) Zeichne das Bild noch einmal. Du kannst einen anderen Radius und einen anderen Abstand der parallelen Linien wählen.

e) Vergleiche mit einem Partner.

② Zeichne nach.

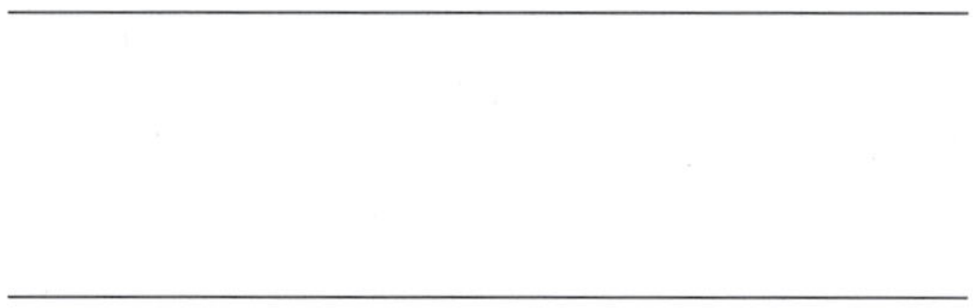

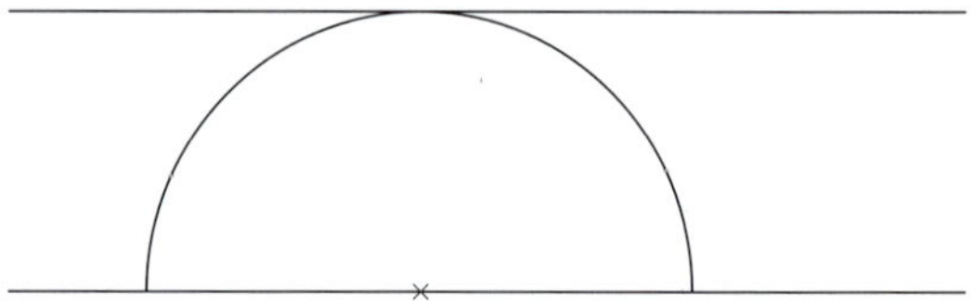

a) Zeichne zwei parallele Linien mit dem Abstand 2 cm.

b) Zeichne einen Halbkreis mit dem Radius $r = 2$ cm. Der Mittelpunkt liegt auf der unteren Linie.

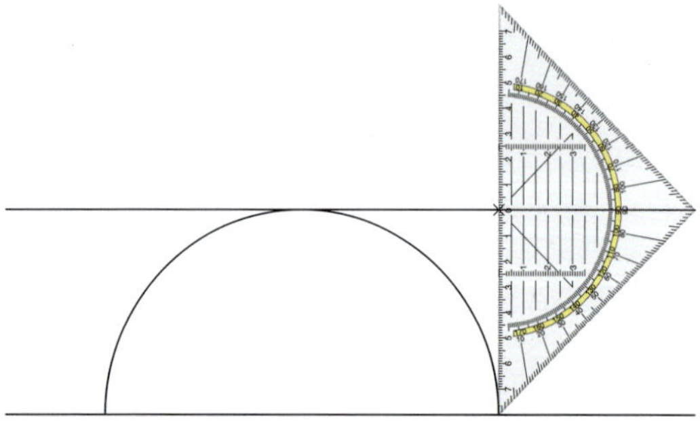

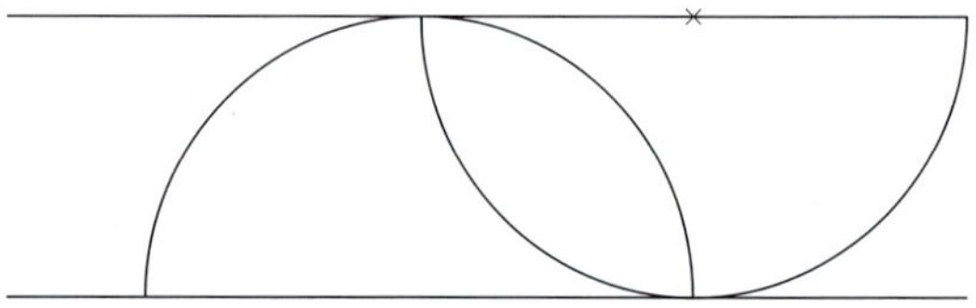

c) Lege das Geodreieck an die obere Linie an. Zeichne den nächsten Mittelpunkt auf die obere Linie.

d) Zeichne einen Halbkreis.

e) Setze das Muster fort.

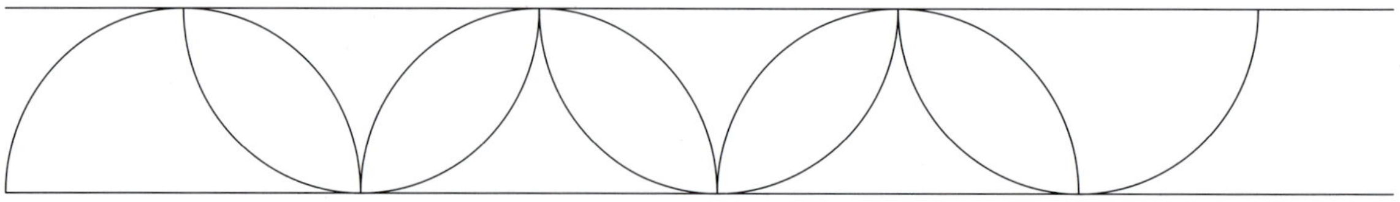

f) Zeichne das Muster noch einmal. Wähle einen größeren Abstand.

g) Vergleiche mit einem Partner.

Didaktische Information
Für den Gebrauch des Geodreiecks und des Zirkels werden einfache Bilder in Phasen gegliedert.

Sprechen
Mit den vorgegebenen Formulierungen können die Kinder ihr eigenes Handeln verbalisieren.

▸ AH 33/34

③ Zeichne das Muster aus Kreisen.

④ Zeichne das Muster aus Quadraten und Rechtecken.

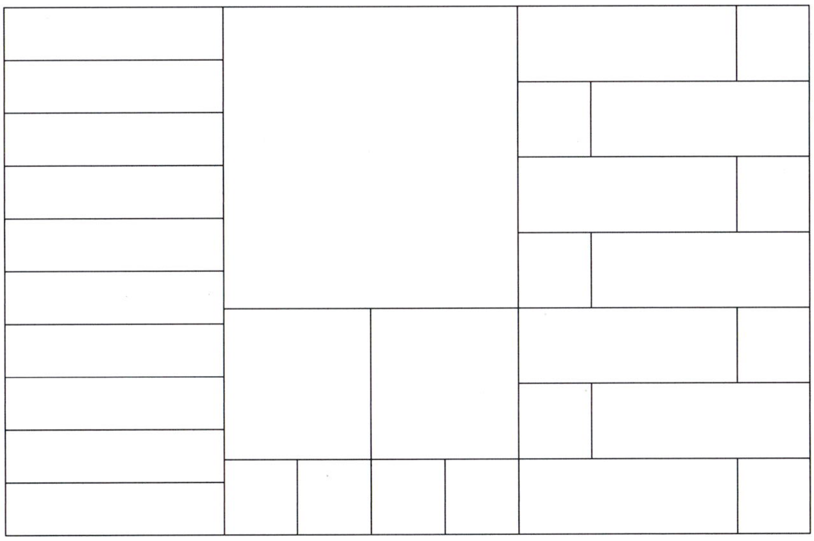

Sprechen
Mit den vorgegebenen Formulierungen können komplexe Bilder in bekannte Teilschritte zerlegt und verbalisiert werden.

Didaktische Information
Gliederungen von komplexen Bildern werden angeboten, damit die Kinder Bekanntes entdecken und darauf aufbauend komplexe Bilder zeichnen können;
Hinweis: Künstler Mondrian

Das kann ich schon

① Ich kann Strecken zeichnen.

S. 44

a) 4 cm   b) 6 cm   c) 10,5 cm

② Ich kann rechte Winkel zeichnen und finden.

S. 45

a)

b)

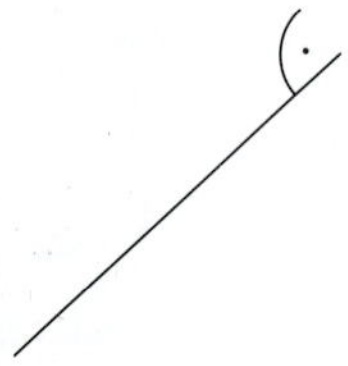

c)

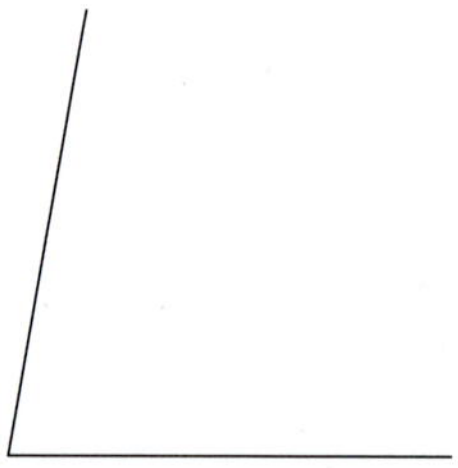

d)

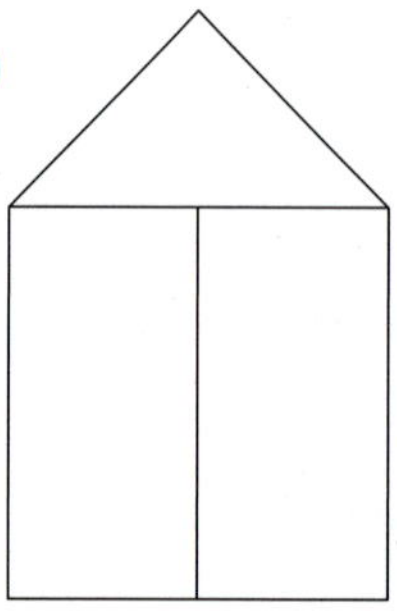

③ Ich kann parallele Linien in einem bestimmten Abstand zeichnen.

S. 45

a) Zeichne 5 parallele Linien mit einem Abstand von 1 cm.

b) Zeichne 5 parallele Linien mit einem Abstand von 0,5 cm.

④ Ich kann Quadrate und Rechtecke zeichnen.

S. 45

a) Quadrat mit der Seitenlänge 3 cm

b) Rechteck mit den Seitenlängen 2 cm und 5 cm

⑤ Ich kann einen Kreis zeichnen und alle Bestandteile benennen.
Ich kann den Radius und den Durchmesser von Kreisen bestimmen.

S. 46

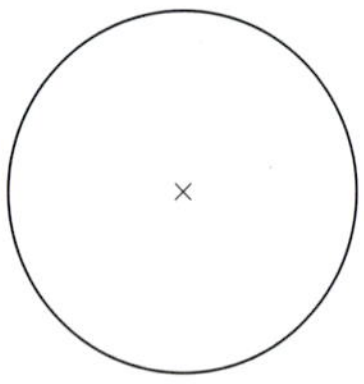

⑥ Ich kann ein Bild nach Anleitung zeichnen.

S. 47/48

a) Zeichne einen Kreis mit dem Radius $r = 3$ cm.

b) Setze den neuen Mittelpunkt auf die Kreislinie.
Der Radius muss gleich bleiben. Zeichne die ganze Kreislinie.

c) Male an. Jede Fläche bekommt eine andere Farbe.

Forscherseite

① Fibonacci war ein berühmter Mathematiker.
Er entdeckte die schöne Zahlenfolge.

0 1 1 2 3 5

a) Wie geht sie weiter? Finde die nächsten fünf Zahlen.

b) Erkläre die Regel.

---

② Die Fibonacci-Folge bis zur Million

a) Wie viele Schritte sind es? Schätze.

 b) Überprüfe und vergleiche.

---

③ Fibonacci hat sein Zahlenmuster auch gezeichnet.
Dabei ist eine Spirale entstanden.

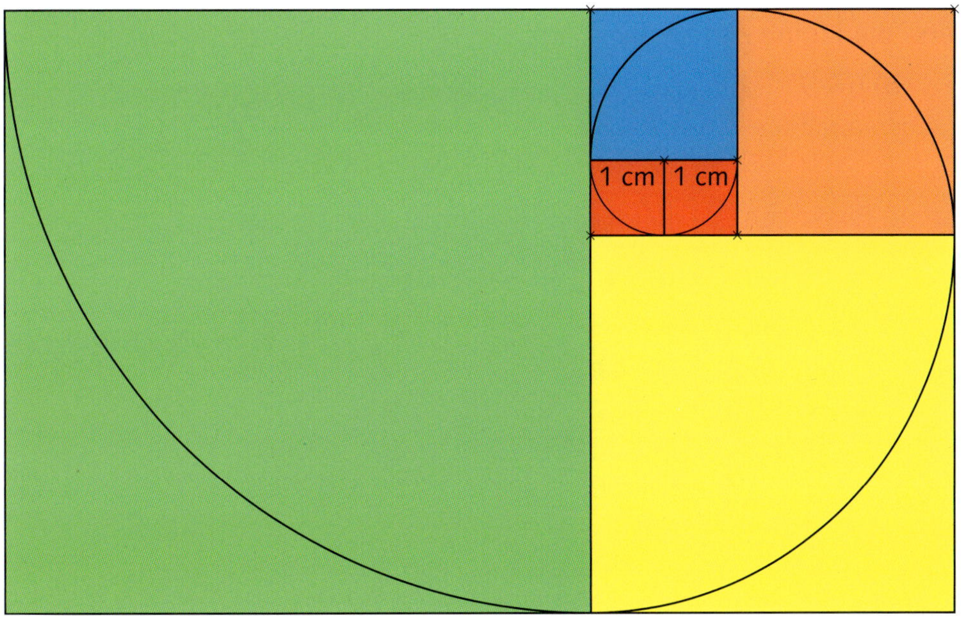

a) Finde die Fibonacci-Folge.

b) Zeichne ab.

c) Wie geht es weiter?

---

④ Spiralen mit Fibonacci-Zahlen sind in der Natur zu finden, zum Beispiel bei den Sonnenblumen. Die Samen in der Blüte sind in Spiralen angeordnet.

a) Suche Bilder im Internet.

b) Suche weitere Informationen über Fibonacci.

Didaktische Information
Anregungen zum Ausprobieren, Knobeln, Forschen und Entdecken mit Anforderungen, die über die der vorherigen Seiten hinausgehen; D Eigene Aufgaben erfinden und in ein Lerntagebuch schreiben

Kleine und große Multiplikationsaufgaben

das Produkt

① Rechne zuerst die kleine Aufgabe.

a)	b)	c)	d)
7 · 3	5 · 9	2 · 8	4 · 3
7 · 3 H	5 · 9 T	2 · 8 ZT	4 · 3 T
7 · 300	5 · 9000	2 · 80 000	4 · 3 000

e) Finde eigene Päckchen.

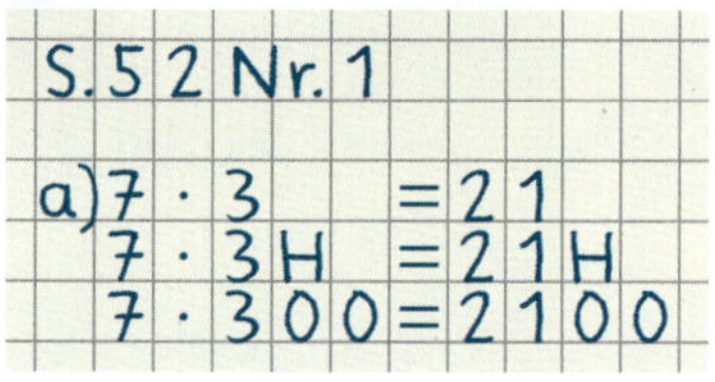

②

a)	b)	c)	d)
6 · 4	8 · 7	9 · 6	4 · 5
6 · 40	8 · 70	9 · 60	4 · 50
6 · 400	8 · 700	9 · 600	4 · 500
6 · 4 000	8 · 7 000	9 · 6 000	4 · 5 000
6 · 40 000	8 · 70 000	9 · 60 000	4 · 50 000

e) Finde eigene Päckchen.

③

a)	b)	c)
8 · ☐ = 72	3 · ☐ = 150	4 · ☐ = 36
8 · ☐ = 720	3 · ☐ = 1 500	4 · ☐ = 3 600
8 · ☐ = 7 200	3 · ☐ = 15 000	4 · ☐ = 360 000

④ Finde Multiplikationsaufgaben.

a) Das Produkt soll größer als 10 000 sein.

b) Das Produkt soll kleiner als 10 000 sein.

c) Das Produkt soll zwischen 200 000 und 500 000 liegen.

Didaktische Information
Analogien zum kleinen Einmaleins erkennen
! Beim Schreiben von 18 Tausendern in die Stellenwerttafel auf die einzelnen Stellenwerte achten! Evtl. noch mal Zahlenkarten nutzen

Sprechen
3 mal 6 gleich 18.
3 mal 6 Tausender gleich 18 Tausender.
Das Produkt ist 18 000.

▸AH 35
▸D 41/42
▸KV 42

Kleine und große Divisionsaufgaben

der Quotient

① Rechne zuerst die kleine Aufgabe.

a)	b)	c)	d)
54 : 6	63 : 7	36 : 6	28 : 7
54 H : 6	63 T : 7	36 Z : 6	28 T : 7
5 400 : 6	63 000 : 7	360 : 6	28 000 : 7

e) Finde eigene Päckchen.

S. 53 Nr. 1
a) 54 : 6 = 9
54 H : 6 = 9 H
5400 : 6 = 900

②

a)	b)	c)	d)
45 : 5	16 : 8	30 : 6	50 : 5
450 : 5	160 : 8	300 : 6	500 : 5
4 500 : 5	1 600 : 8	3 000 : 6	5 000 : 5
45 000 : 5	16 000 : 8	30 000 : 6	50 000 : 5
450 000 : 5	160 000 : 8	300 000 : 6	500 000 : 5

e) Finde eigene Päckchen.

► AH 36
► D 41/42
► KV 42/43

Sprechen
! Besprechen, warum 320 000 gleich 32 ZT sind.
32 geteilt durch 4 gleich 8.
32 Zehntausender geteilt durch 4 gleich 8 Zehntausender. Der Quotient ist 80 000.

Didaktische Information
Analogien zu den kleinen Divisionsaufgaben erkennen

Multiplizieren mit großen Zahlen

·	7	70	700	7 000	70 000
4	28	280	2 800	28 000	280 000
40	280	2 800	28 000	280 000	
400	2 800	28 000	280 000		
4 000	28 000	280 000			
40 000	280 000				

① Was entdeckst du? Beschreibe.

die 2. Zahl | die Spalte | das Produkt | wird ____ mal größer | die 1. Zahl | multiplizieren | bleibt gleich | die Zeile

② Schreibe die richtigen Sätze auf.

In jeder Spalte werden die Zahlen von oben nach unten immer 10 mal größer.

In jeder Zeile werden die Zahlen von links nach rechts immer 10 mal kleiner.

Wenn die 1. Zahl 100 mal größer wird und die 2. Zahl gleich bleibt, dann wird das Produkt 1 000 mal größer.

Wenn die 1. Zahl 10 mal größer wird und die 2. Zahl 10 mal größer wird, dann wird das Produkt 100 mal größer.

Wenn die 1. Zahl 1 000 mal größer wird und die 2. Zahl 10 mal größer wird, dann wird das Produkt 10 000 mal größer.

③ Finde verschiedene Aufgaben zu dem Produkt.

a) 64 000

b) 2 700

c) 150 000

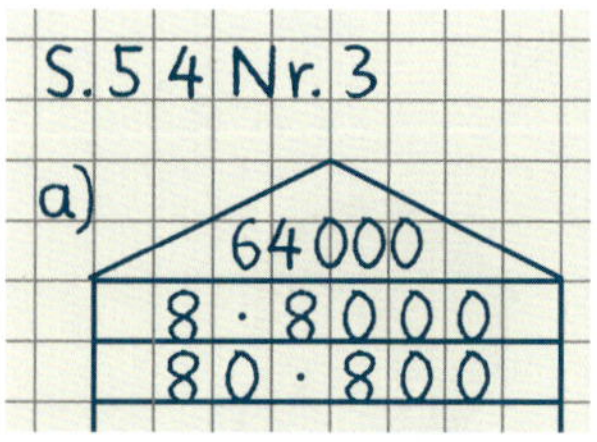

④ Finde möglichst viele Aufgaben zu dem Produkt. Überprüfe mit einer Tabelle.

a) 36 000

b) 1 600

c) 240 000

d) 1 800 000

Didaktische Information
Erkennen, wie sich eine Zahl verändert, wenn sie 10, 100, 1000 mal größer wird.

Sprechen
Für die Beschreibung Farben der Tabelle nutzen; *Wenn …, dann …*-Formulierungen

► AH 37
► D 43/44
► KV 44/45

Dividieren mit großen Zahlen

① a) 2 500 : 50 = ☐ (: 10 → ☐ → : 5)
b) 420 000 : 6 000 = ☐ (: 1000 → ☐ → : 6)
c) 81 000 : 900 = ☐ (: 100 → ☐ → : ☐)

d) 720 000 : 80 = ☐ (: ☐ → ☐ → : 8)
e) 3 000 : 600 = ☐ (: ☐ → ☐ → : ☐)
f) 20 000 : 400 = ☐ (: ☐ → ☐ → : ☐)

g) 4 500 : 90 = ☐ (: ☐ → ☐ → : ☐)
h) 24 000 : 800 = ☐ (: ☐ → ☐ → : ☐)
i) 1 800 : 20 = ☐ (: ☐ → ☐ → : ☐)

② a) 14 000 : 700 b) 270 000 : 90 c) 2 100 : 300 d) 48 000 : 6 000
e) 49 000 : 70 f) 5 400 : 60 g) 630 000 : 7 000 h) 24 000 : 30

Sprechen
Kinder beschreiben den Rechenweg und die Notationsweise und nutzen dafür *Ich* …-Formulierungen.

Didaktische Information
Erkennen, wie sich eine Zahl verändert, wenn sie durch 10, 100, 1000 dividiert wird, und warum die 2. Zahl aufgeteilt werden kann

Multiplizieren in Schritten

7 · 14
· | 10 | 4
7 | 70 | 28 | 98
17 · 14
· | 10 | 4
10 | 100 | 40 | 140
7 | 70 | 28 | 98
238
Ich zerlege die 2. Zahl. Ich schreibe die Zahlen in eine Tabelle und rechne in Schritten.
Ich zerlege beide Zahlen und rechne in Schritten.

① Wie haben die Kinder gerechnet? Beschreibe.

die Zeile | addieren | multiplizieren | die Tabelle | der Einer | die Spalte | die 2. Zahl | der Zehner | zerlegen | die 1. Zahl | das Produkt

② a)

·	20	5	
10			
3			

b)

·	30	8	
20			
1			

c)

·	10	9	
40			
3			

d)

·	40	6	
10			
4			

③ Rechne mit der Tabelle.

a) 47 · 19
147 · 19

b) 38 · 23
238 · 23

c) 26 · 57
26 · 457

d) 15 · 63
15 · 263

e) 33 · 24
133 · 324

f) Finde eigene Aufgaben.

④ Setze die richtigen Zeichen <, > oder = ein.
Die Tabelle kann dir beim Multiplizieren helfen.

a) 41 · 8 ◯ 250
41 · 83 ◯ 2 500

b) 9 · 28 ◯ 198
92 · 28 ◯ 1 980

c) 43 · 71 ◯ 3 053
143 · 71 ◯ 10 154

Didaktische Information
! Hinweis, dass die Kinder auch spaltenweise addieren können, nicht nur zeilenweise, je nach Präferenz

Sprechen
Ich zerlege die Zahlen und multipliziere in Schritten. Am Ende von jeder Zeile steht die Summe aus den Ergebnissen. Für das Gesamtergebnis kann ich schriftlich addieren.

▸ AH 39
▸ D 45/46
▸ KV 47

Mathe-
konferenz
Ich zerlege die 1. Zahl in Hunderter, Zehner und Einer und multipliziere in Schritten.
Milan
738 · 4 = 2952
700 · 4 = 2800
30 · 4 = 120
8 · 4 = 32
Ich zerlege auch die 1. Zahl. Aber ich schreibe nur die Ergebnisse auf.
Timo
738 · 4 = 2952
2800
120
32
Ich rechne mit der Tabelle.
Momo
· | 4
700 | 2800
30 | 120
8 | 32
2952
738 · 4
Lisa
738 · 4 = 2952
32
120
2800
Ich schreibe nur die Ergebnisse auf. Aber ich fange bei den Einern an.

① a) Wie rechnen die Kinder?

b) Welchen Rechenweg kannst du gut erklären?

② Wie rechnest du?

a) 627 · 3　　b) 484 · 6　　c) 339 · 50　　d) 278 · 40

e) 5 182 · 7　　f) 3 062 · 8　　g) 4 903 · 60　　h) 1 773 · 30

i) Finde eigene Aufgaben.

③ Rechne zuerst die kleine und dann die große Aufgabe.
Was entdeckst du? Beschreibe.

a) 471 · 5
471 · 50

b) 3 547 · 6
3 547 · 60

die 1. Zahl | die 2. Zahl | das Produkt | bleibt gleich | ____ mal größer

Sprechen
Kinder beschreiben und erklären die Rechenwege der Buchkinder und ihre eigenen
Ich rechne mit …
Mir hilft … Zuerst …, dann …

Didaktische Information
Rechenwege vergleichen und Unterschiede finden; verschiedene Notationsweisen erklären

Vielfache

das Vielfache

① Was fällt dir auf? Beschreibe.

a)

4 = 1 · 4	40 = 10 · 4
8 = 2 · 4	80 = 20 · 4
12 = 3 · 4	120 = 30 · 4
16 = 4 · 4	160 = 40 · 4

b)

7 = 1 · 7	7000 = 1 · 7000
14 = 2 · 7	14000 = 2 · 7000
21 = 3 · 7	21000 = 3 · 7000
28 = 4 · 7	28000 = 4 · 7000

die 2. Zahl | gleich | das Produkt | die 1. Zahl | ____ mal so groß

② a) Finde alle Vielfachen von 70, die kleiner als 500 sind.

b) Finde alle Vielfachen von 40, die größer als 80 und kleiner als 390 sind.

c) Finde alle Vielfachen von 30, die zwischen 200 und 500 liegen.

S. 58 Nr. 2
a) 70, 140,

③ a) Ich denke mir eine Zahl. Die Zahl liegt zwischen 150 und 200 und ist ein Vielfaches von 40.

S. 58 Nr. 3
a) 40
80
120
(160)
200

b) Ich denke mir eine Zahl. Die Zahl ist ein Vielfaches von 60 und liegt zwischen 400 und 450.

c) Ich denke mir eine Zahl. Die Zahl ist ein Vielfaches von 30 und liegt in der Mitte zwischen 100 und 200.

Didaktische Information
Für die Begründung die Multiplikationsaufgabe nutzen

Sprechen
Ein Vielfaches von 30 ist …
Das Siebenfache von 30 ist 210.
…, denn …-Formulierung nutzen

▸ D 47/48

der Quotient

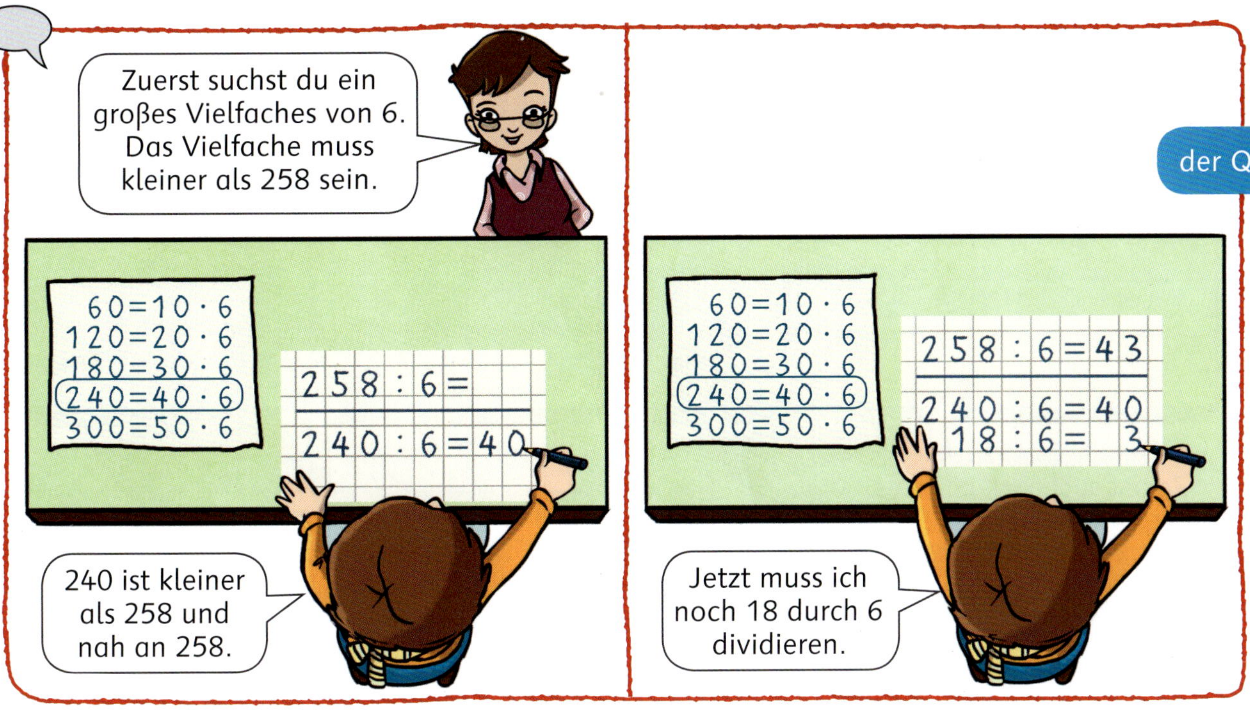

① Dividiere halbschriftlich. Suche die Zahl für den ersten Rechenschritt mit Hilfe der Vielfachen.

a)	b)	c)
148 : 4	371 : 7	168 : 3
380 : 4	427 : 7	234 : 3
272 : 4	336 : 7	285 : 3
288 : 4	252 : 7	81 : 3

S. 59 Nr. 1
a) 40, 80, 120, 160
148 : 4 = 37
120 : 4 = 30
28 : 4 = 7

② Dividiere halbschriftlich.
Welches Vielfache hilft dir bei der Zahl für den ersten Rechenschritt?

a)	b)	c)	d)	e)
720 810	420 490	300 360	80 120	210 240
837 : 9	518 : 7	330 : 6	144 : 4	249 : 3

③ Dividiere halbschriftlich.
Manchmal brauchst du 3 Rechenschritte.

a) 882 : 6 b) 680 : 5 c) 918 : 9 d) 363 : 3
e) 296 : 2 f) 816 : 4 g) 861 : 7 h) 936 : 8

S. 59 Nr. 3
a) 882 : 6 = 147
600 : 6 = 100
240 : 6 = 40
42 : 6 = 7

④ Bei 5 Aufgaben ist das Ergebnis kleiner als 100.
Finde die Aufgaben und dividiere halbschriftlich.

a) 435 : 5 b) 984 : 8 c) 618 : 6 d) 504 : 9
e) 483 : 7 f) 392 : 4 g) 393 : 3 h) 420 : 5

S. 59 Nr. 4
a) 435 : 5 =
400 : 5 =
35 : 5 =

▸ AH 40
▸ D 49/50

Sprechen
Bei der halbschriftlichen Division zerlege ich die 1. Zahl. Ich dividiere schrittweise. Die Ergebnisse muss ich am Ende addieren.

Didaktische Information
Die Notation der Vielfachen als Hilfestellung thematisieren;
! Das Vielfache ist kleiner als die zu teilende Zahl.

Halbschriftliche Division mit Rest

① Dividiere halbschriftlich. Denke an den Rest.
Beim ersten Schritt können dir die Vielfachen helfen.

a) 207 : 5 b) 314 : 4 c) 495 : 6 d) 202 : 3

e) 285 : 8 f) 416 : 7 g) 464 : 5 h) 498 : 9

S. 60 Nr. 1
a) 207 : 5 = 41 Rest 2
200 : 5 = 40
7 : 5 = 1 Rest 2

② Dividiere halbschriftlich. Was entdeckst du?

a)	b)	c)	d)
195 : 3	114 : 2	157 : 4	231 : 5
196 : 3	115 : 2	158 : 4	232 : 5
197 : 3	116 : 2	159 : 4	233 : 5
198 : 3	117 : 2	☐ : 4	☐ : 5
☐ : 3	☐ : 2	☐ : 4	☐ : 5
☐ : 3	☐ : 2	☐ : 4	☐ : 5

e) Wie groß kann der Rest sein, wenn du durch 7 dividierst? Begründe.

③ Welche Aufgaben rechnest du halbschriftlich?
Welche Aufgaben rechnest du im Kopf?

4400 : 4 2000 : 5 5731 : 1 441 : 7 125 : 5 744 : 8 4740 : 3 455 : 7 258 : 3 1008 : 8 999 : 9 684 : 2 1452 : 6 92 : 4 306 : 9

S. 60 Nr. 3

im Kopf	halbschriftlich

Didaktische Information
Ergebnisse mit Rest mit Hilfe der Umkehraufgabe überprüfen

Sprechen
32 geteilt durch 9 gleich 3 Rest 5.

▸AH 41
▸D 49/50

+ 5, – 10, + 5, – 10

40 — 45 — 35 — 40 — 30 — 35 — 25 — 30 — 20

Regel: erst + 5, dann – 10

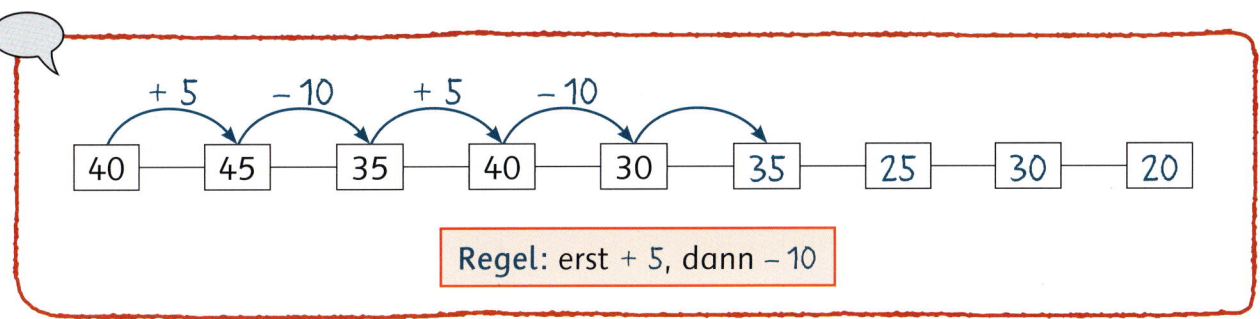

① Setze die Zahlenfolge mit der Regel fort.

a) 400 — 390 — ☐ — ☐ — ☐ — ☐ — ☐ — 420

Regel: erst – 10, dann + 20

b) 18 — 14 — ☐ — ☐ — ☐ — ☐ — ☐ — 84

Regel: erst – 4, dann · 2

c) 650 — 130 — ☐ — ☐ — ☐ — ☐ — ☐ — 6

Regel: erst : 5, dann + 20

② Welche Regel hat die Zahlenfolge?
Schreibe die Regel auf und setze die Zahlenfolge fort.

a) 100 — 150 — 140 — ☐ — ☐ — ☐ — ☐ — 270

Regel: erst ____, dann ____

b) 2 — 40 — 4 — ☐ — ☐ — ☐ — ☐ — 320

Regel: erst ____, dann ____

③ Finde eine Zahlenfolge zu der Regel.
Die Zahlenfolge soll mindestens 6 Zahlen haben.

a) erst + 50, dann – 25

b) erst · 9, dann : 3

c) erst : 2, dann · 4

d) erst – 80, dann · 3

④ Ergänze die fehlenden Zahlen und Rechenzeichen.
Was entdeckst du? Beschreibe und begründe.

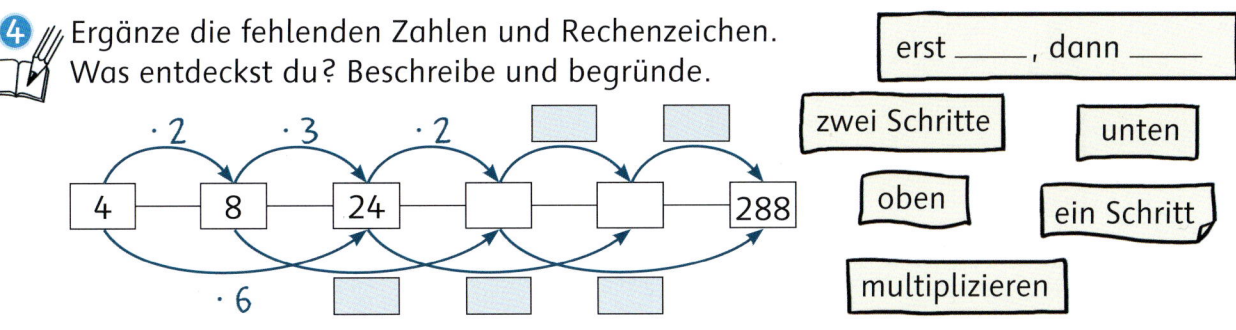

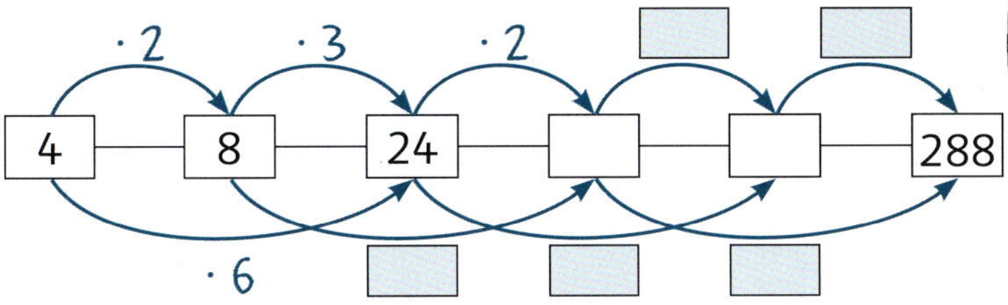

erst ____, dann ____

zwei Schritte

unten

oben

ein Schritt

multiplizieren

Sprechen
Ich rechne immer erst … und dann … Das wiederholt sich immer bis zur Zielzahl. Die Zielzahl ist …

Didaktische Information
Mit Hilfe der Zielzahl überprüfen, ob man richtig gerechnet hat; evtl. die Umkehrung nutzen und die Zahlenfolge von hinten nach vorne rechnen

Sachrechnen: Sonderangebote

① Erkläre, was ein Sonderangebot ist.
Wo hast du schon einmal
ein Sonderangebot gesehen?

② Bearbeite die Aufgabe schrittweise.

Frage Wie viel kosten 12 Bleistifte?
Wie viel Euro spare ich, wenn ich das Sonderangebot kaufe?

Vermuten Ich vermute, ich spare ungefähr ...

Informationen sammeln Welche Zahlen und Informationen habe ich?

Hilfsfragen Ich finde Hilfsfragen, damit ich die Frage beantworten kann.
Wie viel kostet 1 Bleistift?
Wie viel kostet das Sonderangebot?
Wie viele Bleistifte bekomme ich, wenn ich
das Sonderangebot kaufe?

Lösung Welche Tabelle hilft mir beim Lösen der Aufgabe?

a)

	1	2	3	4	5	6	7	8	9	10	11	12
€	0,20	0,40	0,60	0,80	1,00	1,20	1,40	1,60	1,80	2,00	2,20	2,40

b)

	1	2	3	4	5	6	7	8	9	10	11	12
€	0,20	0,40	0,60	0,60	0,80	1,00	1,20	1,20	1,40	1,60	1,80	1,80

Überprüfen Ich vergleiche mein Ergebnis mit meiner Vermutung
und schreibe einen Antwortsatz.

③ **F** Welche Ketchup-Flasche ist am preiswertesten?
Bearbeite die Aufgabe schrittweise. **V** **I** **H** **L** **Ü**

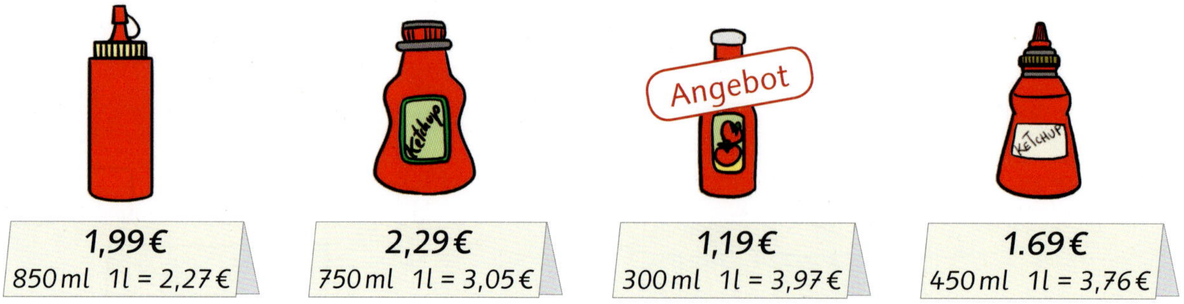

Didaktische Information
Struktur zum Lösen der Aufgaben orientiert sich am Modellierungskreislauf

Sprechen
Lösungsweg mit Kindern besprechen und Rückmeldung geben

► AH 43
► D 53/54
► KV 52, 53, 110

④ Bei einem Buffet in einem China-Restaurant gibt es dieses Sonderangebot:

CHINA-RESTAURANT WAN TAN

Preise Mittags-Buffet:
Kinder bis 12 Jahre: 50 ct je 10 cm Körpergröße
Erwachsene zahlen 7,50 €.

Kleine Preise für kleine Leute!

F Wie viel musst du für das Mittags-Buffet bezahlen?
Ist es ein Sonderangebot?

Bearbeite die Aufgabe schrittweise. V I H L Ü

Erkläre deine Lösung einem Partner.

Überlegt gemeinsam:
Wie groß sind Kinder mit 10 Jahren im Durchschnitt?
Wie groß kann ein Kind sein, damit es noch ein Sonderangebot bekommt?

---

⑤ Eine Familie mit 2 Kindern und einem Baby fährt mit der S-Bahn in die Stadt.
Sie überlegen, welche Fahrkarte für die Familie am preiswertesten ist.

Welche Lösung passt zur Aufgabe?

Fahrpreise

Einzelfahrt	
Erwachsene	3,20 €
Kinder	1,45 €
Tageskarte	
Erwachsene	5,25 €
Kind	3,60 €
Gruppe (bis 5 Personen)	16,40 €

Kinder bis 5 Jahre frei!

Lösungsweg A

3,20 €
3,20 €
———
6,40 €
Erwachsene

1,45 €
1,45 €
1,45 €
1 1
———
4,35 €
Kinder

6,40 €
+ 4,35 €
———
10,75 €

Lösungsweg B

Hin- und Rückfahrt für

16,40 € Tageskarte

oder

5,25 €
5,25 €
3,60 €
3,60 €
+ 1 1
———
17,70 €

Das kann ich schon

① Ich kann kleine und große Aufgaben lösen.

☺ ⚠ S. 52/53

a)	b)	c)	d)
8 · 4	6 · ☐ = 30	45 : 5	27 : 9
8 · 40	6 · ☐ = 3 000	450 : 5	2 700 : 9
8 · 400	6 · ☐ = 30 000	4 500 : 5	270 000 : 9

② Ich kann verschiedene Aufgaben zu einem Produkt finden.

☺ ⚠ S. 54

a) 3 200

b) 45 000

③ Ich kann mit großen Zahlen dividieren.

☺ ⚠ S. 55

a) 6 300 : 700 b) 140 000 : 2 000 c) 5 400 : 90

④ Ich kann halbschriftlich multiplizieren und meinen Rechenweg aufschreiben.

☺ ⚠ S. 56/57

a) 5 · 19 b) 18 · 17 c) 56 · 23 d) 40 · 237

⑤ Ich kann halbschriftlich dividieren ohne Rest und mit Rest.

☺ ⚠ S. 58–60

a) 252 : 3 b) 431 : 7 c) 237 : 5 d) 477 : 9

⑥ Ich kann Zahlenfolgen fortsetzen und Regeln zu Zahlenfolgen finden.

☺ ⚠ S. 61

a) 400 — 370 — ☐ — ☐ — ☐ — 330

Regel: erst – 30, dann + 10

b) 2 — 6 — ☐ — ☐ — ☐ — 216

Regel: erst · 3, dann · 2

c) 560 — 580 — 290 — ☐ — ☐ — 175

Regel: erst ____, dann ____

d) 6 — 48 — 12 — ☐ — ☐ — 192

Regel: erst ____, dann ____

Didaktische Information
Aufgaben zur Selbstüberprüfung und Selbsteinschätzung

Forscherseite

Mathematiker haben entdeckt:

Du kannst jede Zahl mit einer anderen Zahl
und den Rechenzeichen (+), (−), (·), (:) darstellen.
Dabei musst du die Regel Punktrechnung vor Strichrechnung beachten.

Beispiel: Die Zahl 10 kannst du mit Einsen darstellen.

10	
11 − 1	mit 3 Einsen
11 − 1 : 1	mit 4 Einsen
11 · 11 : 11 − 1	mit 7 Einsen

1 Fülle das Haus. Finde verschiedene Möglichkeiten.

a) 10

nur mit Zweien

b) 10

nur mit Dreien

2 Stelle die Zahl 20 dar.

20

a) mit 3 Vieren b) mit 3 Fünfen c) mit 4 Fünfen

3 Stelle die Zahl 100 dar.

100

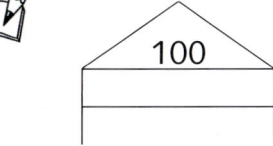

a) mit 5 Einsen b) mit 5 Fünfen c) mit 4 Neunen d) mit 7 Vieren

Didaktische Information
Anregungen zum Ausprobieren, Knobeln, Forschen und Entdecken mit Anforderungen, die über die der vorherigen Seiten hinausgehen; D Eigene Aufgaben erfinden und in ein Lerntagebuch schreiben

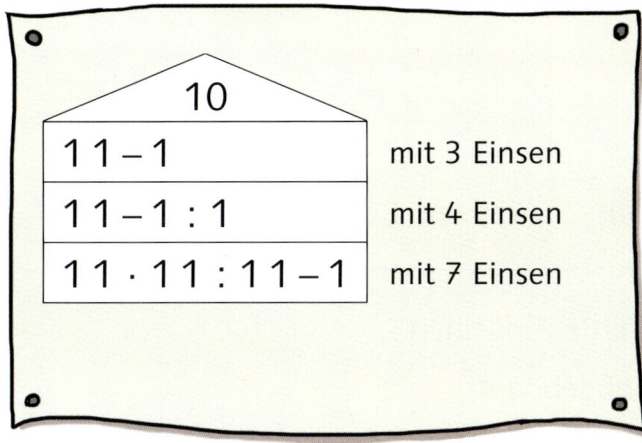

Der Maßstab: vergrößern und verkleinern

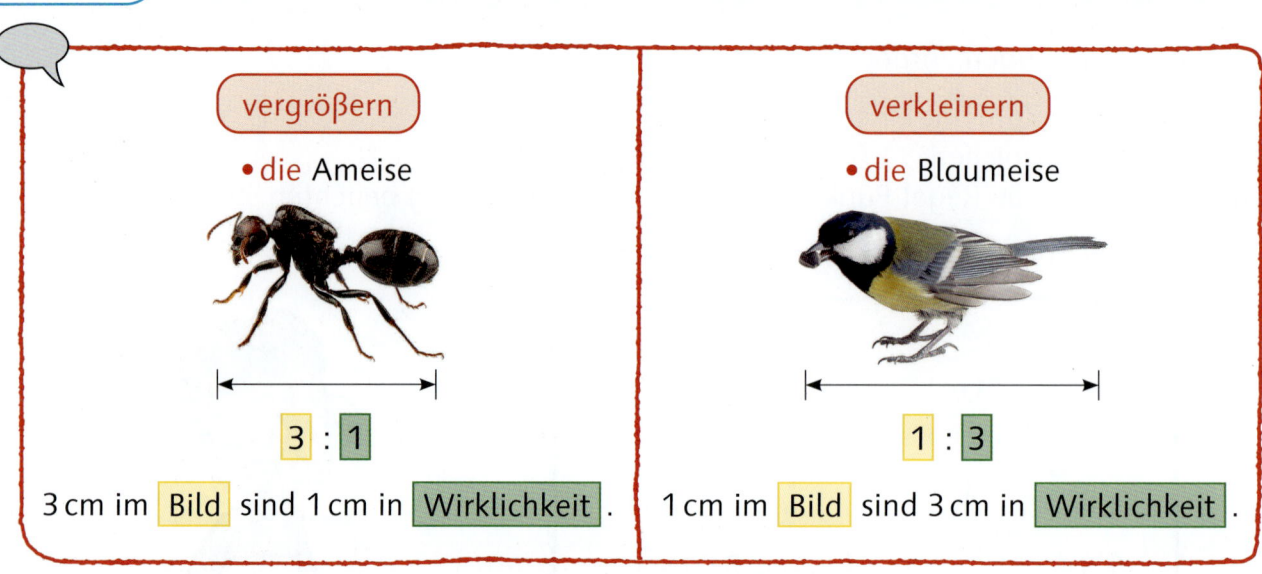

vergrößern	verkleinern
• die Ameise	• die Blaumeise

3 : 1	1 : 3
3 cm im Bild sind 1 cm in Wirklichkeit.	1 cm im Bild sind 3 cm in Wirklichkeit.

① a) Was wurde vergrößert? Was wurde verkleinert?

b) Was ist in der richtigen Größe abgebildet?

• das Nilpferd

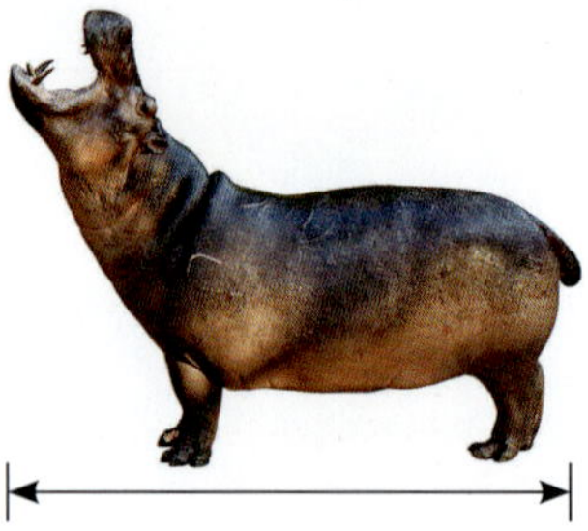

1 : 100

• der Cent

2 : 1

• der Baum

1 : 500

• der Bleistift

1 : 2

• die Waschmaschine

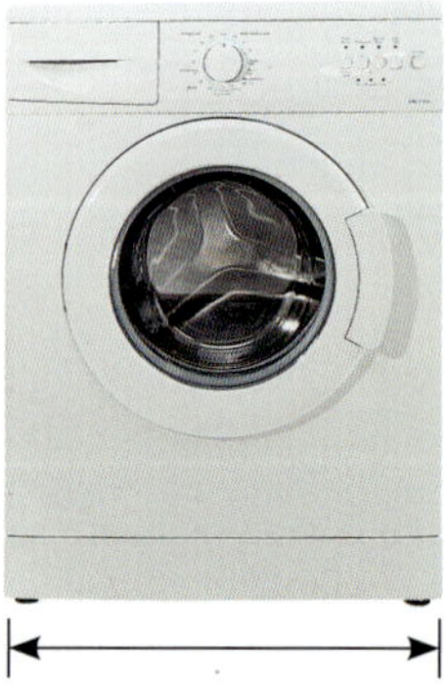

1 : 20

• das Haus

1 : 500

• der Anspitzer

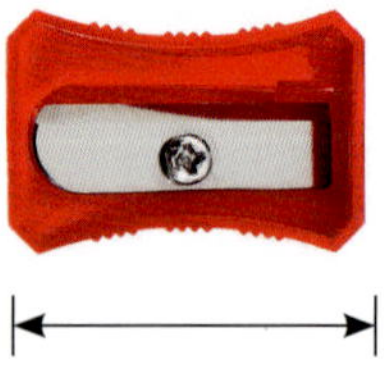

1 : 1

② Wie groß sind die Tiere, der Baum und die Gegenstände in Wirklichkeit?

③ Finde eigene Beispiele für Vergrößerungen und Verkleinerungen.

Didaktische Information
! Maßstäbliche Vergrößerungen und Verkleinerungen sind für Kinder sehr abstrakt; Abbildungen messen und die wirkliche Größe bestimmen; weitere aus Prospekten oder in Sachbüchern untersuchen

Sprechen
Fachsprachliche Anwendung üben:
Die Ameise ist im Maßstab 3 zu 1 vergrößert.
Die Blaumeise ist im Maßstab 1 zu 3 verkleinert.

der Maßstab
vergrößern
verkleinern

vergrößern

3 : 1

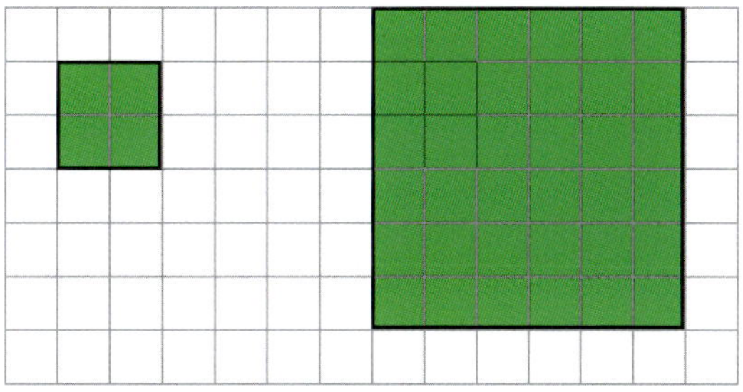

Ich vergrößere im Maßstab drei zu eins. Ich muss alle Seitenlängen mit drei multiplizieren.

verkleinern

1 : 3

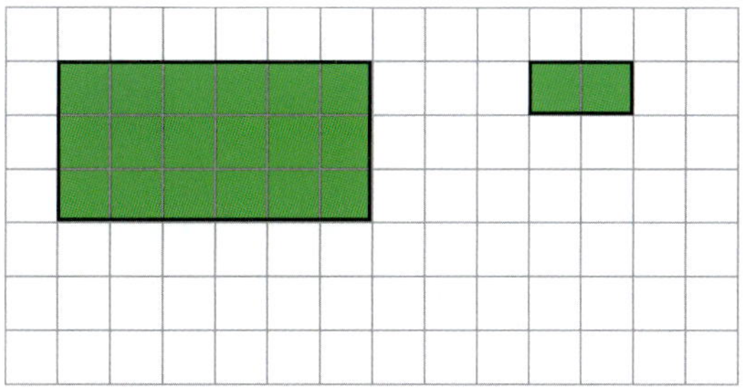

Ich verkleinere im Maßstab eins zu drei. Ich muss alle Seitenlängen durch drei dividieren.

④ Zeichne im angegebenen Maßstab.
Überlege zuerst, ob du vergrößern oder verkleinern musst.

a) 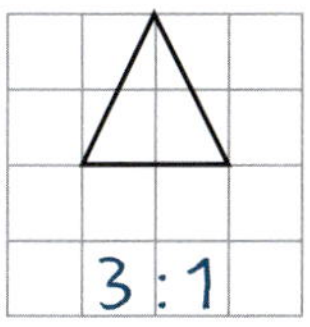

b) 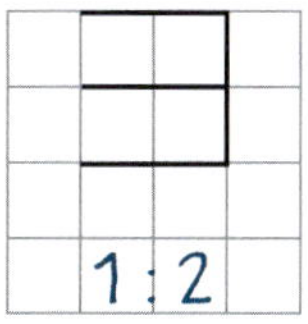

c) 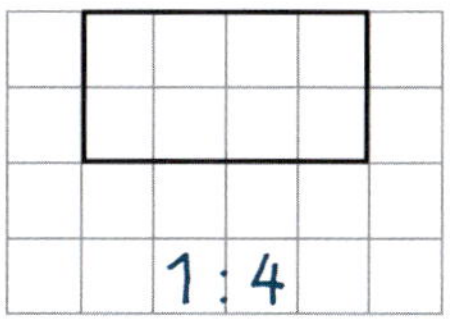

d) 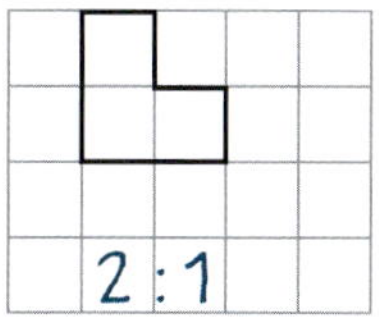

⑤ Zeichne eigene Figuren in dein Heft.
Vergrößere und verkleinere die Figuren und gib den Maßstab an.

⑥ Schreibe die richtigen Sätze in dein Heft.

Wenn die erste Zahl des Maßstabs kleiner ist als die zweite Zahl, dann wurde ______.

Wenn die erste Zahl des Maßstabs größer ist als die zweite Zahl, dann wurde ______.

Beim Maßstab 1 zu 100 wurde ______.

Beim Maßstab 100 zu 1 wurde ______.

vergrößert

verkleinert

in der Abbildung

in der Wirklichkeit

▸AH 44/45
▸D 55/56
▸KV 54–56

Sprechen
Maßstabsangaben werden aktiv geübt und in der Schriftsprache notiert; Wichtig ist, die Fachsprache gemeinsam zu üben, da die Schreibweise zu Verwechslungen führen kann

Didaktische Information
Im Maßstab vergrößern und verkleinern. Vorübungen auch auf Punktepapier oder im Gitternetz anbieten und durch Falten

Grundrisse

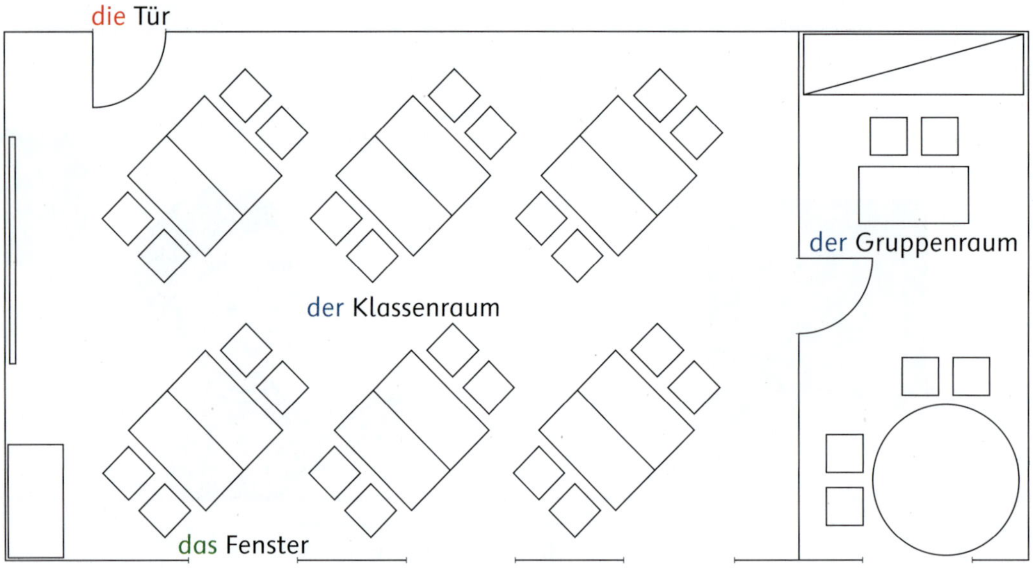

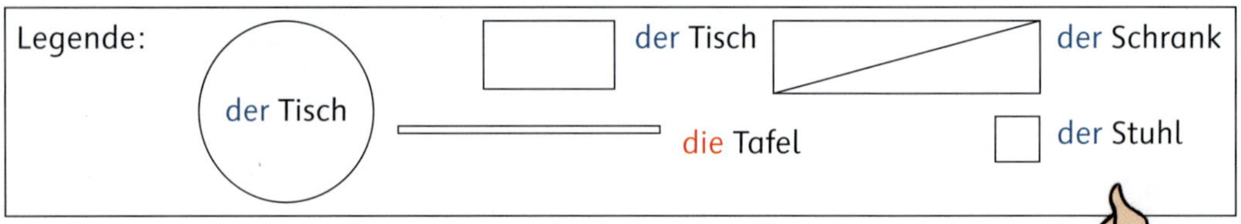

der Grundriss
die Legende

Maßstab 1 : 100
1 zu 100

Im Grundriss siehst du unseren Klassenraum und den Gruppenraum im Maßstab 1 zu 100 verkleinert. 1 cm im Grundriss entspricht 100 cm in der Wirklichkeit.

① Beschreibe den Grundriss.
Die Legende hilft dir.

② Miss verschiedene Längen im Grundriss.
Berechne die Längen in der Wirklichkeit.

S. 68 Nr. 2

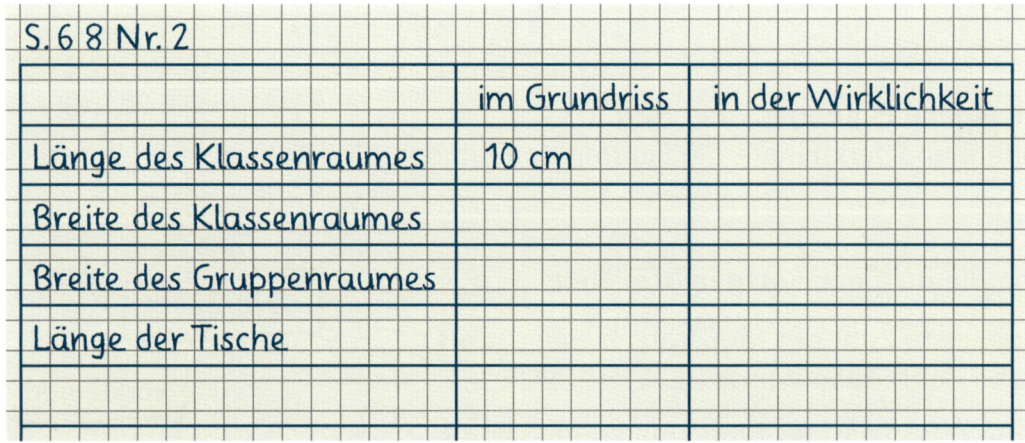

	im Grundriss	in der Wirklichkeit
Länge des Klassenraumes	10 cm	
Breite des Klassenraumes		
Breite des Gruppenraumes		
Länge der Tische		

③ Miss deinen Klassenraum.
Wähle einen Maßstab und zeichne den Grundriss.

Didaktische Information
Vertiefende Übungen zur Bedeutung und der Anwendung von Maßstabsangaben

Sprechen
In Partnerarbeit Grundriss beschreiben: *Im Grundriss sehe ich …*
! Klären, ob der Begriff *Legende* bekannt ist und ggf. erläutern

▸D 57/58
▸KV 57

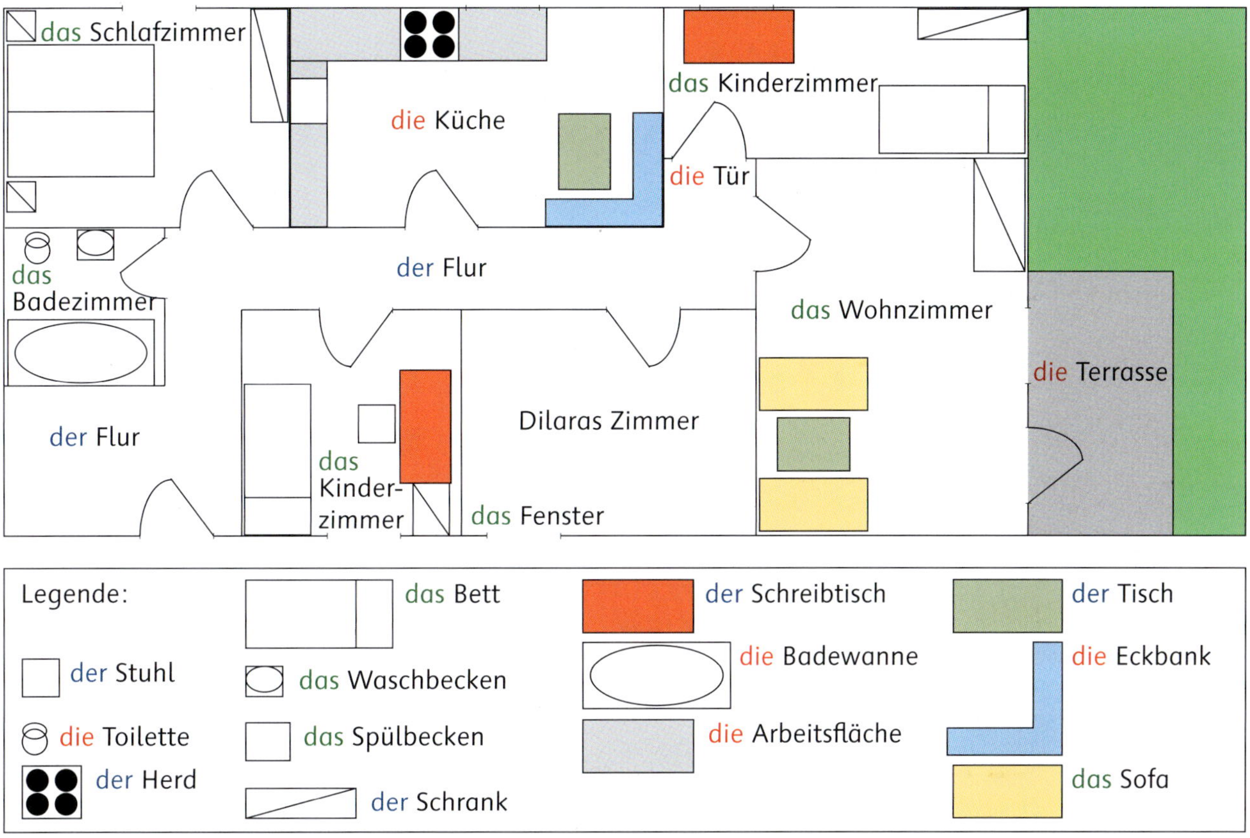

④ Beschreibe den Grundriss der Wohnung. Die Legende hilft dir.

Das ist der Grundriss unserer neuen Wohnung im Maßstab 1 zu 100. In unserer neuen Wohnung habe ich ein großes Zimmer.

⑤ Dilara möchte ihr Zimmer einrichten.

a) Zeichne einen Grundriss für Dilaras Zimmer.

b) Zeichne die Möbel in den Grundriss ein.

Ihr Bett ist 2,00 m lang und 1,00 m breit.
Ihr Schreibtisch ist 1,50 cm lang und 60 cm tief.
Das Bücherregal ist 60 cm lang und 40 cm tief.
Der Kleiderschrank ist 1,20 m lang und 50 cm tief.

c) Vergleiche mit einem Partner.

d) Stellt eure Vorschläge für Dilaras Zimmer in der Klasse aus.

⑥ Beschreibe Wege durch die Wohnung.

a) Wie kommst du vom Eingang in die Küche?

b) Wie kommst du vom Wohnzimmer in das Schlafzimmer?

c) Wie kommst du von der Küche zum Badezimmer?

d) Dein Partner beschreibt dir einen Weg durch die Wohnung.
In welchem Zimmer kommst du an?

▸ AH 46
▸ D 57/58
▸ KV 58

Sprechen
Im Grundriss sehe ich …
Wegbeschreibungen in Partnerarbeit üben:
Zuerst gehe ich … Dann gehe ich …

Didaktische Information
Vertiefende Übungen zur Bedeutung und der Anwendung von Maßstabsangaben in einer komplexeren Abbildung

Stadtplan

Innenstadt von Köln

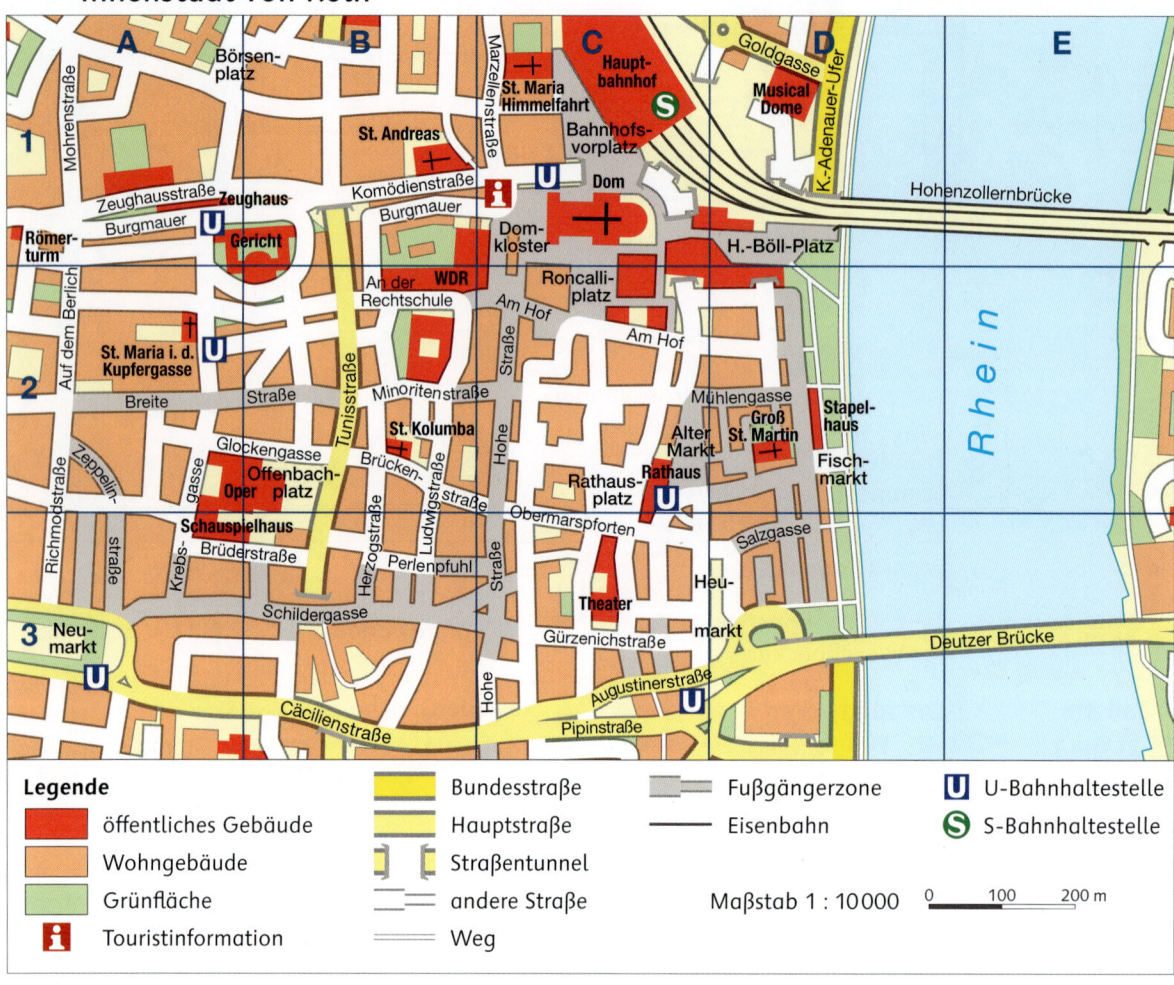

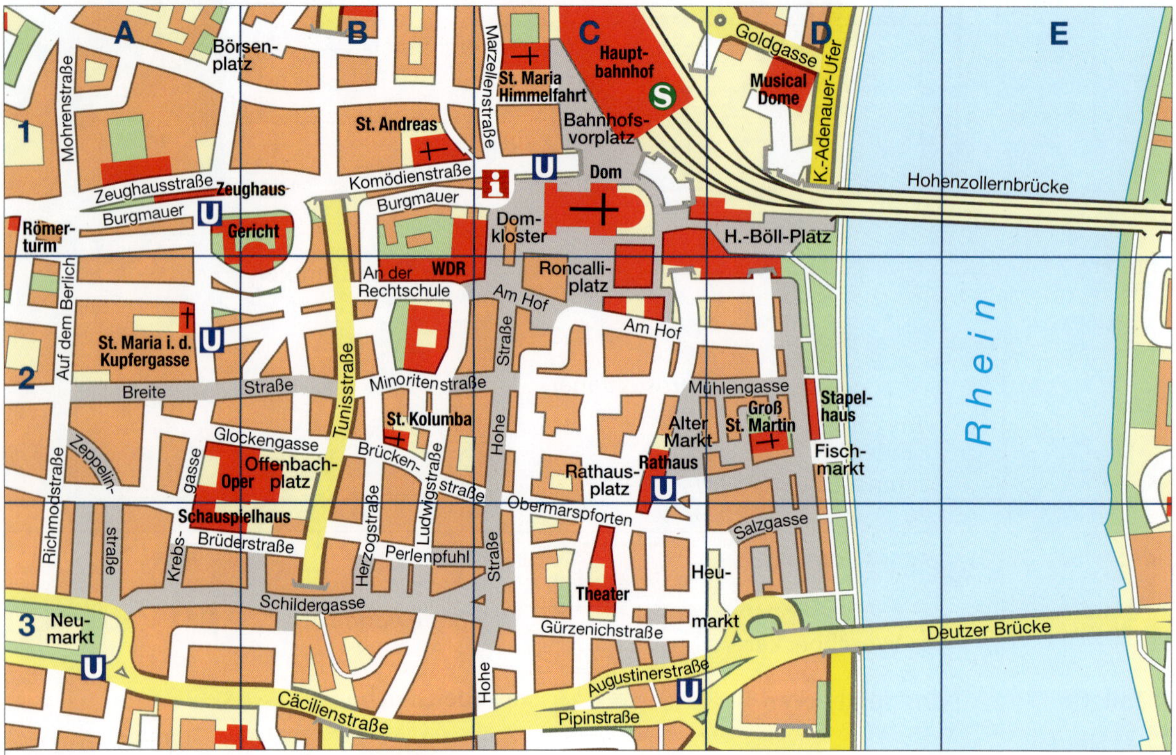

Legende

- öffentliches Gebäude
- Wohngebäude
- Grünfläche
- Touristinformation
- Bundesstraße
- Hauptstraße
- Straßentunnel
- andere Straße
- Weg
- Fußgängerzone
- Eisenbahn
- U-Bahnhaltestelle
- S-Bahnhaltestelle

Maßstab 1 : 10 000 — 0, 100, 200 m

1. Dein Partner nennt dir einen Platz, eine Straße oder ein Gebäude. Nenne ihm das Planquadrat.

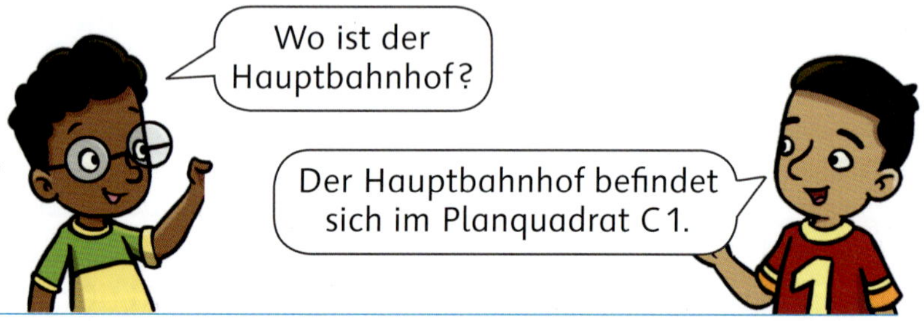

2. Beschreibe den Weg.
   a) vom Hauptbahnhof zur Oper.
   b) vom Rathaus zum Neumarkt.
   c) vom Dom zur Schildergasse.
   d) Überlegt euch eigene Wege.

Zuerst gehe ich nach _______.

Dann gehe ich bis _______.

Dann biege ich nach _______ in die _______ Straße.

3. Nimm einen Stadtplan deiner Stadt.
Dein Partner nennt dir einen Platz, eine Straße oder ein Gebäude und einen Zielort. Nenne ihm die Planquadrate und beschreibe ihm den Weg.

Didaktische Information
Orientierung auf dem Stadtplan; in Partnerarbeit Ortsbestimmungen und Wegbeschreibungen vornehmen

Sprechen
Der Begriff *Planquadrat* wird aus dem Kontext erklärt und sprachlich übernommen; Satzmustervorgaben nutzen, um Wege zu beschreiben

▸AH 47
▸D 59/60
▸KV 59

Ausschnitt vom Kölner Streckennetz

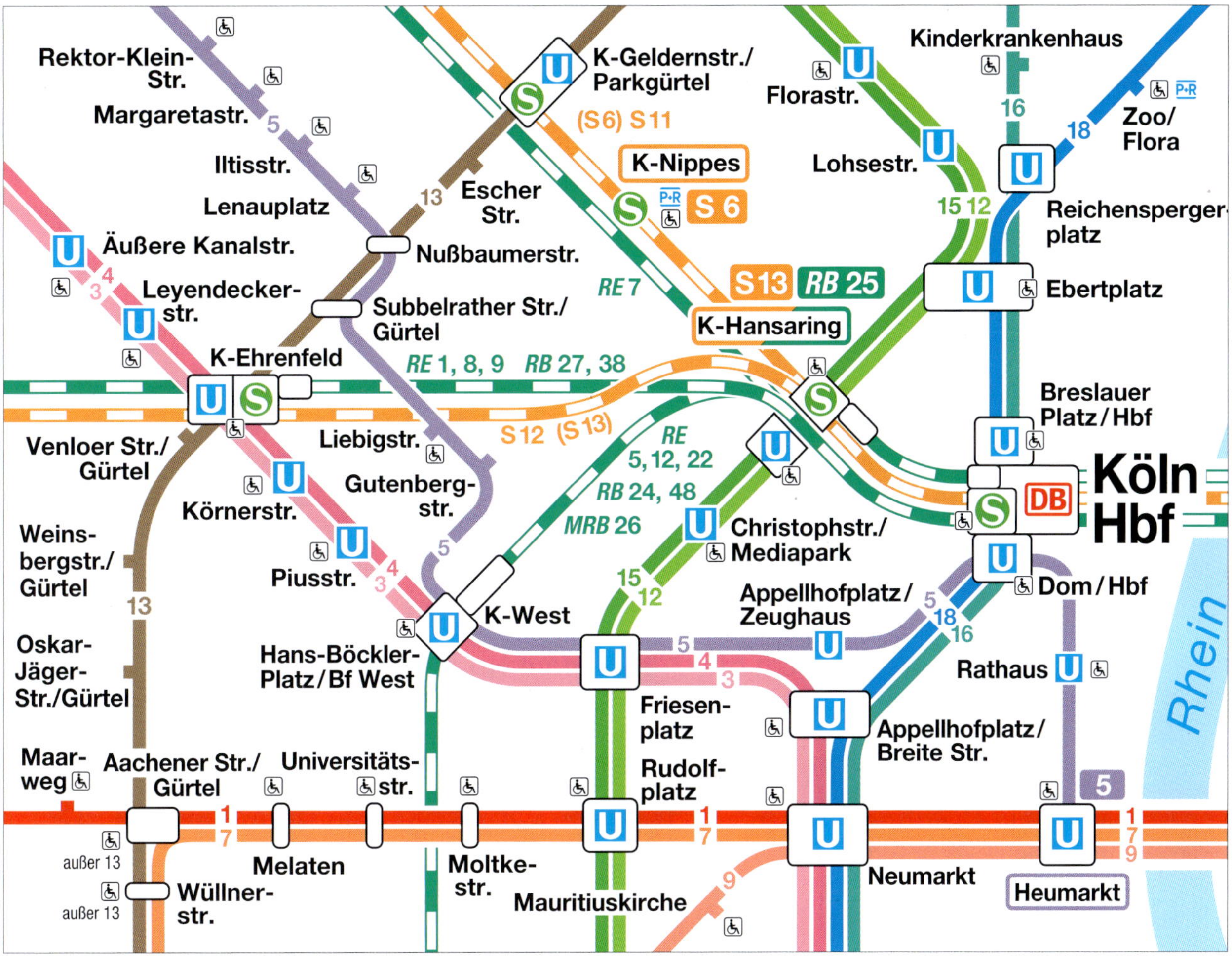

Legende

- U 18 — U-Bahn
- S S12 — S-Bahn
- RE RB MRB — Regionalzüge
- Heumarkt 5 — Endhaltestelle
- DB — DB-Fernverkehr
- ♿ — stufenfreier Zugang
- P+R — P+R-Platz

① Zu welcher Linie gehört der Bahnhof?

a) Friesenplatz b) Ebertplatz c) Neumarkt

② Schreibe alle Bahnhöfe auf:

a) vom Hauptbahnhof zum Friesenplatz.

b) von der Körnerstraße zum Neumarkt.

c) vom Zoo zum Neumarkt.

d) vom Rathaus zur Nußbaumerstraße.

③ Dein Partner nennt dir einen Startbahnhof und einen Zielbahnhof. Beschreibe, wie du zum Ziel kommst.

Ich steige in die S-Bahnlinie/ U-Bahnlinie ______ am Bahnhof ______ ein.

Ich steige in die S-Bahnlinie/ U-Bahnlinie ______ um und fahre bis zum Bahnhof ______.

Dann fahre ich bis zum Bahnhof ______.

Sprechen
In Partnerarbeit verschiedene Wege im Streckennetz beschreiben. Sprachanlässe schaffen; Satzmustervorgaben als Hilfe nutzen

Didaktische Information
Orientierung in unterschiedlichen Zusammenhängen; anknüpfen an das Vorwissen der Kinder; Wege im Streckennetze beschreiben, verschiedene Strecken vergleichen; D weitere Streckennetze untersuchen

Zeitspannen

Ausschnitt vom Fahrplan der U-Bahnlinie 18

18	Bonn – Bornheim – Brühl – Hürth – Klettenbergpark – Köln Hbf – Zoo/Flora – Mühlheim – Thielenbruch													
Haltestellen	**Montag bis Freitag**													
Dom/Hbf	13.46	13.51	13.56	14.01	14.06	14.11	14.16	14.21	14.26	14.31	14.36		20.06	20.11
Breslauer Platz	13.47	13.52	13.57	14.02	14.07	14.12	14.17	14.22	14.27	14.32	14.37		20.07	20.12
Ebertplatz an	13.49	13.54	13.59	14.04	14.09	14.14	14.19	14.24	14.29	14.34	14.39	alle 5 Min.	20.09	20.14
Ebertplatz ab	13.49	13.54	13.59	14.04	14.09	14.14	14.19	14.24	14.29	14.34	14.39		20.09	20.14
Reichenspergerplatz	13.50	13.55	14.00	14.05	14.10	14.15	14.20	14.25	14.30	14.35	14.40		20.10	20.15
Zoo/Flora	13.52	13.57	14.02	14.07	14.12	14.17	14.22	14.27	14.32	14.37	14.42		20.12	20.17
Boltensternstr.	13.54	13.59	14.05	14.09	14.14	14.19	14.24	14.29	14.34	14.39	14.44		20.14	20.19

① a) An welchen Stationen hält die U-Bahn zwischen dem Hauptbahnhof und dem Zoo?

b) Wie viele Minuten braucht die U-Bahn vom Hauptbahnhof bis zur Boltensternstr.?

c) Es ist 14.42 Uhr. Wann hält die nächste U-Bahn am Hauptbahnhof?

d) Wie viele U-Bahnen fahren von 14.15 Uhr–20.15 Uhr vom Hauptbahnhof zum Zoo?

e) Welche Fragen kannst du noch mit dem Fahrplan beantworten?

② Berechne die Zeitspannen.

a) Ein Flugzeug fliegt um 16.20 Uhr in Hamburg los und kommt um 18.50 Uhr in Rom an.

b) Mia besucht übers Wochenende ihre Großeltern. Sie fährt nach der Schule mit dem Bus um 13.15 Uhr los und ist am Sonntag um 19 Uhr wieder zu Hause.

c) Die Öffnungszeiten des Museums sind Montag bis Freitag von 9.00 bis 16.30 sowie am Samstag von 9.00 bis 18.00 und am Sonntag von 9.00 bis 17.00 Uhr.

d) Die Sommerferien beginnen am 22.07. und enden am 03.09.

③ Berechne, wie viel Zeit du nach 3 Jahren für die Tätigkeit gebraucht hast.

a) täglich 9 Minuten Zähne putzen

b) in der Woche 1 Stunde fernsehen

c) täglich 1 Stunde essen

d) Überlege dir eine Tätigkeit, die du gerne machst.

Didaktische Information
Fahrplanausschnitt lesen; verschiedene Zeitspannen berechnen; eigene Tätigkeiten in unterschiedlichen Zeitspannen berechnen

Sprechen
Kommunikation durch Partnerarbeit initiieren

▸AH 49
▸D 61/62
▸KV 61/62

① a) Sprecht über Emiras Zeitleiste.

b) Überlegt, welche wichtigen Ereignisse es in eurem Leben gab.

② Erstelle deine eigene Zeitleiste. Trage wichtige Ereignisse ein.

a) Wann wurdest du geboren?

b) Wann konntest du laufen?

c) Wann konntest du mit dem Fahrrad fahren?

d) Wann wurdest du eingeschult?

e) Trage weitere wichtige Ereignisse aus deinem Leben in die Zeitleiste ein.

▸D 63/64
▸KV 63

Sprechen
Sprachanlässe schaffen durch persönliche Erlebnisse gemeinsam und in Partnerarbeit:
Ich bin im Jahr … geboren worden.
Ich fahre seit … mit dem Fahrrad.

Didaktische Information
Eine Zeitleiste lesen; eigene Zeitleiste erstellen und wichtige Ereignisse markieren; D Eventuell auch Klassenzeitleiste anlegen, an der Ereignisse festgehalten werden (Klassenfahrten, Schulfeste etc.)

Das kann ich schon

① Ich kann eine Figur im Maßstab vergrößern oder verkleinern.

S. 67

a) 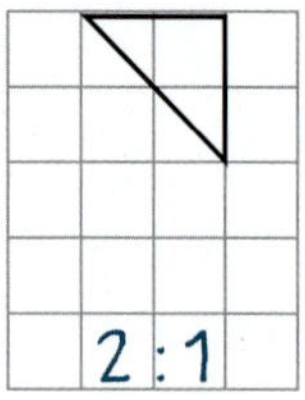

b) 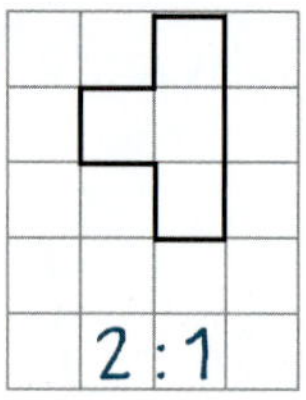

c) 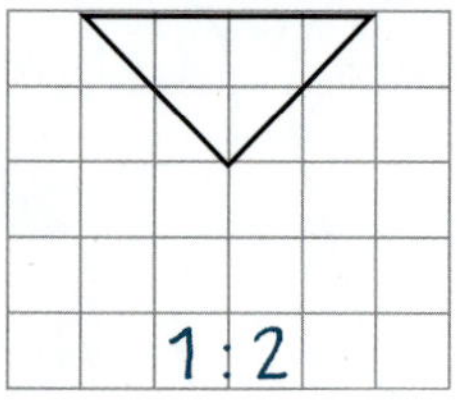

---

② Ich kann erklären, was der Maßstab bedeutet.

S. 67

Wenn die erste Zahl des Maßstabs größer ist als die zweite, dann wurde ______.

Wenn die zweite Zahl des Maßstabs größer ist als die erste, dann wurde ______.

Beim Maßstab 1 zu 100 wurde ______.

Beim Maßstab 100 zu 1 wurde ______.

---

③ Ich kann an einem Grundriss Länge und Breite eines Zimmers bestimmen.

S. 68/69

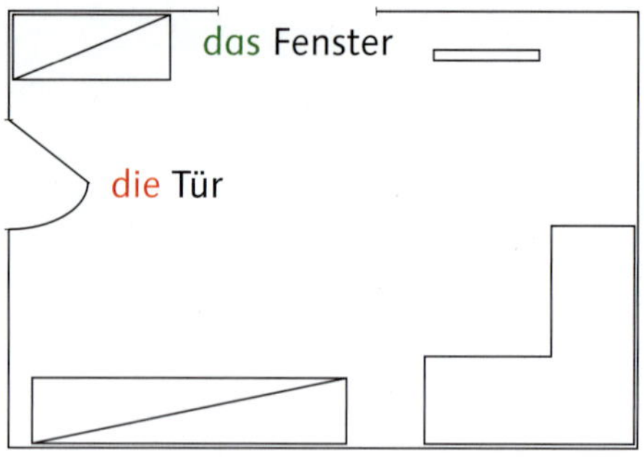

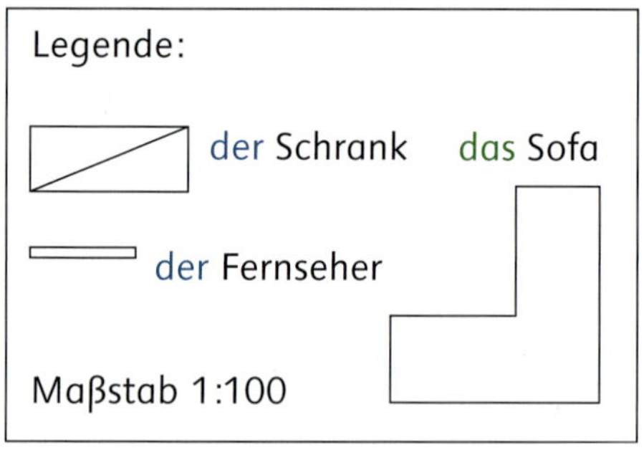

---

④ Ich kann einen Stadtplan lesen.

S. 70

a) Wo liegt das Rathaus?

b) Wo liegt der Bahnhof?

c) Wie komme ich vom Rathaus zum Bahnhof?

---

⑤ Ich kann Zeitspannen berechnen.

S. 72

a) Ein Flugzeug fliegt um 18.30 Uhr in Berlin los und kommt um 21.05 Uhr in Istanbul an.

b) Lisa fährt übers Wochenende zu ihrer Freundin. Sie fährt mit dem Bus um 14.15 Uhr los und ist am Sonntag um 16 Uhr wieder zu Hause.

c) Die Herbstferien beginnen am 30.09. und enden am 12.10.

Didaktische Information
Aufgaben zur Selbstüberprüfung und Selbsteinschätzung;
4 Stadtplan von S. 70 oder einen anderen nehmen

Zeitzonen der Erde

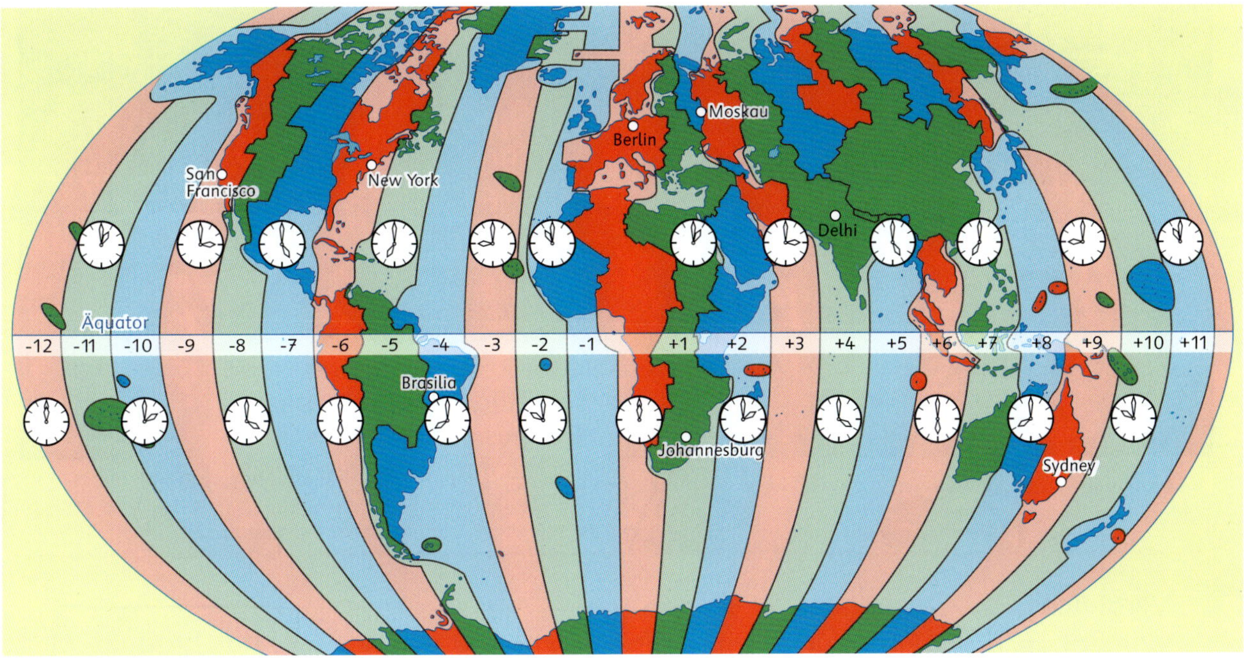

① Warum haben wir nicht überall auf der Erde dieselbe Uhrzeit?

② Wie musst du die Uhr verstellen, wenn du von Deutschland aus

a) nach Osten fährst?

b) nach Süden fährst?

c) nach Westen fährst?

d) nach Norden fährst?

③ In Berlin ist es 12:00 Uhr mittags.

Wie spät ist es in a) New York?

b) Moskau?

c) Sydney?

d) San Francisco?

e) Brasilia?

f) Johannesburg?

④ Stellt euch gegenseitig Aufgaben.
Dein Partner nennt dir einen Ort und eine Uhrzeit.
Du sagst ihm, wie spät es an anderen Orten auf der Welt in diesem Moment ist.

Didaktische Information
Anregungen zum Ausprobieren, Knobeln, Forschen und Entdecken mit Anforderungen, die über die der vorherigen Seiten hinausgehen; D Eigene Aufgaben erfinden und in ein Lerntagebuch schreiben

Schriftliche Multiplikation ohne Übertrag

die schriftliche Multiplikation
multiplizieren
das Produkt
die Ziffer
ziffernweise
addieren

① Vergleiche.
Wie haben Timo, Emira und Frau Koch gerechnet?

das Produkt | halbschriftlich | ziffernweise | addieren | nebeneinander | schriftlich | multiplizieren | untereinander | mit Rechnung | die Summe

② Multipliziere halbschriftlich, multipliziere schriftlich. Vergleiche.

a) 334 · 2 b) 2132 · 3
c) 2332 · 2 d) 3213 · 3

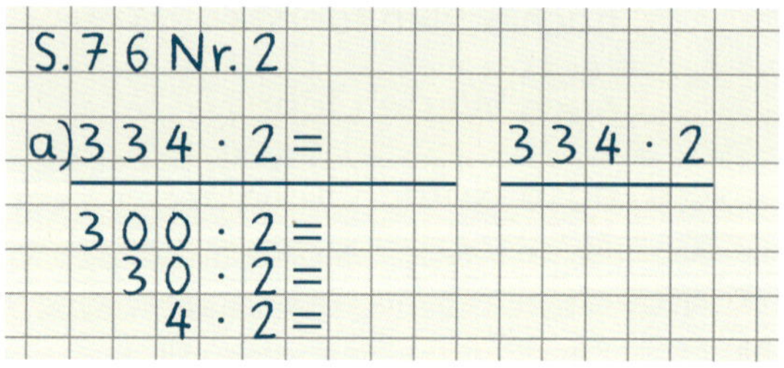

③ Multipliziere schriftlich.

a) 231432 · 2 b) 421313 · 2 c) 412334 · 2 d) 212121 · 4
e) 132443 · 0 f) 332212 · 3 g) 323212 · 3 h) 232124 · 0

④ Finde die Fehler und rechne richtig.

a) 1332 · 3 = 6996
b) 2122 · 4 = 8499
c) 314 · 2 = 928
d) 1132 · 3 = 4496
e) 4144 · 2 = 8188
f) 413 · 2 = 446
g) 1323 · 3 = 9969
h) 1331 · 3 = 3663

Didaktische Information
D Für schwache Kinder die Stellenwerte notieren

Sprechen
Kinder beschreiben und erklären den Rechenweg und die Notationsweise; auf korrekte Sprache achten;
3 mal 3 gleich 9. Ich schreibe 9.

▸AH 50
▸D 65/66
▸KV 64

Schriftliche Multiplikation mit Übertrag

① Ordne die Sätze.

a) 1283 · 3
3849

- 3 mal 8 gleich 24. Ich schreibe 4 und merke mir 2.
- 3 mal 1 gleich 3. Ich schreibe 3.
- 3 mal 2 gleich 6. 6 plus 2 gleich 8. Ich schreibe 8.
- 3 mal 3 gleich 9. Ich schreibe 9.

b) 3684 · 2
7368

- 2 mal 6 gleich 12. 12 plus 1 gleich 13. Ich schreibe 3 und merke mir 1.
- 2 mal 4 gleich 8. Ich schreibe 8.
- 2 mal 8 gleich 16. Ich schreibe 6 und merke mir 1.
- 2 mal 3 gleich 6. 6 plus 1 gleich 7. Ich schreibe 7.

② Multipliziere schriftlich.

a) 1342 · 3 b) 2426 · 4 c) 23743 · 5 d) 2276 · 6
e) 2461 · 3 f) 3461 · 8 g) 3295 · 3 h) 3258 · 6
i) 3255 · 9 j) 2664 · 4 k) 2743 · 5 l) 2437 · 6

Sprechen
3 mal 6 gleich 18. Ich schreibe 8 und merke mir 1.
3 mal 2 gleich 6. 6 plus 1 gleich 7. Ich schreibe 7.

Didaktische Information
Keinen Übertrag notieren, da dieser bei einem mehrstelligen Multiplikator nicht mehr notiert werden kann

Schriftliche Multiplikation mit mehrstelligen Zahlen

zerlegen
ziffernweise

3547 · 64
20
Zuerst schreibe ich eine 0. Dann multipliziere ich ziffernweise mit 6.
3547 · 64
212820
8
Jetzt multipliziere ich ziffernweise mit 4.
3547 · 64
212820
14188
11
227008
Dann addiere ich.

① Multipliziere schriftlich.

a) 463 · 42 b) 1572 · 46 c) 7358 · 29

d) 573 · 56 e) 2347 · 84 f) 8534 · 41

g) 823 · 73 h) 5924 · 67 i) 35274 · 76

S. 78 Nr. 1
a) 463 · 42
17520
926

② Multipliziere schriftlich.

a) 437 · 126 b) 942 · 321 c) 1389 · 234

d) 428 · 364 e) 743 · 926 f) 4824 · 364

S. 78 Nr. 2
a) 437 · 126
43700
8740
2622

③ Rechne Aufgabe und Tauschaufgabe. Erkläre den Unterschied.

27893 · 32   32 · 27893

④ Finde die fehlenden Ziffern.

a) 3 7 2 · 3 4
□□1 6 0
□□□8
□□□□□

b) 2 1 4 · 4 6
□□□□
□□□□
□□□□

c) 3 1 4 · 6□□
□□□□□□
9 4 2 0
□□8 4
□□□□□□

d) 4 1 2 2 · 3□□
□□□□□0 0
□□□□8 0
□□□4
□□□□□□□

Didaktische Information
2 Hier hat der Multiplikant eine Stelle mehr.
3 Wenn der Multiplikant kürzer ist, ist auch die Aufgabe kürzer.

Sprechen
Zuerst schreibe ich eine 0.
Dann multipliziere ich ziffernweise mit 6.
Jetzt multipliziere ich ziffernweise mit 4.
Dann addiere ich.

► AH 52/53
► D 69/70
► KV 66

```
2604 · 27
  52080
   11228
     1
  63308
```

⑤ Multipliziere schriftlich.

a) 3 201 · 72 b) 4 602 · 42

c) 1 017 · 68 d) 3 601 · 57

e) 5 480 · 43 f) 1 042 · 78

```
1274 · 53
  63700
   3822
     1
  67522
```

⑥ Multipliziere schriftlich.

a) 3 465 · 62 b) 3 965 · 82

c) 2 522 · 54 d) 4 515 · 68

e) 327 · 248 f) 3 515 · 468

```
132 · 407
  52800
      0
    924
     1
  53724
```

⑦ Multipliziere schriftlich.

a) 263 · 408 b) 463 · 502

c) 709 · 406 d) 482 · 407

e) 367 · 306 f) 430 · 704

8 Finde den Fehler und rechne richtig.
Erkläre den Fehler.

```
a) 9403 · 78     b) 5374 · 79     c) 4639 · 64     d) 9403 · 73
     65821           351980           246840            66010
     75224            45736            16426             2829
      111               11               11
    141045           397716           263266            68839

e) 4271 · 234    f) 3248 · 253    g) 2702 · 362    h) 2392 · 603
      5842           759800            81600          1405200
     12813            16240            16320                0
     17084             9744              544             7727
      111                21                1                1
     35739           785784            98464          1417927
```

▸AH 52/53
▸D 69/70
▸KV 66

Sprechen
8 Die gemerkte Zahl wurde nicht addiert. Es wurde nicht stellengerecht untereinander geschrieben. Es wurde ein Fehler beim Multiplizieren gemacht. Es wurde ein Fehler bei der Multiplikation mit null gemacht.

Didaktische Information
5–7 mit den Kindern besprechen, die Nullproblematik ist eine häufige Fehlerquelle

Überschlag

der Überschlag
überschlagen

① Vergleiche die Überschläge.
Sind die Überschläge gut gewählt?

4257 · 34

Ü 4000 · 30 = 120000
Mia

Ü 4000 · 40 = 160000
Momo

Ü 5000 · 30 = 150000
Timo

Ü 4200 · 30 = 126000
Emira

Ü 5000 · 40 = 200000
Lisa

---

② Vergleiche Aufgabe und Überschlag.
Finde einen besseren Überschlag. Begründe.

a) 3463 · 23
Ü 4000 · 30

b) 873 · 193
Ü 800 · 100

c) 2947 · 49
Ü 3000 · 40

---

③ Mache einen Überschlag.
Ist das Ergebnis größer oder kleiner als 50000?

a) 2493 · 4 b) 621 · 924 c) 789 · 79

d) 634 · 548 e) 124 · 36 f) 874 · 92

S. 80 Nr. 3

<50000	>50000

---

④ Vier Aufgaben haben ein Ergebnis zwischen 20000 und 30000.
Finde die Aufgaben und multipliziere schriftlich. Der Überschlag hilft dir.

9248 · 83	3432 · 8	462 · 538	432 · 62	67342 · 2
921 · 27	7428 · 37	781 · 328	57328 · 9	724 · 32

Didaktische Information
Der Überschlag hilft, schon vor dem Rechnen das Ergebnis in einen Zahlenraum einzuordnen und Fehler beim Ergebnis zu erkennen; Überschlagszahl muss nah an der Originalzahl liegen

Sprechen
Wichtig ist, dass die Kinder darüber sprechen, nach welchen Kriterien sinnvoll Zahlen für den Überschlag ausgewählt werden können (möglichst nah an der Orginalzahl).

▸AH 54
▸D 71/72
▸KV 67

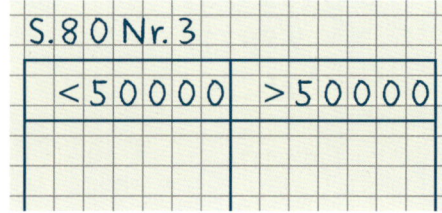

Im Kopf oder schriftlich?

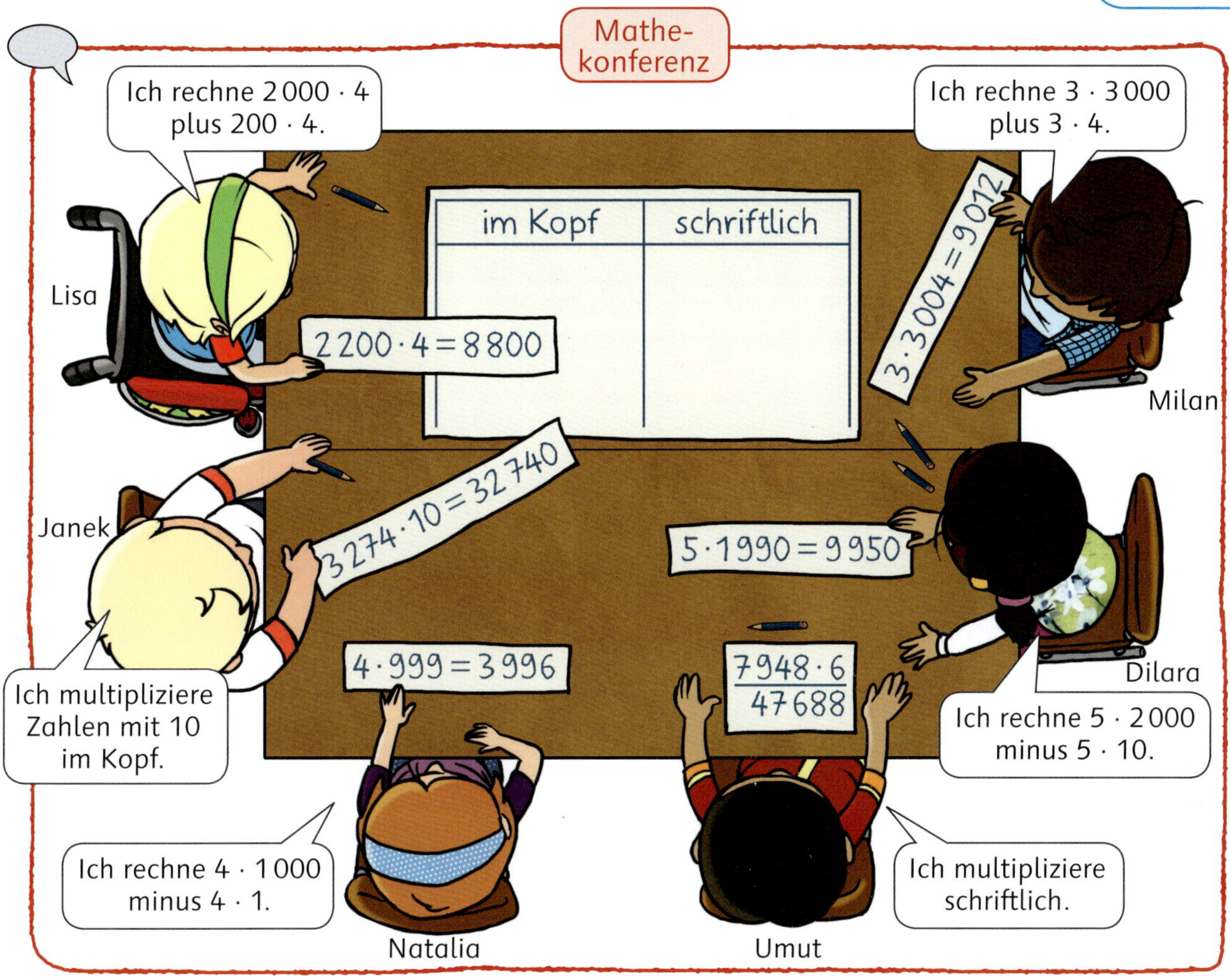

① Rechne im Kopf und erkläre, wie du rechnest.

a) 2200 · 3 b) 5 · 2990 c) 4004 · 2 d) 3 · 4999

e) 7482 · 10 f) 6 · 3999 g) 6 · 999 h) 10 · 9743

i) 5 · 999 j) 59273 · 0 k) 1050 · 5 l) 5 · 8999

m) 6 · 2003 n) 1243 · 100 o) 2003 · 8 p) 4 · 7000

② Welche Aufgaben rechnest du im Kopf?
Welche Aufgaben rechnest du schriftlich?

S. 81 Nr. 2

im Kopf	schriftlich
4 · 999 = 3996	

4 · 999 321 · 30 3 · 4999 472 · 124 7 · 4003 7492 · 10 6 · 2990 40 · 7000 7284 · 67 214 · 32 9472 · 59 19 · 3000 2300 · 5 1532 · 75 8743 · 0

Sprechen
Beschreiben lassen, woran Kinder erkennen, dass sie die Aufgabe im Kopf rechnen können bzw. schriftlich rechnen müssen

Didaktische Information
D Rechenschwache Kinder sollten die Zerlegungsaufgaben notieren

Schriftliche Multiplikation üben

1 Multipliziere schriftlich.

a) 273 · 53   b) 583 · 64   c) 496 · 72   d) 402 · 76

e) 432 · 0   f) 327 · 506   g) 236 · 653   h) 370 · 425

2 Setze (>), (<) oder (=) ein. Der Überschlag hilft dir.

a) 372 · 3 ◯ 472 · 3   b) 982 · 32 ◯ 434 · 58

c) 402 · 5 ◯ 473 · 6   d) 273 · 82 ◯ 531 · 45

e) 5384 · 0 ◯ 5384   f) 325 · 64 ◯ 650 · 32

g) 926 · 72 ◯ 63000   h) 3742 · 84 ◯ 56000

i) 700 · 55 ◯ 38500   j) 217 · 72 ◯ 14000

3 Wähle immer 2 Zahlen und multipliziere sie.
Wie viele Aufgaben findest du?

856   672   762   908   371   1045   ·   31   53   64   72   42   28   89   94

a) Das Produkt soll kleiner als 15000 sein.

b) Das Produkt soll größer als 70000 sein.

c) Das Produkt soll zwischen 50000 und 70000 liegen.

4 Würfle. Entscheide nach jedem Wurf, an welcher Stelle die Zahl stehen soll.

☐ ☐ ☐ · ☐ ☐ ☐

a) Wer das größte Ergebnis hat, gewinnt.

b) Wer das kleinste Ergebnis hat, gewinnt.

5 Bilde mit den Zahlenkarten 0 bis 9 Multiplikationsaufgaben.

☐ ☐ ☐ · ☐ ☐ ☐

a) Das Produkt soll kleiner als 50000 sein.

b) Das Produkt soll größer als 80000 sein.

c) Das Produkt soll zwischen 50000 und 80000 liegen.

Didaktische Information
2 Rechenschwache Kinder können die Aufgabe auch ohne Überschlag lösen.
3 Die Aufgabe kann mit dem Überschlag gelöst werden.

Sprechen
Das Produkt ist das Ergebnis einer Multiplikationsaufgabe.

►AH 50–57
►D 65–74
►KV 64–71

6 Bilde Multiplikationsaufgaben mit den Zahlenkarten

1, 2, 3, 4 und 5.

☐☐☐ · ☐

a) Das Produkt soll 1 284 sein.

b) Das Produkt soll 6 170 sein.

c) Das Produkt soll 15 620 sein.

d) Das Produkt soll möglichst klein sein.

e) Das Produkt soll möglichst groß sein.

---

7 Finde Multiplikationsaufgaben, bei denen das Produkt größer als 60 000 ist. Der Überschlag hilft dir.

---

8 Wie heißt die Zahl?

a) Multipliziere das Doppelte von 252 mit 63.

b) Multipliziere die Hälfte von 46 mit 378.

c) Multipliziere das Doppelte von 342 mit der Hälfte von 82.

9

a) Ich bilde die Summe aus 243 und 527. Dann multipliziere ich mit 23. Wie heißt meine Zahl?

b) Ich bilde das Produkt aus 213 und 78. Dann addiere ich die Zahl 8 372. Wie heißt meine Zahl?

c) Ich subtrahiere vom Produkt der Zahlen 572 und 42 die Zahl 243. Wie heißt meine Zahl?

d) Ich addiere das Produkt von 273 und 43 mit dem Produkt von 372 und 52. Wie heißt meine Zahl?

▸AH 50–57
▸D 65–74
▸KV 64–71

Sprechen
Das Produkt ist das Ergebnis einer Multiplikationsaufgabe.
Die Summe ist das Ergebnis einer Additionsaufgabe.

Didaktische Information
D Kinder können eigene Zahlenrätsel erfinden und in ein Lerntagebuch schreiben

Das kann ich schon

① Ich kann schriftlich multiplizieren.

S. 76/77

a) 2 332 · 2   b) 1 324 · 3   c) 4 374 · 6

② Ich kann mit mehrstelligen Zahlen schriftlich multiplizieren.

S. 78/79

a) 2 342 · 62   b) 7 423 · 58   c) 8 237 · 273

d) 4 603 · 42   e) 3 524 · 52   f) 596 · 603

③ Ich kann mit dem Überschlag rechnen.

S. 80

a) 5 263 · 27   b) 6 497 · 41   c) 874 · 298

④ Ich kann meinen Rechenweg erklären.

S. 81

a) 3 200 · 4   b) 5 · 999   c) 1 990 · 6

⑤ Ich kann unterscheiden, welche Aufgaben ich im Kopf
und welche ich schriftlich rechne.

S. 81

a) 3 003 · 2   b) 7 403 · 100   c) 784 · 26

d) 1 990 · 7   e) 1 050 · 5   f) 8 · 999

g) 128 · 59   h) 10 · 43 978   i) 329 · 74

⑥ Ich kann Zahlenrätsel lösen.

S. 83

a)

Ich bilde das Produkt
aus 278 und 124.
Dann addiere ich 837.
Wie heißt meine Zahl?

b)

Ich bilde das Produkt aus
dem Doppelten von 257
und der Hälfte von 684.
Wie heißt meine Zahl?

Didaktische Information
Aufgaben zur Selbstüberprüfung und Selbsteinschätzung

Früher haben die Ägypter Multiplikationsaufgaben durch Halbieren, Verdoppeln und Addieren gelöst. Das kleine Einmaleins brauchten sie nicht. Dieses Rechenverfahren heißt „Ägyptische Multiplikation".

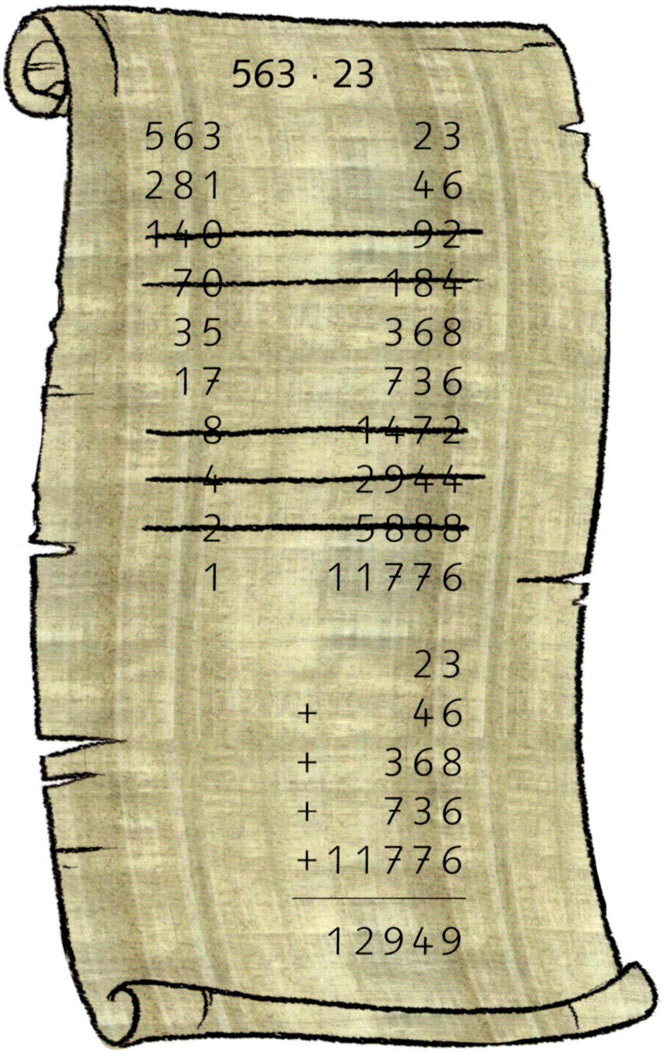

① Ordne die Sätze und erkläre den Rechenweg.

Auf der rechten Seite wird die Zahl immer verdoppelt.

Auf der linken Seite wird die Zahl immer halbiert.

Die Zahlen auf der rechten Seite werden addiert.

Auf beiden Seiten stehen gleich viele Zahlen.

Wenn auf der linken Seite eine gerade Zahl steht, wird die Zeile gestrichen.

Wenn auf der linken Seite eine ungerade Zahl steht, subtrahiere ich 1 und halbiere dann.

② Löse die Aufgaben mit der „Ägyptischen Multiplikation". Kontrolliere mit der schriftlichen Multiplikation.

a) 85 · 47 b) 123 · 76 c) 237 · 81 d) 82 · 27

Didaktische Information
Anregungen zum Ausprobieren, Knobeln, Forschen und Entdecken mit Anforderungen, die über die der vorherigen Seiten hinausgehen; D Eigene Aufgaben erfinden und in ein Lerntagebuch schreiben

Kilogramm und Gramm

das Kilogramm
das Gramm
das Gewicht

Ich glaube, die Murmel ist am leichtesten.
Der Fußball wiegt weniger als ein Kilogramm.
Spaghetti

Ein Kilogramm hat 1 000 Gramm.
1 kg = 1 000 g

① Ordne verschiedene Bälle und Kugeln nach ihrem Gewicht.
Du darfst die Bälle und Kugeln mit einer Packung Mehl, einer Packung Nudeln oder einer Tafel Schokolade vergleichen.
Überprüfe zum Schluss mit einer Waage.

---

② Fülle die Schachteln mit verschiedenen Materialien.
Die Schachteln sollen genauso viel wiegen wie eine Tafel Schokolade.
Überprüfe mit einer Waage.

Fülle eine Schachtel mit:
a) Sand
b) Steinen
c) Büroklammern
d) weiteren Materialien

Vergleiche mit einem Partner.

---

③ a) Finde Gegenstände, die schwerer als 100 g und leichter als 500 g sind.
b) Ordne sie nach dem Gewicht.
c) Überprüfe mit einer Waage und schreibe in eine Tabelle.

S. 86 Nr. 3

Gegenstand	Gewicht

Didaktische Information
Handlungserfahrungen im Umgang mit Gewicht;
Wichtig, zunächst ohne Waage arbeiteten;
Vergleich von Gewichten mit Repräsentanten

Sprechen
Ich glaube, … ist … leichter/schwerer als …
… wiegt weniger/mehr als …

▸AH 58
▸D 75/76
▸KV 72/73

die Tonne
das Kilogramm

① a) Schreibe das Gewicht der Tiere und der Gegenstände in eine Stellenwerttafel.

S. 87 Nr. 1 a)

	100 t	10 t	1 t	,	100 kg	10 kg	1 kg
das Flugzeug		8	0	,	0	0	0

b) Überschlage, wie viele Kinder so viel wiegen wie das Tier oder der Gegenstand.

c) Vergleiche mit einem Partner.

d) Finde weitere schwere Gegenstände.

② Schreibe in Kilogramm.

a)	b)	c)
5,703 t	9,09 t	5 t 32 kg
5,073 t	9,9 t	32 t 5 kg
5,370 t	0,9 t	5 t 320 kg
0,537 t	0,09 t	3 t 50 kg

S. 87 Nr. 2
a) 5,703 t = 5703 kg

③ Schreibe in Tonnen. Schreibe als Kommazahl.

a)	b)	c)
3 702 kg	15 700 kg	92 kg
3 072 kg	15 070 kg	923 kg
3 720 kg	15 007 kg	9 023 kg
372 kg	157 kg	90 230 kg

S. 87 Nr. 3
a) 3 702 kg = 3,702 t

Sprechen
! Zahlen hinter dem Komma werden ziffernweise genannt.

Didaktische Information
Tonne als Maßeinheit für schwere Gegenstände wird eingeführt; zur besseren Vorstellung Verknüpfung mit bekannten Gewichtsangaben

Müllmenge in Deutschland

Tägliche Müllmenge in Deutschland

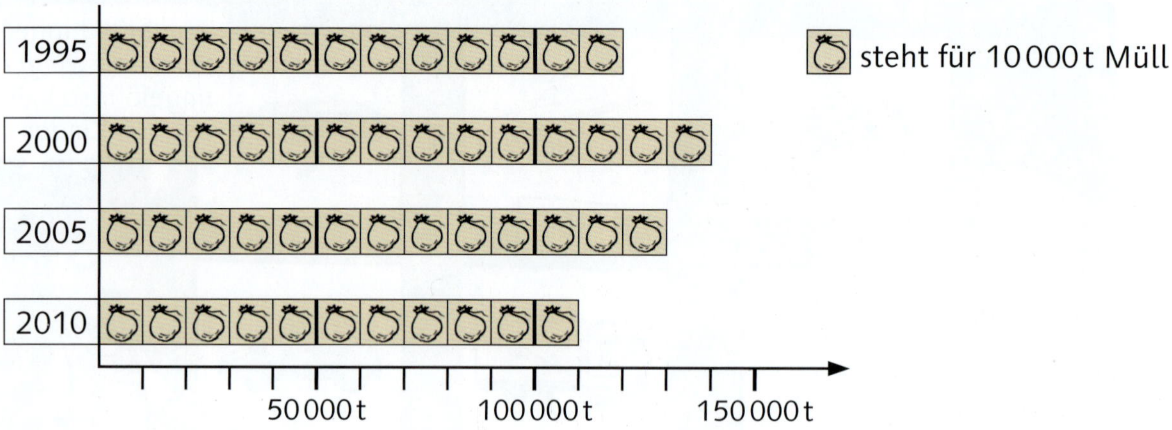

① a) Welche Informationen kannst du im Diagramm ablesen?

b) Wie viel Müll wurde in den Jahren 1995, 2000, 2005 und 2010 täglich produziert?

c) In welchem Jahr wurde am meisten Müll produziert?

---

② a) Stimmen die Aussagen? Begründe deine Antwort.

Die Müllmenge in Deutschland steigt jedes Jahr weiter an.

Die Müllmenge verändert sich nur leicht.

Die Müllmenge in Deutschland wird immer weniger.

b) Vergleicht eure Ergebnisse in der Klasse.

---

③ a) Wie viele Tonnen Müll kann ein Müllfahrzeug transportieren?

b) Wie viele Müllfahrzeuge wurden 2010 an einem Tag benötigt, um den Müll zu transportieren?

c) Stell dir vor, alle Müllfahrzeuge würden in einer Schlange stehen. Wie lang wäre diese Schlange?

Länge:	11,10 m
Breite:	2,50 m
Höhe:	3,60 m
Leergewicht:	17,5 t
zulässiges Gesamtgewicht:	32 t

Didaktische Information
Informationen aus einem Balkendiagramm entnehmen

Sprechen
I Fachwörter zum Thema besprechen (Leergewicht, Höchstgewicht ...);
D ggf. Satzanfänge geben:
Die Aussage stimmt/stimmt nicht, weil …

► D 79/80
► KV 76/77

Tägliche Müllmenge in Deutschland 2010

110 000 t insgesamt

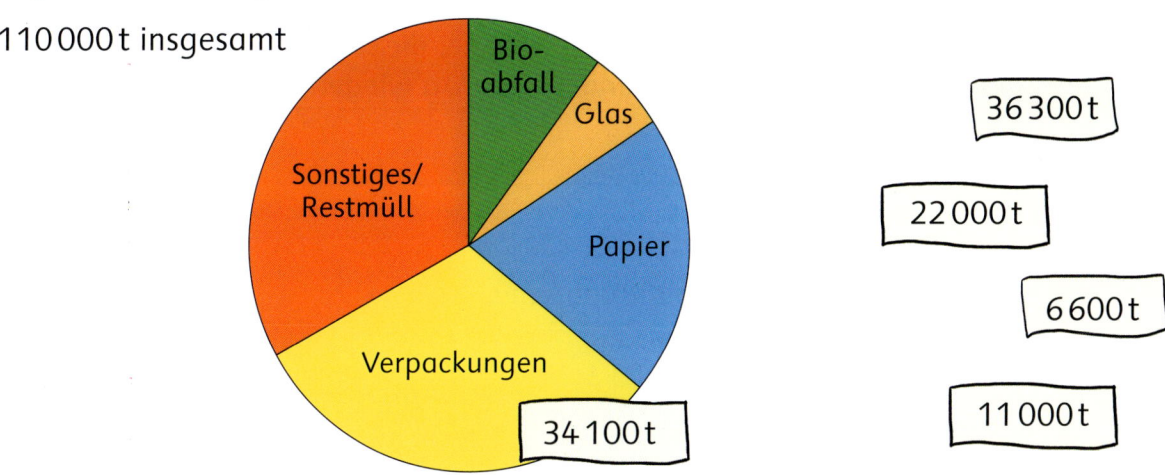

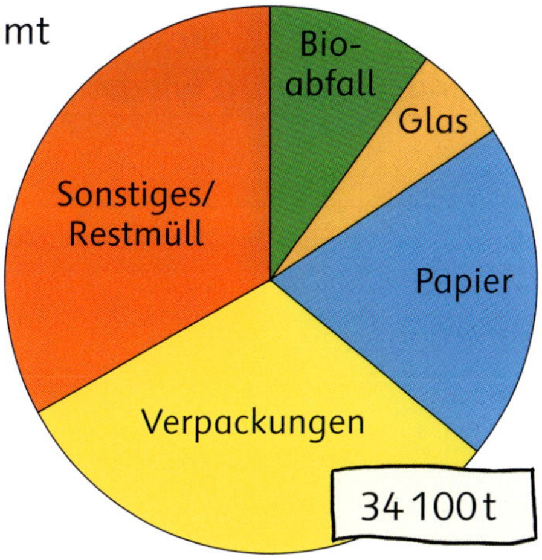

34 100 t

36 300 t

22 000 t

6 600 t

11 000 t

④ a) Welche Informationen kannst du im Diagramm ablesen?

b) Von welcher Müllsorte wurde 2010 am meisten produziert?

c) Von welcher Müllsorte wurde 2010 am wenigsten produziert?

d) Ordne die Gewichtsangaben den Müllsorten zu.

---

⑤

Jahr	Recyling	Restmüll
1990	18 000 t	120 000 t
1995	43 000 t	80 000 t
2000	70 000 t	67 000 t
2005	101 000 t	30 000 t
2010	75 000 t	35 000 t

Im täglichen Müll sind Papier, Glas und Verpackungen enthalten. Diese Müllsorten werden gesammelt und wiederverwertet. Das nennt man „Recycling“. Zum Beispiel werden aus Altpapier neue Schulhefte hergestellt. Auch der Bioabfall wird gesammelt. Aus dem Bioabfall entsteht Kompost, der im Garten als Dünger genutzt werden kann. Nur der Restmüll wird verbrannt.

Stimmen die Aussagen?
Begründe deine Antwort.

a) Im Jahr 2005 wurde mehr Müll recycelt als 1995.

b) Es muss immer weniger Restmüll verbrannt werden.

c) Der meiste Müll ist immer noch Restmüll.

---

⑥ a) Wie viel Papier wirft deine Klasse in einer Woche weg?
Sammelt eine Woche das Altpapier und wiegt das Papier.

b) Wie viel Altpapier produziert ihr in einem Schuljahr?

c) Wie könnt ihr in eurer Schule Müll einsparen?
Sammelt Ideen für ein Lernplakat.

▸D 79/80
▸KV 76/77

Sprechen
! Gespräch über die verschiedenen Müllsorten (Vorwissen abklären);
D ggf. Satzanfänge geben:
Die Aussage stimmt/stimmt nicht, weil …

Didaktische Information
Informationen aus einem Kreisdiagramm und einer Tabelle entnehmen

Das kann ich schon

S. 86

① Ich kann das Gewicht von Gegenständen abschätzen.

Gegenstände, die ungefähr 100 g wiegen	Gegenstände, die ungefähr 500 g wiegen

S. 87

② Ich kann Gewichtsangaben in Kilogramm schreiben.

a) 5,704 t
50,074 t
0,574 t

b) 23,005 t
23,5 t
2,35 t

c) 8,08 t
88,8 t
80,008 t

S. 87

③ Ich kann Gewichtsangaben in Tonnen als Kommazahl schreiben.

a) 7 550 kg
7 050 kg
750 kg

b) 974 kg
9074 kg
90 740 kg

c) 123 004 kg
12 304 kg
1 234 kg

S. 87

④ Ich kann Gewichtsangaben ordnen.

5,045 t | 5 400 g | 5,5 kg | 5 t 4 kg | 5,4 t | 5 040 kg

S. 88

⑤ Ich kann Informationen aus einem Diagramm ablesen.

Müllmenge pro Person in einem Jahr

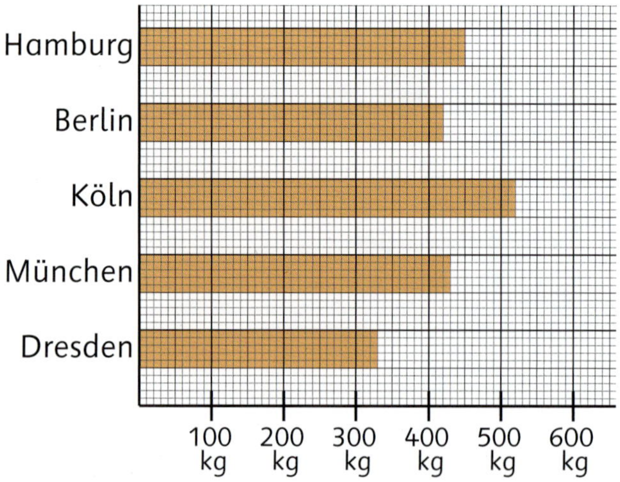

In Dresden werden 330 kg Müll produziert.

In Berlin wird mehr Müll produziert als in Hamburg.

In München werden 450 kg Müll produziert.

In Köln wird am meisten Müll produziert.

Schreibe die richtigen Sätze in dein Heft.

Didaktische Information
Aufgaben zur Selbstüberprüfung und Selbsteinschätzung

Containerschiffe
Ein Containerschiff ist ein Schiff, das für den Transport von Containern gebaut wird. Große Containerschiffe können bis zu 13 000 Container transportieren. Ein Container ist 2,44 m breit und 2,59 m hoch. Ein Container kann 6,10 m oder 12,20 m lang sein. Es können 9 Container übereinandergestapelt werden. In einem kleinen Container können 20 t Ware verstaut werden. In einem großen Container können 30 t Ware verstaut werden.

Wie hoch kann ein Stapel von Containern höchstens sein?
Wie lang muss ein Containerschiff sein, damit es 13 000 Container transportieren kann? Es ist ungefähr 60 m breit.
Auf einem Schiff sind 2 700 kleine und 3 850 große Container. Wie viele Tonnen Ware werden transportiert?

1. Wie kannst du die Fragen beantworten? Welche Informationen brauchst du? Was kannst du abschätzen? Was kannst du berechnen?

2. Überlege dir eigene Fragen zu den Containerschiffen.

3. Finde mehr Informationen zu den Containerschiffen.

Didaktische Information
Anregungen zum Ausprobieren, Knobeln, Forschen und Entdecken mit Anforderungen, die über die der vorherigen Seiten hinausgehen; D Eigene Aufgaben erfinden und in ein Lerntagebuch schreiben

Mehrfachspiegelungen

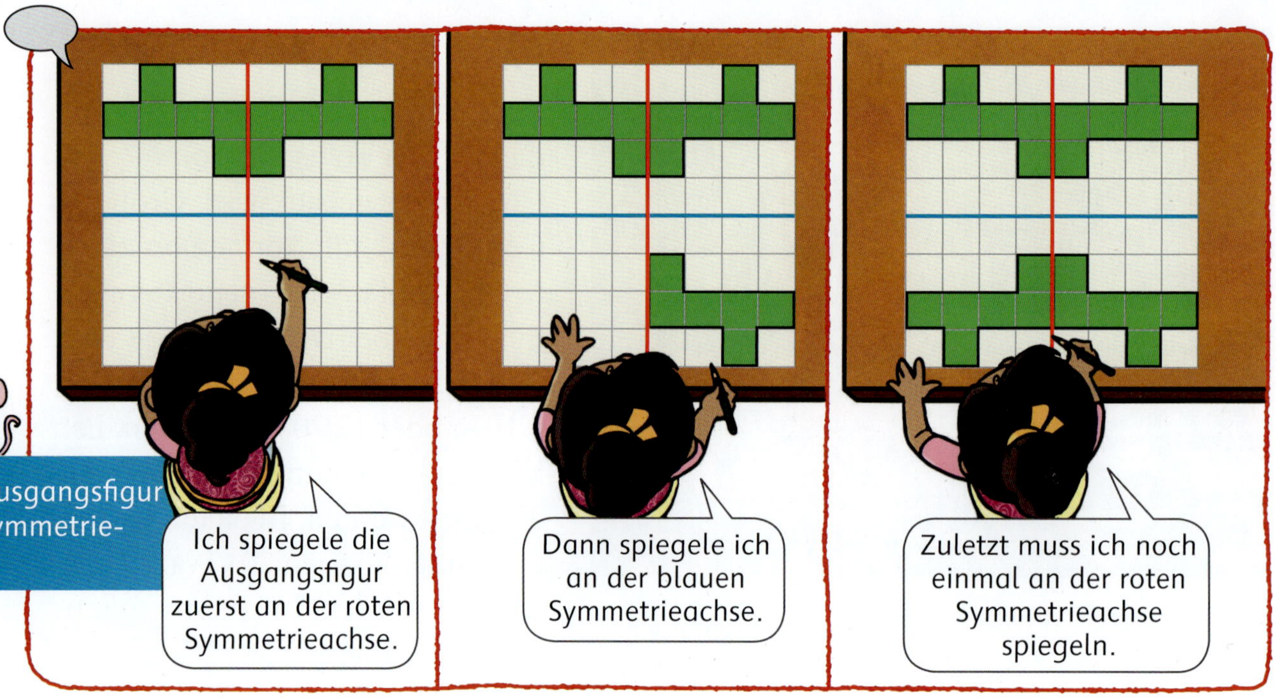

Ich spiegele die Ausgangsfigur zuerst an der roten Symmetrieachse.
Dann spiegele ich an der blauen Symmetrieachse.
Zuletzt muss ich noch einmal an der roten Symmetrieachse spiegeln.

die Ausgangsfigur
die Symmetrieachse

1 Spiegele die Figur an den Symmetrieachsen.

a)
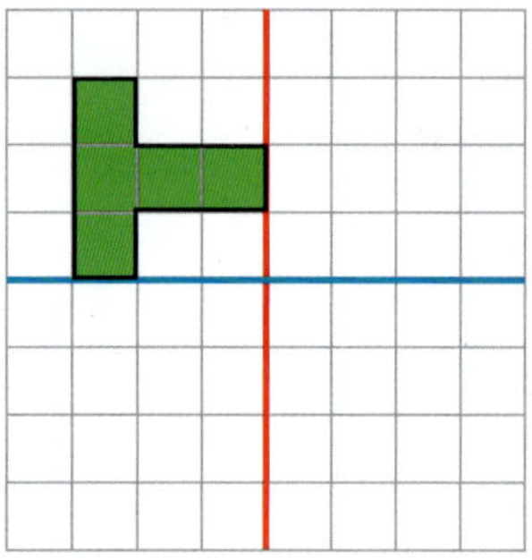

b)
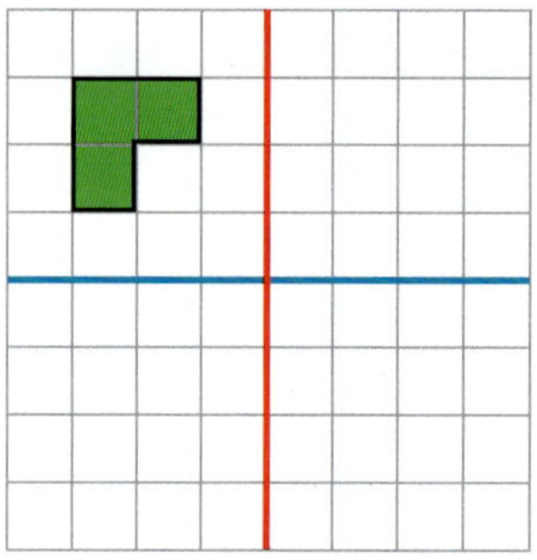

c)
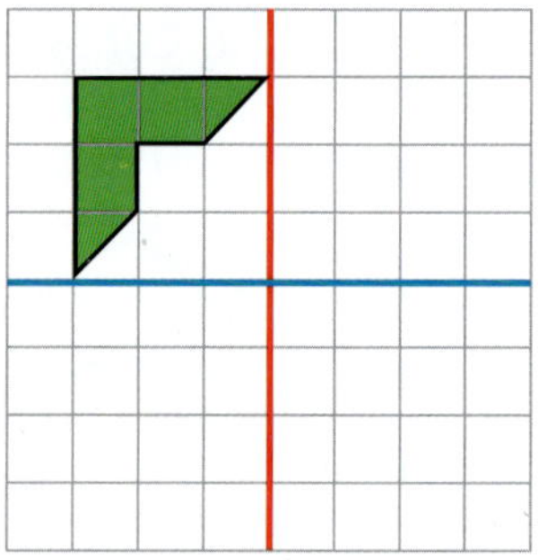

d) Was passiert, wenn du 4 mal gespiegelt hast?

2 a)
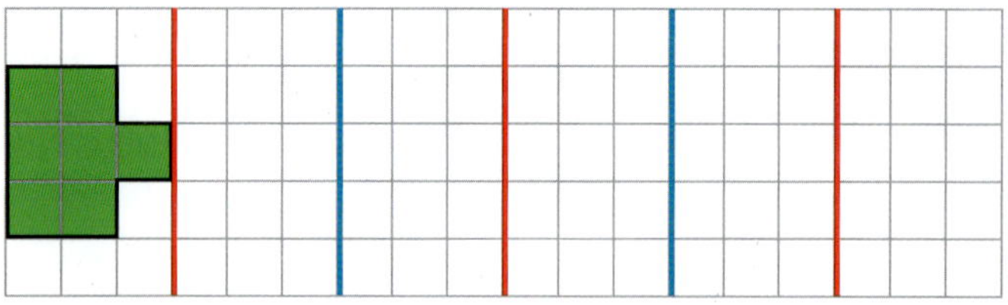

b)
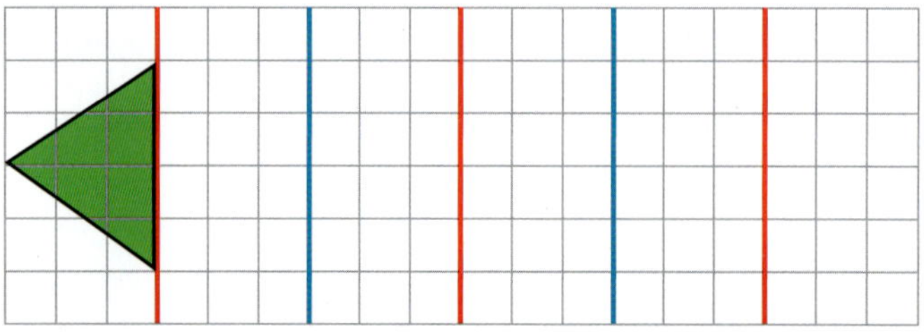

c)
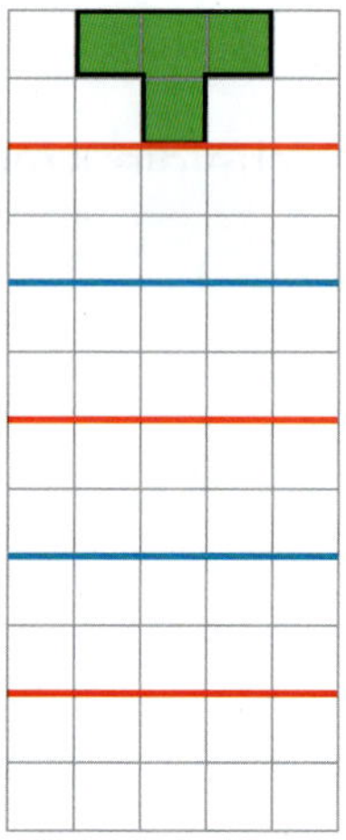

3 Vergleiche die Anordnung der Symmetrieachsen in 1 und 2.
Erkläre, wie sich die Symmetrieachsen unterscheiden.

Didaktische Information
Handlungserfahrungen mit dem (Doppel-)Spiegel als Einstieg

Sprechen
Ich spiegele die Ausgangsfigur zuerst an der roten Symmetrieachse.
Dann spiegele ich an der blauen Symmetrieachse.

④ Zeichne mit deinem Zirkel einen Kreis mit dem Radius $r = 2$ cm.
Spiegele die Figur an den Symmetrieachsen.

a)

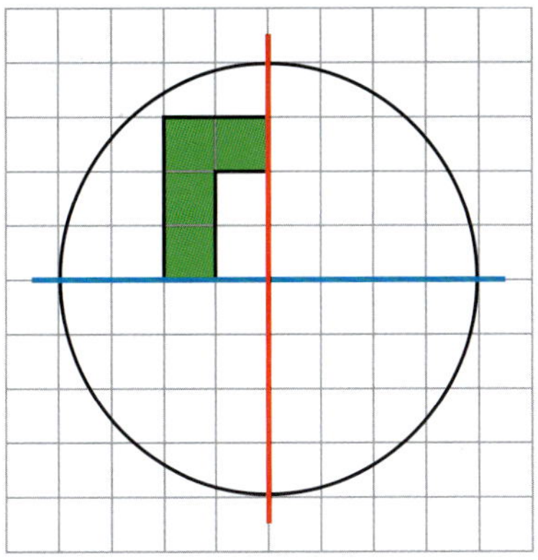

b)

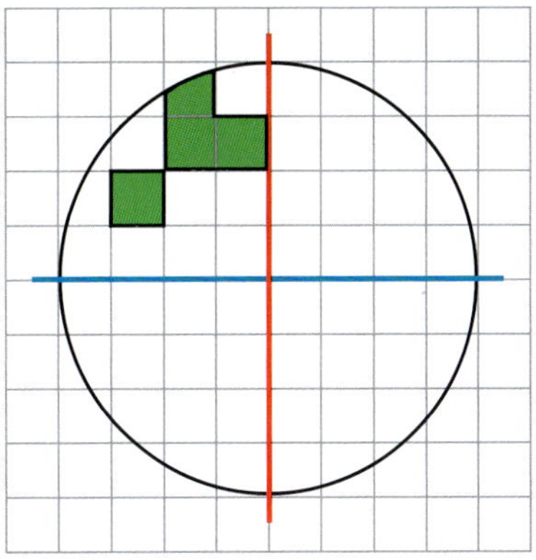

⑤ Erstelle eine Schablone.

a) Zeichne einen Kreis mit dem Radius $r = 6$ cm und schneide ihn aus.

b) Falte und schneide den Kreis so, dass 8 gleich große Teile entstehen.

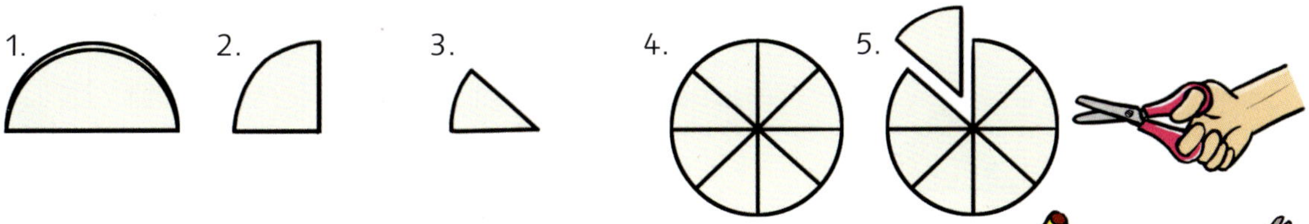

c) Zeichne in einen Kreisteil ein Dreieck.

d) Schneide das Dreieck aus und zeichne mit der Schablone ein Kreismuster.

e) Vergleicht eure Kreismuster in der Klasse.

⑥ Vergleiche die Kreismuster.
Erkläre den Unterschied.

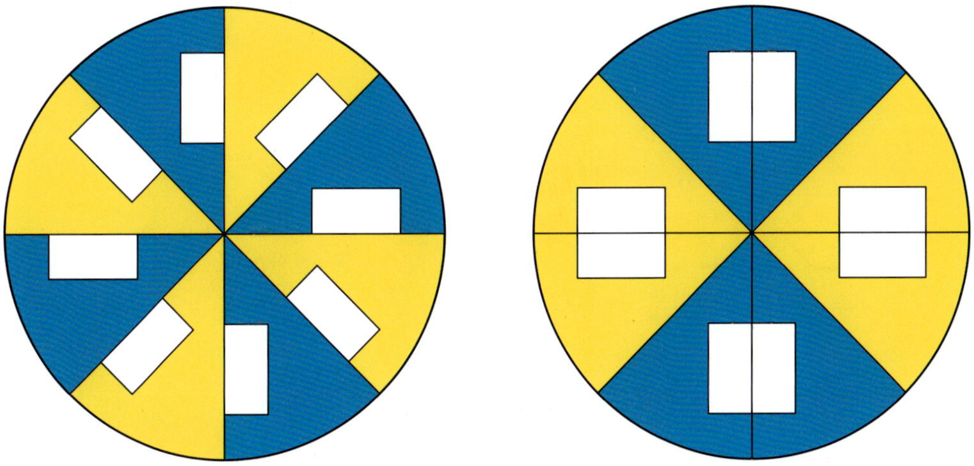

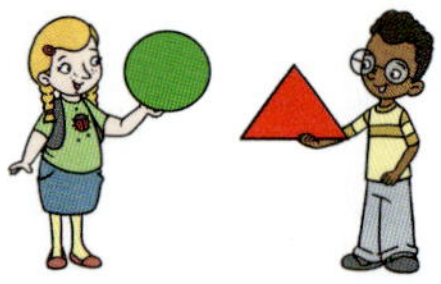

Drehsymmetrie

drehen
drehsymmetrisch
der Drehpunkt
die Drehsymmetrie

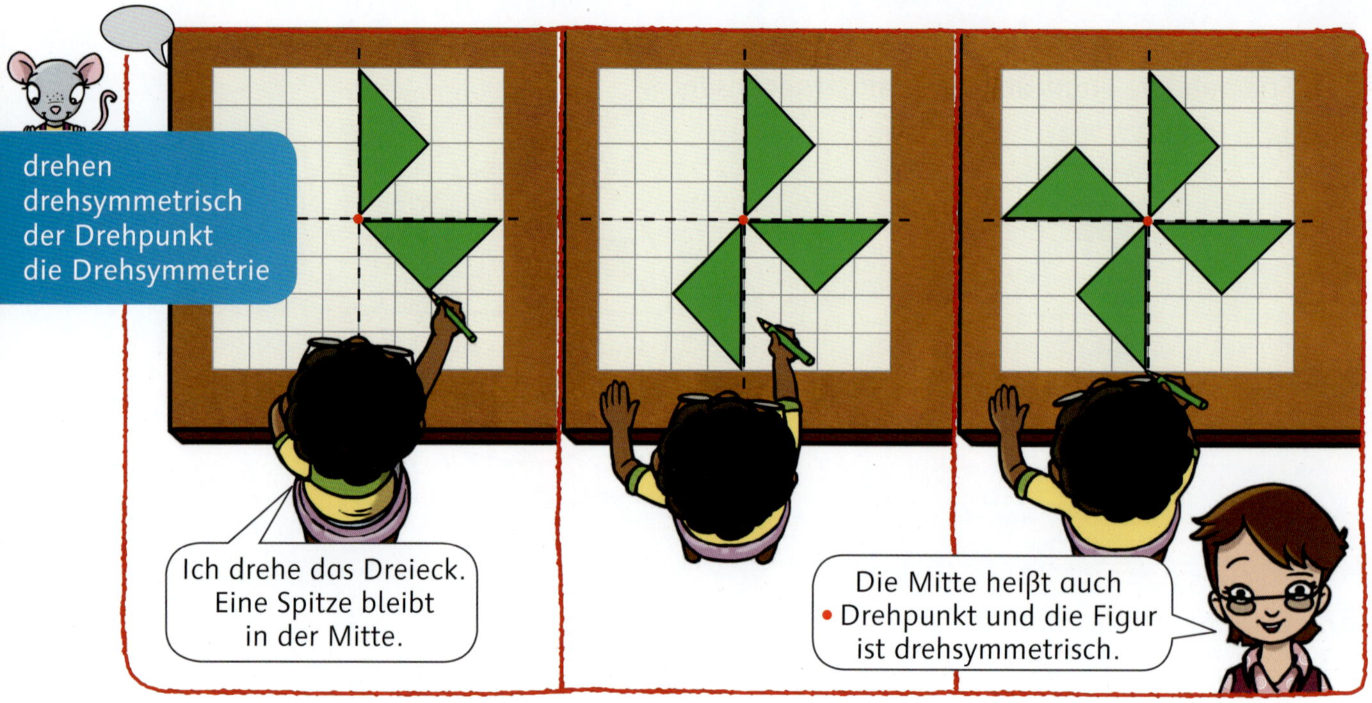

Ich drehe das Dreieck. Eine Spitze bleibt in der Mitte.
Die Mitte heißt auch • Drehpunkt und die Figur ist drehsymmetrisch.

① Drehe die Ausgangsfigur.

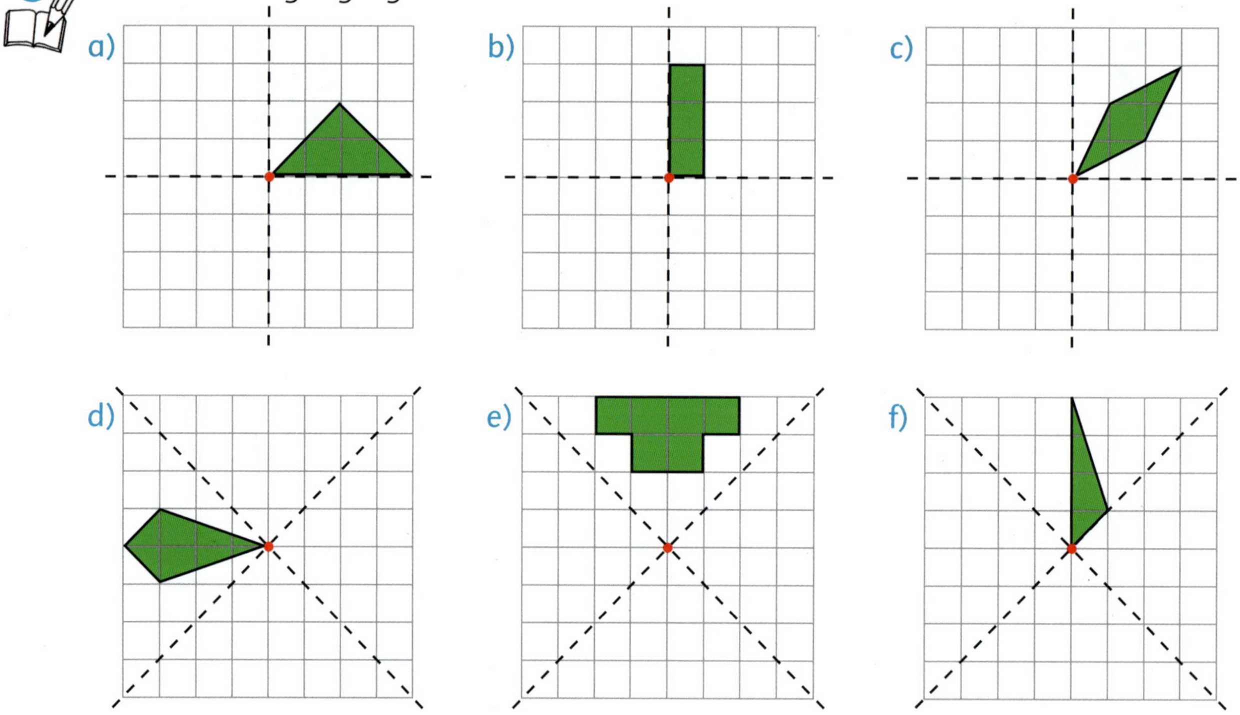

②

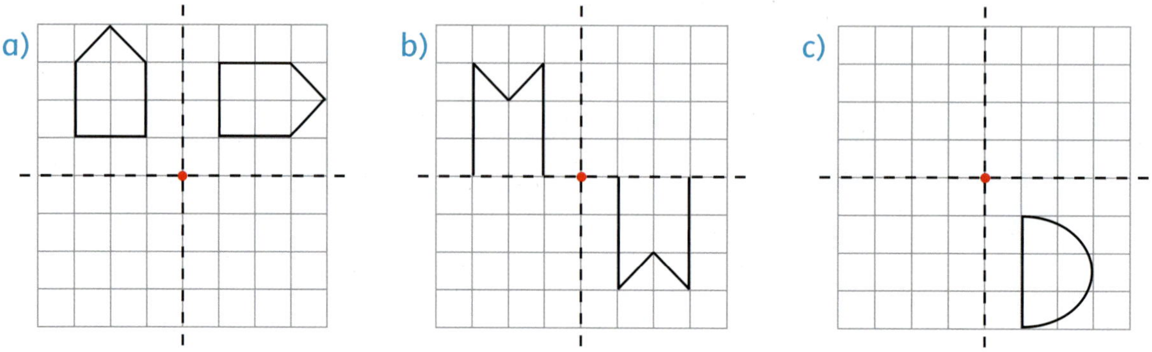

Didaktische Information
Drehsymmetrie im 90-Grad-Winkel

Sprechen
Ich drehe die Figur um einen Drehpunkt.
Der Abstand zum Drehpunkt bleibt gleich.

▸AH 64
▸D 83/84
▸KV 80

③ Vergleiche.
Erkläre den Unterschied.

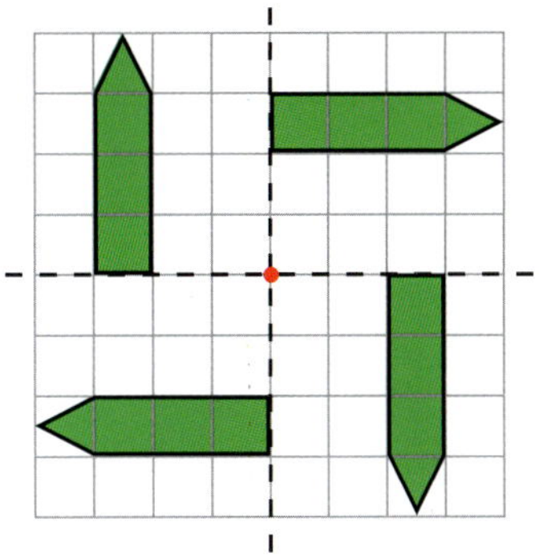

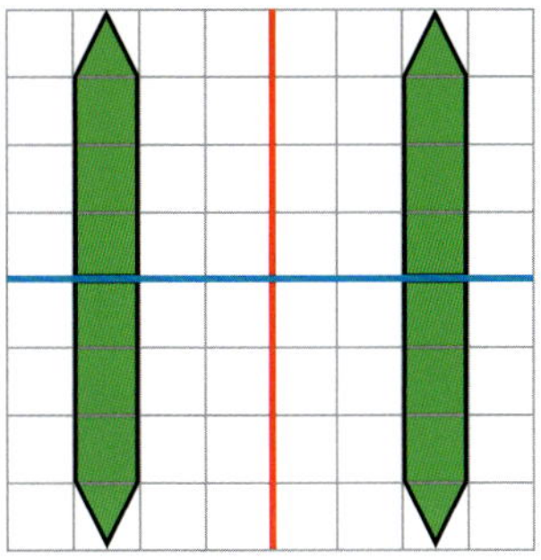

gedreht

gerade

gekippt

gespiegelt

die Symmetrieachse

der Drehpunkt

der Abstand

④ a) Erstelle eine Musterkarte und male sie an.

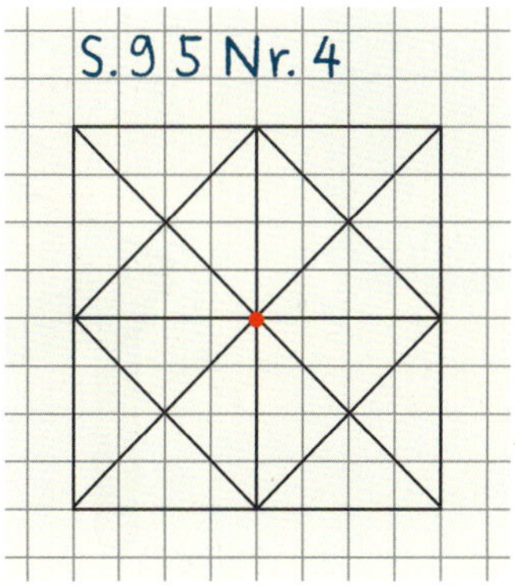

b) Zeichne das Muster in dein Heft.

c) Drehe die Musterkarte um den Drehpunkt.

d) Male das Muster in den richtigen Farben an.

⑤ Spiegele die Musterkarte.

a) Zeichne das Muster in dein Heft.

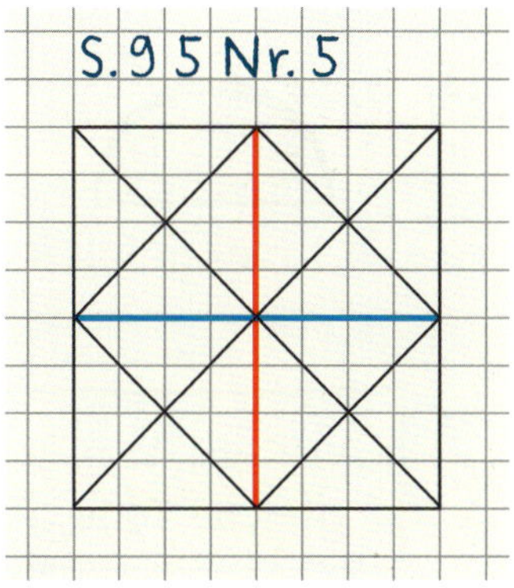

b) Spiegele die Musterkarte an den Symmetrieachsen.

c) Male das Muster in den richtigen Farben an.

⑥ Vergleiche die Muster in ④ und ⑤.

⑦ Gespiegelt oder gedreht?

a)

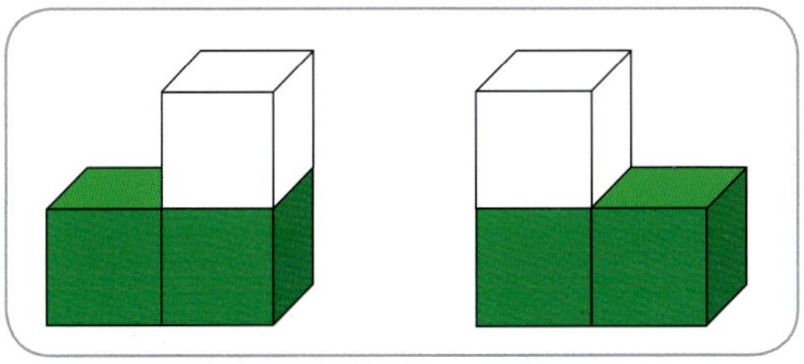

b)

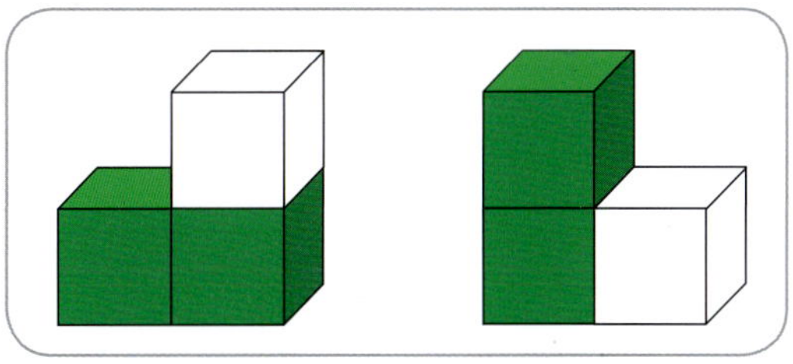

▸AH 65
▸D 83/84
▸KV 81/82

Sprechen
Die Figur ist gedreht/gespiegelt, weil …

Didaktische Information
Vergleich Drehsymmetrie und Mehrfachspiegelungen

Teile eines Ganzen – Brüche

Ich teile die Pizza in 4 gleiche Teile. Jeder bekommt ein Viertel.
Ich teile die Pizza in 8 gleiche Teile. Jeder bekommt ein Achtel.
Ich teile die Pizza in 2 gleiche Teile. Jeder bekommt eine Hälfte.
Ein Achtel, ein Viertel, eine Hälfte sind Bruchteile. Brüche schreiben wir so:
ein Viertel = $\frac{1}{4}$
ein Halb = $\frac{1}{2}$
ein Achtel = $\frac{1}{8}$

das Ganze
eine Hälfte
ein Viertel
ein Achtel
ein Bruchteil

① Wie viele Teile entstehen, wenn ein Kreis gefaltet wird? Ordne zu.

a) 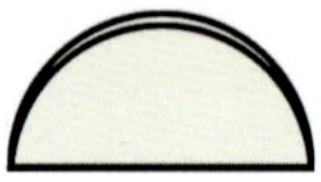
1 mal gefaltet

b) 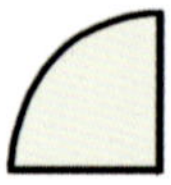
2 mal gefaltet

c) 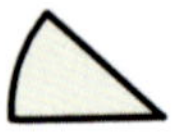
3 mal gefaltet

Der Kreis ist in 8 gleiche Teile geteilt.	Der Kreis ist in 2 gleiche Teile geteilt.	Der Kreis ist in 4 gleiche Teile geteilt.

② Zeichne mit einem Zirkel 3 Kreise mit dem Radius r = 5 cm und schneide sie aus.

a) Falte einen Kreis in 2 gleiche Teile. Male einen halben Kreis ● an.

b) Falte einen Kreis in 4 gleiche Teile. Male einen viertel Kreis ● an.

c) Falte einen Kreis in 8 gleiche Teile. Male einen achtel Kreis ● an.

d) Beschrifte die Kreisteile $\frac{1}{2}$●, $\frac{1}{4}$●, $\frac{1}{8}$● und schneide die Kreisteile aus.

③ Finde Beispiele für Brüche und schreibe sie auf.

Didaktische Information
Anbahnung des Bruchbegriffs aktiv-entdeckend und handlungsorientiert

Sprechen
Wie viel Teile entstehen?
Der wievielte Teil ist es?
ein Halb, ein Viertel, ein Achtel

►AH 66
►D 85/86
►KV 83

④ Welche Kreisteile passen? Finde alle Möglichkeiten.

a)

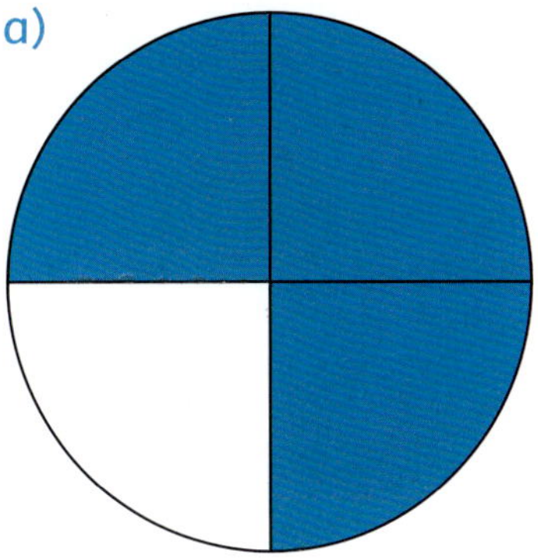

b)

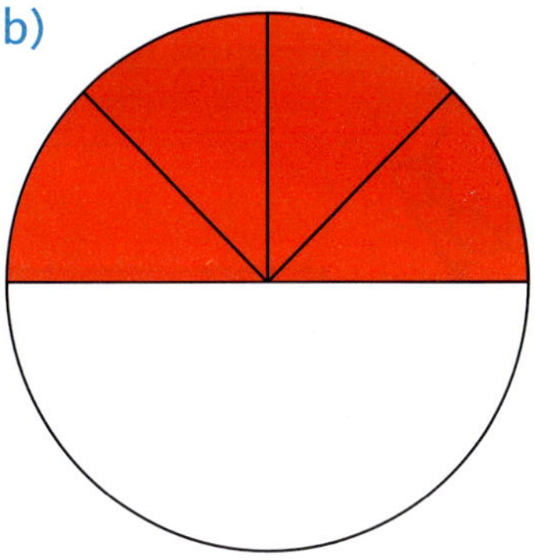

⑤ Finde verschiedene Möglichkeiten, einen Kreis mit unterschiedlichen Kreisteilen  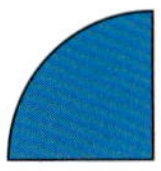  zu legen.

a) Zeichne deine Lösungen auf. Arbeite mit einem Zirkel und einem Lineal.

b) Vergleiche deine Lösungen mit einem Partner.

⑥ Bestimme den Bruchteil.

a)

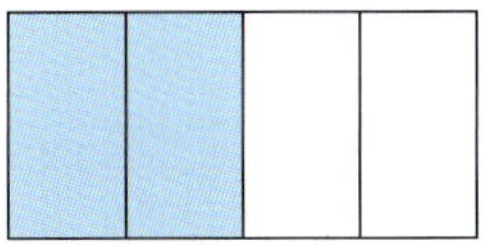

b)

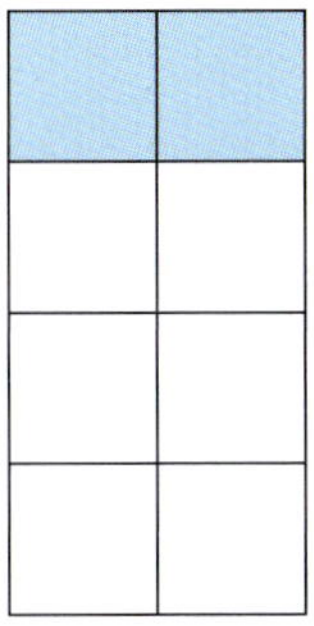

c)

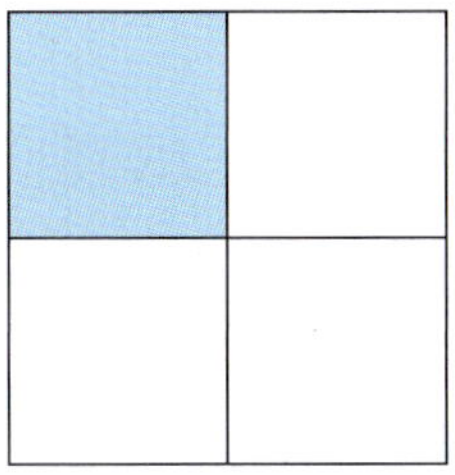

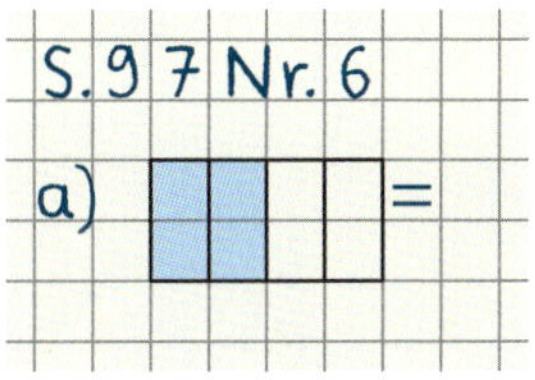

d)

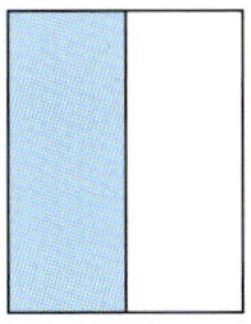

⑦ Mia und Umut haben den Auftrag, eine Lakritzschnecke in vier gleiche Teile aufzuteilen.
Beschreibe, welche Idee Mia und Umut haben. Probiere aus.

Sprechen
Markiere den achten Teil / ein Achtel.

Didaktische Information
Vielfältige Alltagssituationen thematisieren; erkennen, dass der gleiche Bruch unterschiedlich dargestelt werden kann (z. B. $\frac{1}{2}$, $\frac{2}{4}$ und $\frac{2}{8}$); Fehlvorstellungen vermeiden

Flächeninhalt

der Quadratzentimeter
die Fläche
der Flächeninhalt

① Wie groß ist der Flächeninhalt der Flächen?

a) 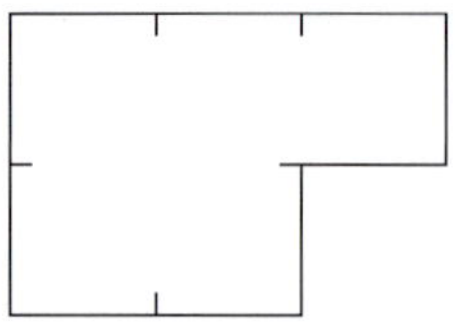

b) 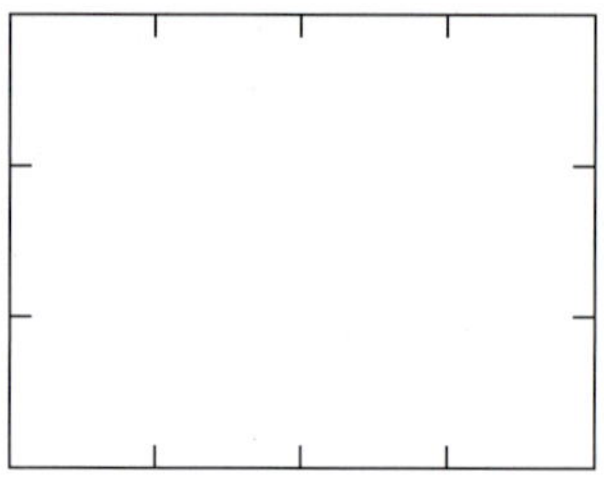

c) 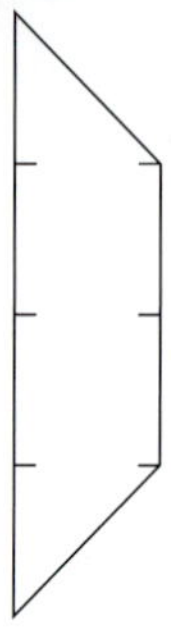

d) 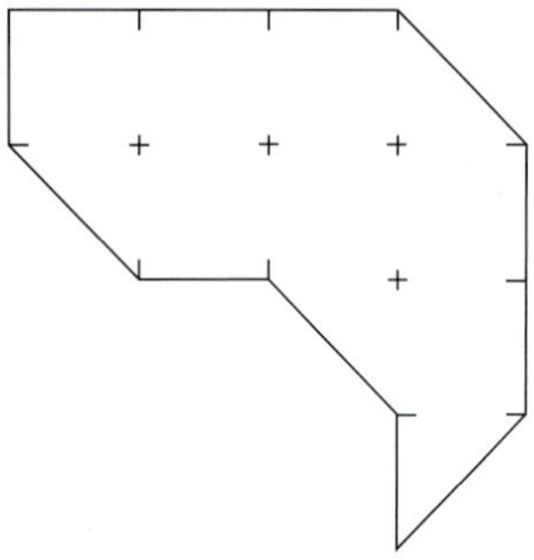

e) 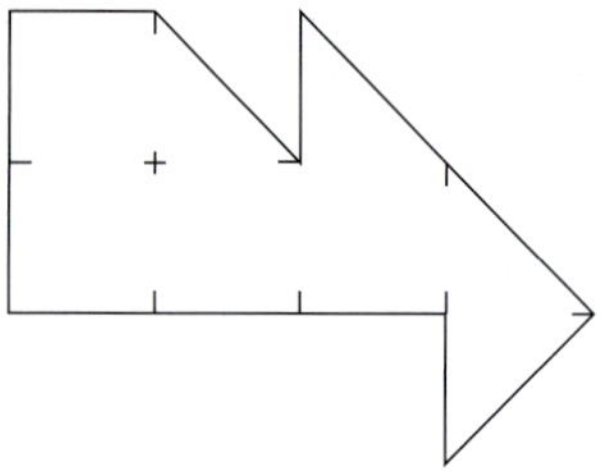

f) 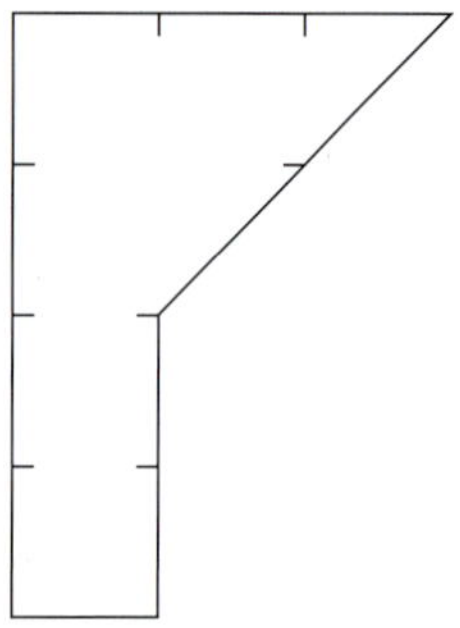

② Zeichne verschiedene Rechtecke und Quadrate mit dem Flächeninhalt

a) 12 Quadratzentimeter.
b) 20 Quadratzentimeter.
c) 24 Quadratzentimeter.
d) 32 Quadratzentimeter.
e) 25 Quadratzentimeter.
f) 36 Quadratzentimeter.
g) Vergleiche deine Ergebnisse mit einem Partner.

③ Für welchen Flächeninhalt findest du

a) nur Quadrate?
b) nur Rechtecke?
c) Quadrate und Rechtecke?

Didaktische Information
Begriff der Quadratzentimeter oder Zentimeterquadrat als Bezugsgröße - Vorerfahrungen EQ und ED;
D ggf. Bezug zu Wohnungsgrößen herstellen

Sprechen
Wie groß ist der Flächeninhalt?
Der Flächeninhalt ist …

▸AH 68/69
▸D 87/88
▸KV 85, 87

2 cm
1 cm
1 cm
3 cm
2 cm
1 cm
Ich messe und beschrifte alle Seiten der Figur.
2 cm
1 cm
1 cm
3 cm
2 cm
1 cm
Ich addiere alle Seiten der Figur. Alle Seiten der Figur sind zusammen 10 cm lang.
Dazu sagen wir, der Umfang der Figur ist 10 cm.

die Figur
die Seitenlänge
der Umfang

① Zeichne die Figur.
Miss die Länge der Seiten und bestimme den Umfang.

a) 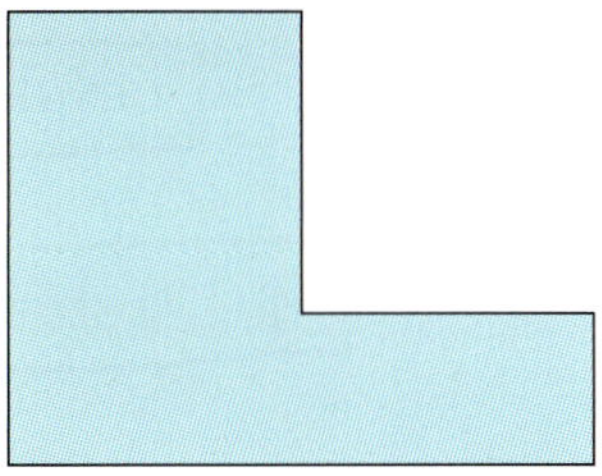

b) 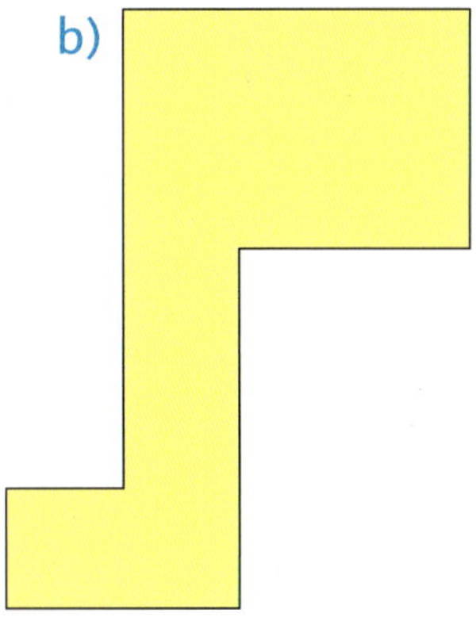

c) 

② Zeichne die Quadrate.
Bestimme den Umfang und den Flächeninhalt in Quadratzentimeter.

	die Seitenlänge	der Umfang	der Flächeninhalt
a)	5 cm		
b)	6 cm		
c)	7 cm		

③ a) Zeichne verschiedene Figuren mit dem Umfang 14 cm.

b) Bestimme den Flächeninhalt.

c) Wann ist der Flächeninhalt am größten?

d) Vergleiche deine Figuren mit einem Partner.

▸ AH 68/69
▸ D 89/90
▸ KV 86/87

Sprechen
Der Umfang der Figur ist 10 cm.

Didaktische Information
Vergleich Flächenumfang und Flächeninhalt

Das kann ich schon

① Ich kann eine Ausgangsfigur mehrfach spiegeln.

S.92

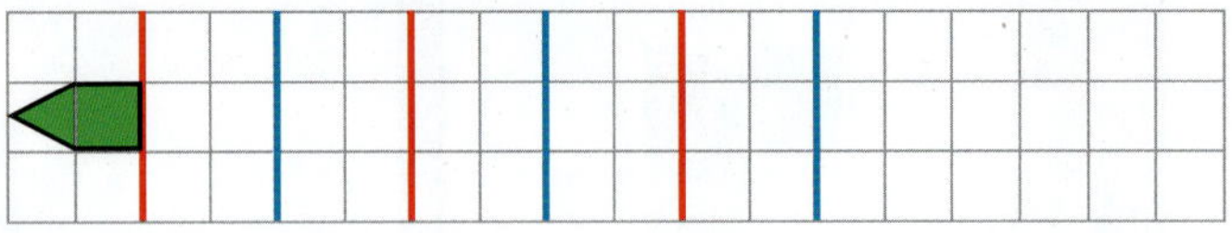

② Ich kann eine Ausgangsfigur an einem Drehpunkt drehen.

S.94

a) 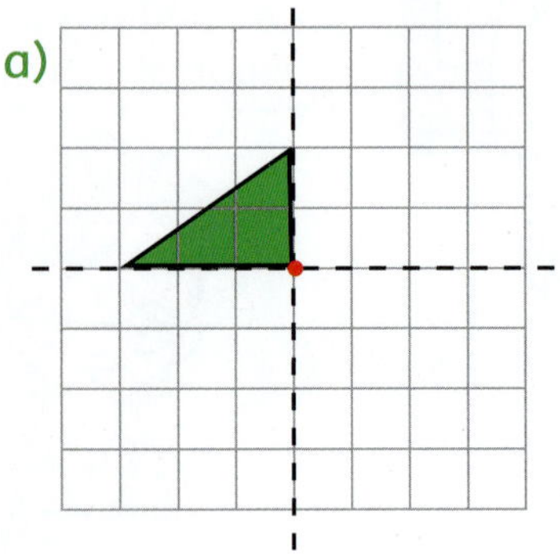

b) 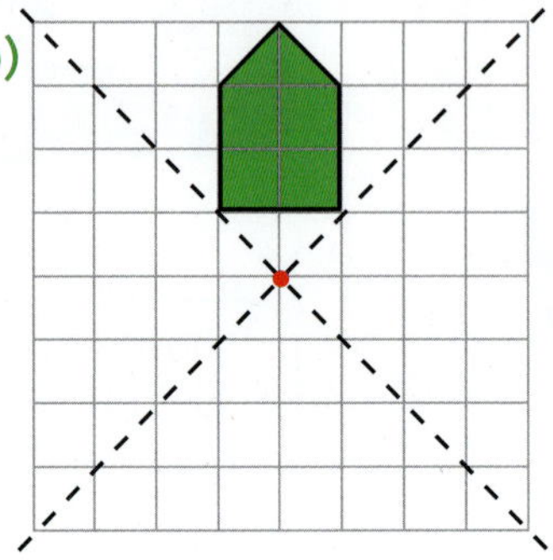

③ Ich kann Unterschiede zwischen gedreht und gespiegelt erklären.

S.95

gedreht | gerade | gekippt | gespiegelt

die Symmetrieachse | der Drehpunkt | der Abstand

④ Ich kann die Bruchteile $\frac{1}{2}$, $\frac{1}{4}$ und $\frac{1}{8}$ erkennen und zuordnen.

S.97

a) 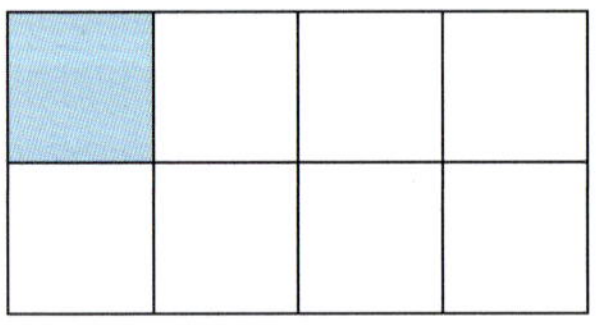

b) 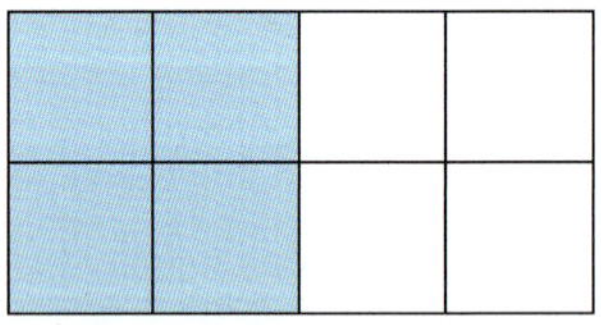

c) 

⑤ Ich kann den Flächeninhalt und den Umfang von Figuren bestimmen.

S.98/99

a) 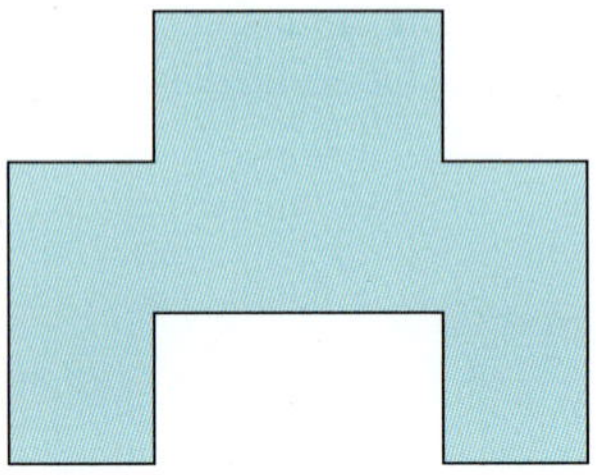

b) 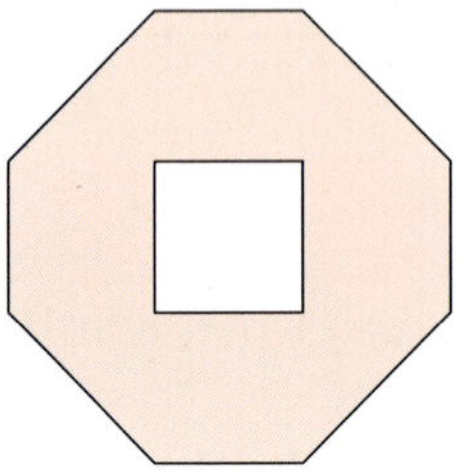

Didaktische Information
Aufgaben zur Selbstüberprüfung und Selbsteinschätzung

Forscherseite

① Umut legt mit 12 Streichhölzern eine Figur.
Die Figur hat den Flächeninhalt von
7 Einheitsquadraten (EQ).

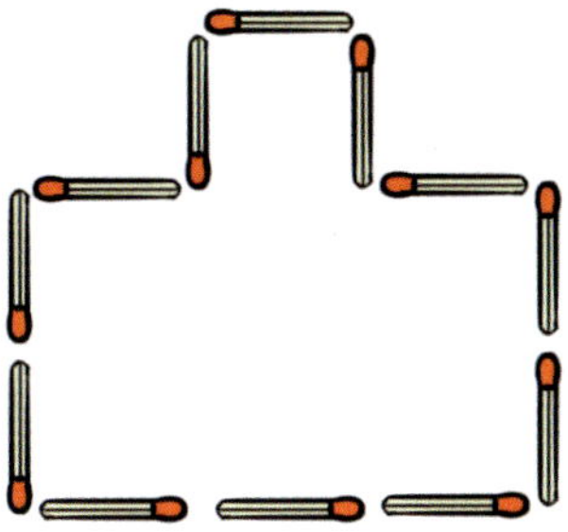

Lege die Streichhölzer so um, dass die
neue Figur einen Flächeninhalt von

a) 6 EQ hat.

b) 8 EQ hat.

c) Finde eine Figur mit dem kleinstmöglichen Flächeninhalt,
ohne Streichhölzer wegzunehmen.

---

② Emira teilt ein 4-mal-4-Quadrat in zwei gleiche Figuren.
Die Figuren haben den gleichen Flächeninhalt
und die gleiche Form.

Finde 5 weitere Möglichkeiten.

---

③ Vier Klassen teilen sich den Schulgarten.
Jede Klasse hat einen Streifen des Gartens.

Der Wasserhahn (W) kann bei dieser Aufteilung
nur von 2 Klassen genutzt werden.

Teile den Garten so ein, dass alle Klassen einen gleich großen
Gartenteil haben und zum Wasserhahn kommen.

Didaktische Information
Anregungen zum Ausprobieren, Knobeln, Forschen und Entdecken mit Anforderungen, die über die der vorherigen Seiten hinausgehen; D Eigene Aufgaben erfinden und in ein Lerntagebuch schreiben

Schriftliche Division (1)

die schriftliche Division
dividieren
multiplizieren
subtrahieren

```
876 : 6 = 1
```

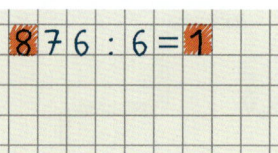

Beim schriftlichen Dividieren beginne ich mit der linken Ziffer. Ich weiß, dass die 6 einmal in die 8 passt.

```
876 : 6 = 1
6
2
```

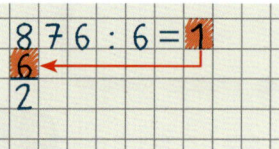

1 mal 6 gleich 6. Ich rechne 8 minus 6 gleich 2.

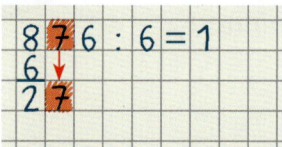

```
876 : 6 = 1
6
27
```

Ich nehme die nächste Ziffer dazu.

```
876 : 6 = 14
6
27
```

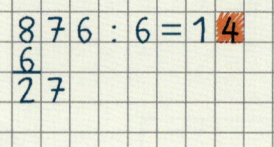

Ich weiß, dass die 6 viermal in die 27 passt.

```
876 : 6 = 14
6
27
24
 3
```

4 mal 6 gleich 24. Ich rechne 27 minus 24 gleich 3.

```
876 : 6 = 14
6
27
24
 36
```

Ich nehme die nächste Ziffer dazu.

```
876 : 6 = 146
6
27
24
 36
 36
  0
```

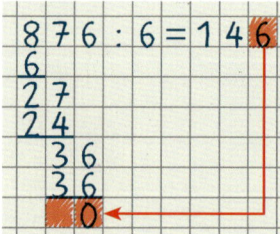

Ich weiß, dass die 6 sechsmal in die 36 passt. 6 mal 6 gleich 36. Ich rechne 36 minus 36 gleich 0.

Emira

```
876 : 6 = 146

600 : 6 = 100
240 : 6 =  40
 36 : 6 =   6
```

① Dividiere schriftlich.

a) 5758 : 2   b) 9645 : 3   c) 8624 : 7   d) 6984 : 4

Didaktische Information
! Auf eine ordentliche stellengerechte Notation achten

Sprechen
Kinder beschreiben und erklären den Rechenweg und die Notationsweise; auf korrekte Sprache achten

► AH 70
► D 91/92
► KV 88

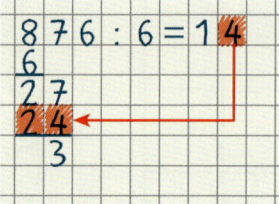

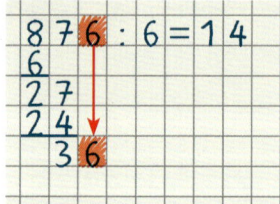

② Dividiere halbschriftlich und schriftlich.

a) 4868 : 2 b) 8113 : 7 c) 94338 : 6 d) 7625 : 5

halbschriftlich | ziffernweise | zerlegen | dividieren | schriftlich | multiplizieren | subtrahieren | nächste Ziffer dazunehmen

e) Vergleiche.

③ Dividiere schriftlich.

a) 9583 : 7 b) 9468 : 4 c) 57976 : 2 d) 4968 : 4

e) 6665 : 5 f) 4371 : 3 g) 8982 : 3 h) 6876 : 6

i) 8375 : 5 j) 8253 : 7 k) 91656 : 6 l) 53784 : 4

④ Welche Aufgaben rechnest du im Kopf?
Welche Aufgaben rechnest du schriftlich?
Ordne zu und rechne.

S. 103 Nr. 4

im Kopf	schriftlich

96735 : 5 | 440 : 4 | 258594 : 7 | 777 : 7 | 1200 : 3 | 793641 : 3 | 794838 : 6 | 587584 : 4 | 636 : 6 | 25555 : 5 | 946872 : 8 | 539572 : 2

⑤ Finde die fehlenden Ziffern.

a) 6□□6 : □ = 32□□
```
6
05
 4
 17
 □□
  16
  □□
   □
```

b) 957□ : □ = 2□□3
```
8
□□
12
 □□
 □□
  12
  □□
   □
```

c) 56□□ : □ = 11□□
```
5
0□
 □
 17
 15
  □5
  □□
   □
```


Sprechen
Kinder beschreiben und erklären den Rechenweg und die Notationsweise; auf korrekte Sprache achten

Didaktische Information
! Auf eine ordentliche stellengerechte Notation achten;
D Mit rechenschwachen Kindern sollten Strategien besprochen werden, wie Aufgaben im Kopf gelöst werden können.

der Überschlag
die Umkehraufgabe

① Dividiere schriftlich.
Welche Zahl wählst du für den ersten Rechenschritt?

a) 4685 : 5 — 40 | 45 | 50
b) 6528 : 8 — 56 | 64 | 72
c) 3584 : 4 — 32 | 36 | 40
d) 3948 : 6 — 30 | 36 | 42
e) 1935 : 9 — 9 | 18 | 27
f) 2954 : 7 — 21 | 28 | 35

② Dividiere schriftlich.
Kontrolliere mit dem Überschlag und der Umkehraufgabe.

a) 2576 : 4
b) 6777 : 9
c) 3495 : 5
d) 3384 : 8
e) 3488 : 4
f) 2388 : 6
g) 6657 : 7
h) 2634 : 3
i) Welche Kontrolle ist genauer?

S. 104 Nr. 2
a) 2576 : 4 = 644
24
17
16
16
16
0
Überschlag:
Umkehraufgabe:

③ Durch welche Zahl wurde dividiert?

a) 5675 : ☐ = 1135
b) 54666 : ☐ = 9111
c) 16872 : ☐ = 8436
d) 3692 : ☐ = 923
e) 3789 : ☐ = 421
f) 45899 : ☐ = 6557

Didaktische Information
Der Überschlag und die Umkehraufgabe werden als Kontrolle eingeführt;
Achtung: Wichtig ist, wie die Teildividenden gewählt werden.

Sprechen
Kinder beschreiben und erklären den Rechenweg und die Notationsweise; auf korrekte Sprache achten

▸AH 71/72
▸D 91–94
▸KV 88–92

④ Dividiere schriftlich.
Wähle zur Kontrolle den Überschlag oder die Umkehraufgabe.

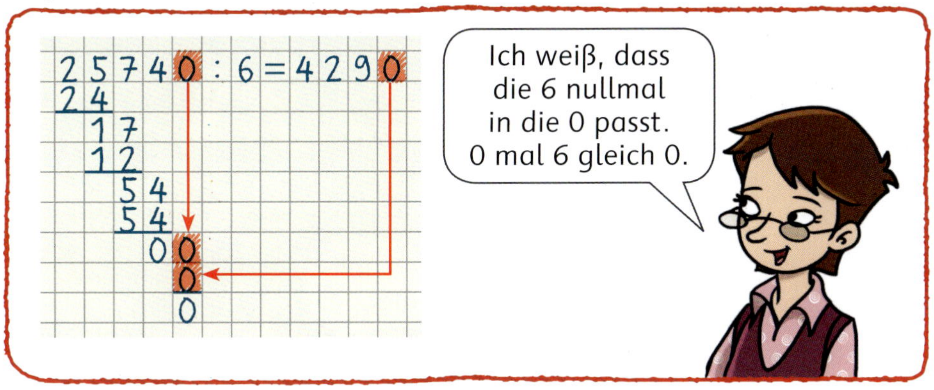

a) 2650 : 5

8260 : 7

16150 : 5

28740 : 3

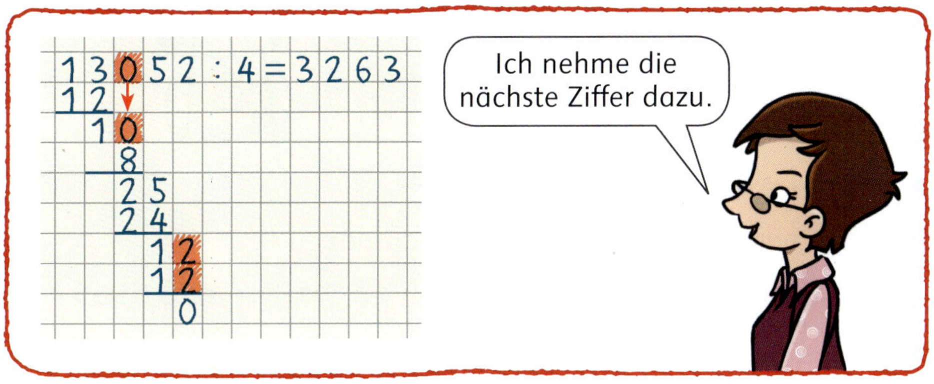

b) 45085 : 5

50472 : 2

840537 : 9

150444 : 6

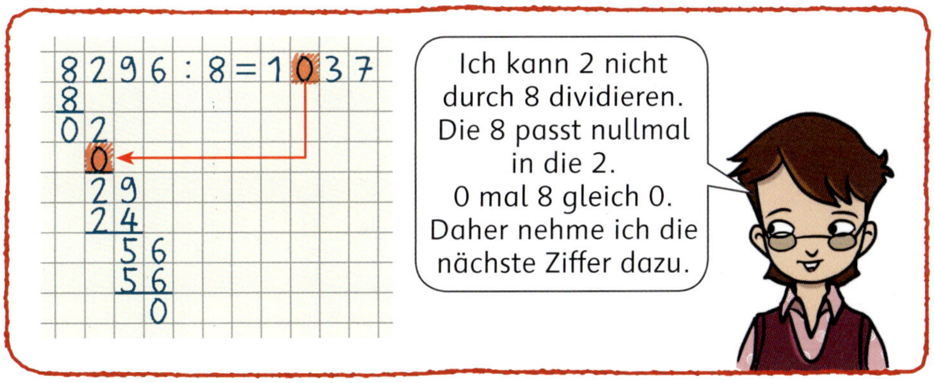

c) 25365 : 5

63756 : 7

24327 : 3

27936 : 9

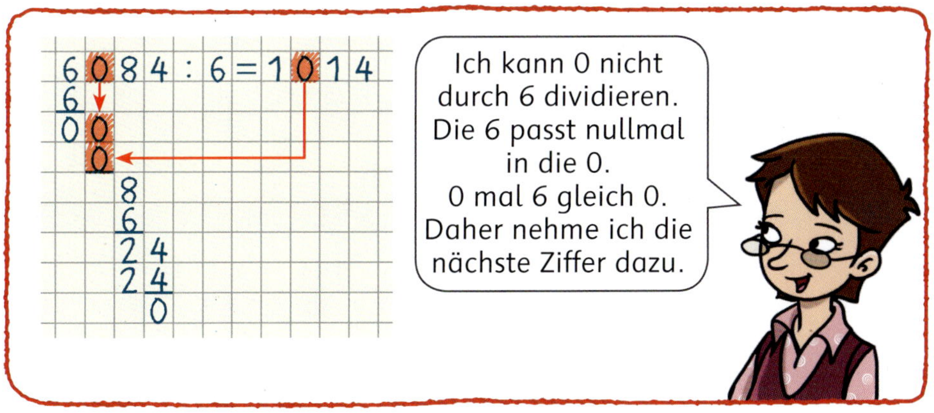

d) 40586 : 2

89607 : 7

60591 : 3

80976 : 8

Sprechen
Kinder beschreiben und erklären den Rechenweg und die Notationsweise; auf korrekte Sprache achten

Didaktische Information
4–7 mit den Kindern besprechen, die Nullproblematik ist eine häufige Fehlerquelle

① Dividiere schriftlich.
Wähle zur Kontrolle den Überschlag oder die Umkehraufgabe.

a) 6987 : 5 b) 4276 : 3 c) 4785 : 7 d) 6955 : 4

② Bilde Aufgaben und dividiere schriftlich.
Wähle zur Kontrolle den Überschlag oder die Umkehraufgabe.

2459 3578 2514 9372 5483 : 4 7 3 8 6

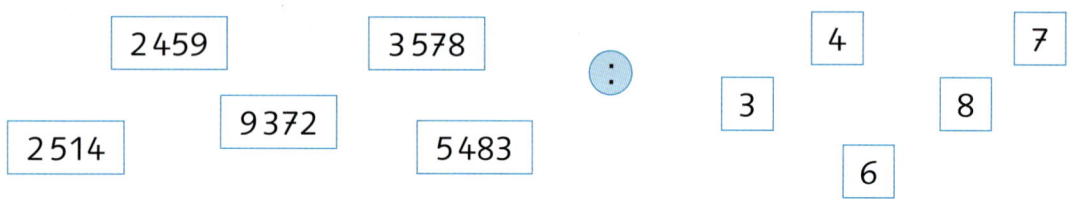

③ Finde den Fehler und rechne richtig. Erkläre den Fehler.

a) 62741 : 7 = 8964
56
57
63
44
42
21
21
0

b) 46376 : 8 = 5822 Rest 2
40
63
64
17
16
18
16
2

c) 51735 : 6 = 8512 Rest 3
48
37
30
73
72
15
12
3

d) 13685 : 5 = 2631
10
36
35
18
15
5
5
0

Didaktische Information
Umkehraufgabe muss erklärt werden, da auch addiert werden muss.

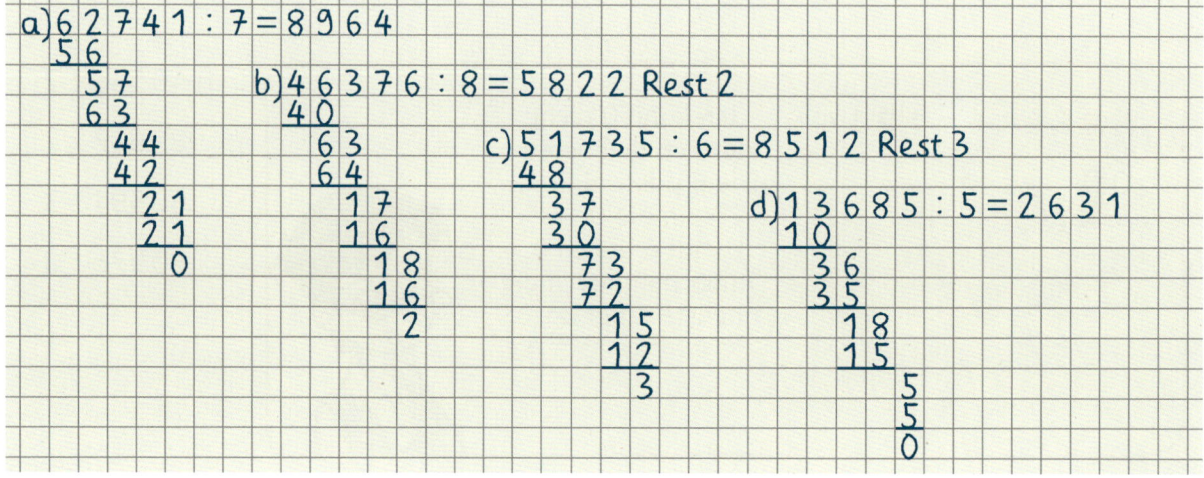

Sprechen
Es wurde bei der Division ein Fehler gemacht. Es wurde nicht die größtmögliche Zahl gewählt. Es wurde eine zu große Zahl dividiert. Es wurde nicht subtrahiert.

▸AH 73
▸D 95/96
▸KV 93/94

④ Finde Aufgaben

a) mit Rest 1. b) mit Rest 2. c) mit Rest 3. d) mit Rest 4.

⑤ Bilde mit den Ziffern 2, 4, 5, 6 und 7 Divisionsaufgaben mit und ohne Rest.

⑥ a) Bilde den Quotienten aus 48 366 und 6.

b) Bilde den Quotienten aus 2 406 und 3.

c) Bilde den Quotienten aus 24 356 und 4.
Addiere dann den Quotienten aus 15 135 und 3.

d) Bilde den Quotienten aus 35 275 und 5. Addiere dann 974.

e) Bilde den Quotienten aus 64 864 und 8.
Subtrahiere dann den Quotienten aus 49 252 und 7.

⑦ Dividiere schriftlich ohne Rest.
Die großen Einmaleinsreihen helfen dir.

15	30	45	60	75	90	105	120	135	150
20	40	60	80	100	120	140	160	180	200
11	22	33	44	55	66	77	88	99	110
12	24	36	48	60	72	84	96	108	120
25	50	75	100	125	150	175	200	225	250

a) 5 535 : 15 b) 25 160 : 20

c) 533 896 : 11 d) 308 208 : 12

e) 356 325 : 25 f) 553 875 : 15

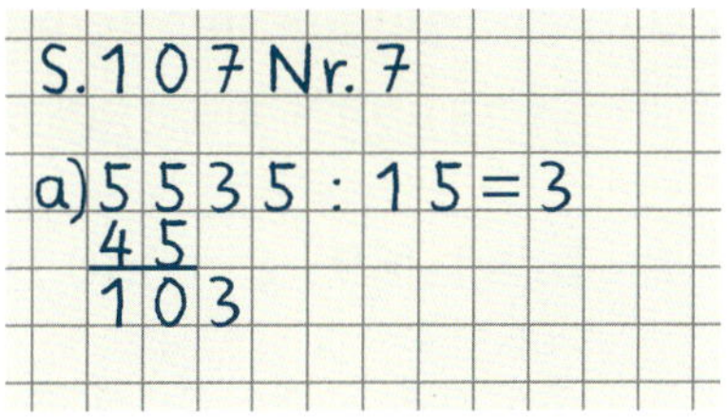

⑧ Dividiere schriftlich mit Rest.

a) 517 268 : 20 b) 467 899 : 11 c) 510 374 : 12

d) 105 376 : 25 e) 548 673 : 15 f) 762 255 : 12

Sprechen
Der Quotient ist das Ergebnis einer Divisionsaufgabe.

Didaktische Information
7 und 8 Großes Einmaleins

Rechnen mit dem Taschenrechner

① Rechne mit dem Taschenrechner.

a) [6] [+] [3] [=] b) [18] [÷] [3] [=]

c) [6] [x] [3] [=] d) [18] [−] [3] [=]

② Was bedeuten die Zeichen?

[+] [−] [=] [x] [÷] [.] [ON] [OFF] [CE]

dividieren | subtrahieren | addieren | multiplizieren | Komma | löschen | ausschalten | einschalten | gleich

③ Welche Tasten musst du drücken?

a) 15 ☐ 67 ☐ 5 = 1000 b) 210 ☐ 3 ☐ 4 = 280

c) 584 ☐ 2 ☐ 458 = 133 736 d) 586 ☐ 100 ☐ 200 ☐ 287 = 6

④ Benutze nur diese Tasten: [0], [1], [+], [−], [x], [=].
Du darfst die Tasten mehrmals benutzen.
Finde kurze Aufgaben. Schreibe deine Lösung auf.

a) Das Ergebnis ist 99. b) Das Ergebnis ist 121.

c) Das Ergebnis ist 890. d) Das Ergebnis ist 1 121.

⑤ Die Aufgaben wurden mit dem Taschenrechner gerechnet.
Kontrolliere mit dem Überschlag. Finde die Fehler.

a) 25 823 : 7 = 180 761

b) 41 269 · 8 = 330 152

c) 6 984 · 3 = 20 952

d) 69 985 · 5 = 13 997

e) 54 117 : 9 = 60

f) 240 000 : 6 = 400

Das Ergebnis muss ____ Stellen haben.

Der Überschlag ist größer/kleiner.

Das Ergebnis ist zu groß/klein.

Das Ergebnis ist richtig.

Didaktische Information
4 an die Rechenregel „Punkt- vor Strichrechnung" erinnern

Sprechen
! Besprechen, dass Malnehmen hier mit dem Zeichen „x" erfolgt, aber nicht so notiert wird

►AH 74
►D 97/98

Teilbarkeitsregeln

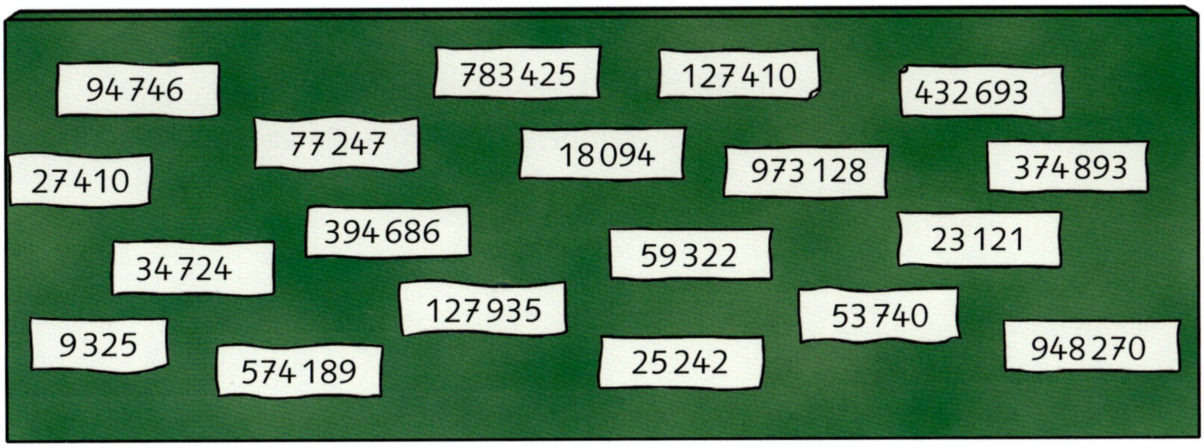

① a) Ordne die Zahlen in die Tabelle ein.
Einige Zahlen kann man zweimal zuordnen.
Der Taschenrechner hilft dir.

teilbar durch 2	teilbar durch 5	teilbar durch 10	nicht teilbar durch 2, 5, 10

b) Finde die Regel.
Eine Zahl ist ohne Rest durch ____ teilbar, wenn ____________.

die Quersumme

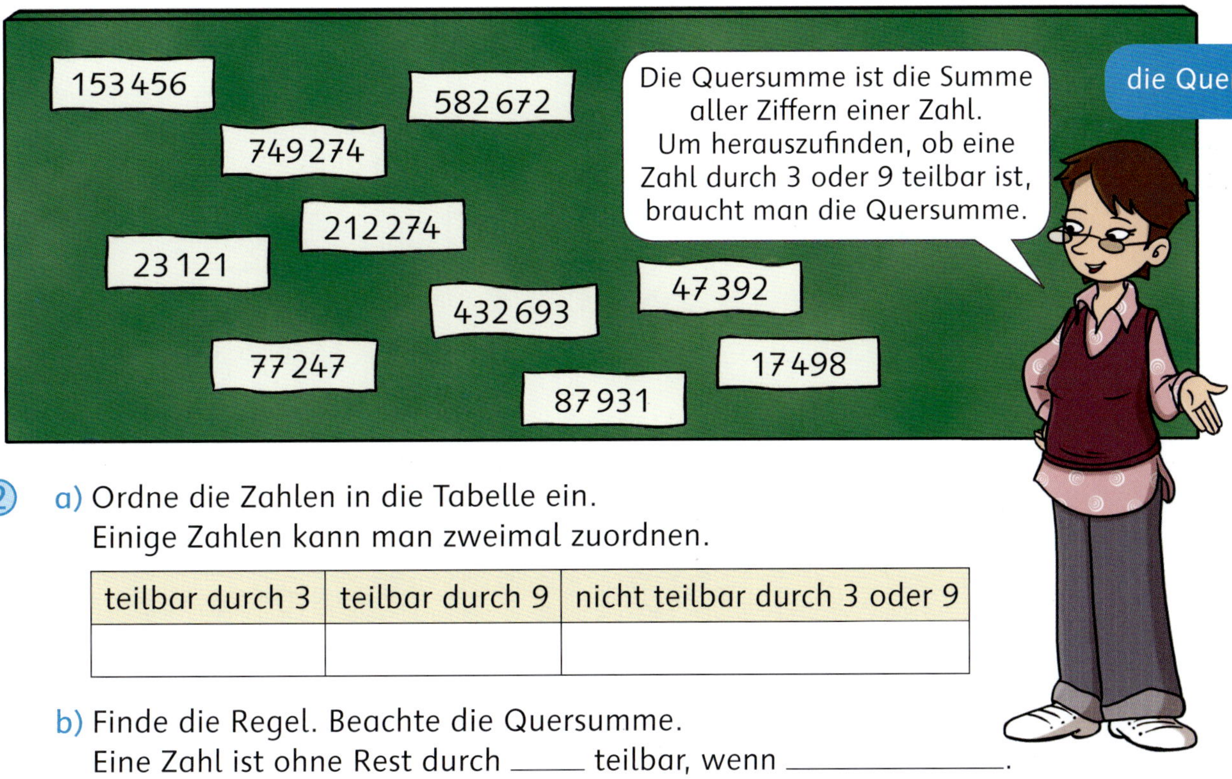

② a) Ordne die Zahlen in die Tabelle ein.
Einige Zahlen kann man zweimal zuordnen.

teilbar durch 3	teilbar durch 9	nicht teilbar durch 3 oder 9

b) Finde die Regel. Beachte die Quersumme.
Eine Zahl ist ohne Rest durch ____ teilbar, wenn ____________.

③ Setze eine passende Ziffer ein und rechne.

a) 684☐ : 2 b) 684☐ : 5 c) 684☐ : 10 d) 67☐ : 3 e) 582☐ : 9

▸AH 75
▸D 99/100
▸KV 95

Sprechen
! Der Begriff *Quersumme* muss erklärt werden; *Eine Zahl ist ohne Rest durch … teilbar, wenn …*

Didaktische Information
Durch das Markieren der letzten Ziffer wird die Teilbarkeit durch 2, 5 und 10 deutlicher.

Sachrechnen: Kann das stimmen?

1

Länger als 11 Jahre unterwegs
Frankfurt – Jens Kaiser ist von seiner langen Reise zurückgekommen. Er hat insgesamt 143 Länder der Welt bereist. Nach 3 876 Tagen war er endlich wieder zu Hause. Noch einmal will er nicht für länger als 11 Jahre verreisen.

Kann das stimmen?
Bearbeite die Aufgabe schrittweise.

Frage War Jens Kaiser tatsächlich länger als 11 Jahre verreist?

Vermuten Ich vermute, dass es stimmt/nicht stimmt.

Informationen sammeln Ich finde Zahlen und Informationen im Zeitungsartikel und schreibe diese in Stichpunkten auf.

Hilfsfragen Ich finde Hilfsfragen, damit ich die Frage beantworten kann.
Wie viele Jahre sind 3 876 Tage?
Wie viele Tage hat ein Jahr?
Wie viele Länder hat Jens Kaiser in einem Jahr ungefähr bereist?

Lösung Hilft mir eine Skizze oder helfen mir Notizen?
Ich zeichne oder schreibe meine Lösung auf.

1 Jahr = 365 Tage
2 Jahre = 730 Tage

Jahre	Tage
1	365
10	3650

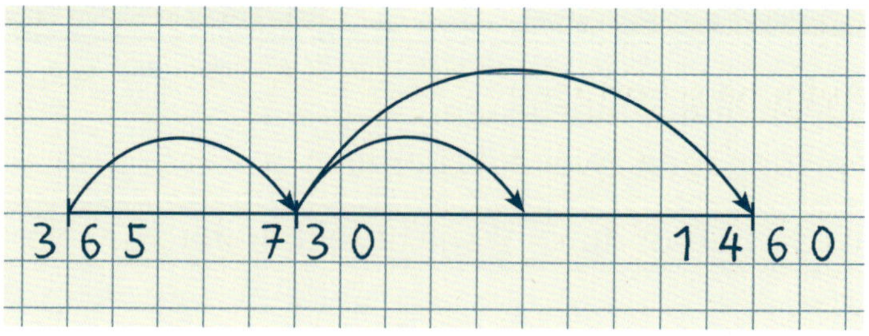

Überprüfen Ich vergleiche mein Ergebnis mit meiner Vermutung und schreibe einen Antwortsatz.

Didaktische Information
Struktur zum Lösen der Aufgaben orientiert sich am Modellierungskreislauf.

Sprechen
Lösungsweg mit Kindern besprechen und Rückmeldung geben

►AH 76
►D 101/102
►KV 110

②

Über 2 000 Sendungen
Mainz – Die Sendung mit der Maus wird seit 1971 einmal in der Woche immer sonntags um 11.30 Uhr im Fernsehen gesendet. Im Jahr 2011 feierte die Maus ihren 40. Geburtstag und hatte bis dahin bereits über 2 000 Sendungen.

Kann das stimmen?
Bearbeite die Aufgabe schrittweise.

F Hatte die Sendung mit der Maus bisher mehr als 2 000 Sendungen?

V Ich vermute, dass es stimmt/nicht stimmt.

I Welche Zahlen und Informationen finde ich?

H Welche Hilfsfragen können mir helfen, die Lösung zu finden?

L Ich zeichne oder schreibe meine Lösung.

Ü Ich vergleiche mein Ergebnis mit meiner Vermutung und schreibe einen Antwortsatz.

③

Süße Versuchung
Dortmund – Eine Untersuchung ergab, dass im Durchschnitt jeder der 571 143 Einwohner in Dortmund 9,5 Kilogramm Schokolade im Jahr nascht. Insgesamt sind das ungefähr 600 000 Kilogramm Schokolade im Jahr für die Einwohner Dortmunds.

Kann das stimmen?

Bearbeite die Aufgabe schrittweise. F V I H L Ü

④

Reich im Schlaf
Hamburg – Über einen Lottogewinn von 332 675 Euro können sich 9 Lottospieler freuen. Jeder von ihnen gewinnt ungefähr 4 000 Euro.

Kann das stimmen?

Bearbeite die Aufgabe schrittweise. F V I H L Ü

▸AH 76
▸D 101/102
▸KV 110

Sprechen
Lösungsweg mit Kindern besprechen und Rückmeldung geben

Didaktische Information
Kinder in Zeitungen nach Artikeln suchen lassen – Bearbeitungsschritte wiederholen – verschiedene Vorgehensweise beachten und aufgreifen

Das kann ich schon

① Ich kann schriftlich dividieren.

S. 102

a) 5872 : 4 b) 94362 : 6

c) 2652 : 3 d) 2584 : 4

e) 6520 : 8 f) 78508 : 4

---

② Ich kann Ergebnisse mit dem Überschlag und der Umkehraufgabe überprüfen.

S. 104

a) 6372 : 4 b) 28134 : 6

c) 2976 : 8 d) 32285 : 5

---

③ Ich kann schriftlich dividieren mit Rest.

S. 106

a) 32563 : 7 b) 4298 : 5

c) 58624 : 9 d) 69352 : 3

---

④ Ich kann überschlagen, ob eine Aufgabe mit dem Taschenrechner richtig gerechnet wurde.

S. 108

a) 259296 : 8 = 324 b) 31478 · 4 = 26591

c) 24787 : 7 = 173509 d) 29370 · 6 = 4895

---

⑤ Ich kenne verschiedene Teilbarkeitsregeln.

S. 109

Eine Zahl ist durch 2 teilbar, wenn ______.

Eine Zahl ist durch 5 teilbar, wenn ______.

Eine Zahl ist durch 10 teilbar, wenn ______.

Eine Zahl ist durch 3 teilbar, wenn ______.

Eine Zahl ist durch 9 teilbar, wenn ______.

---

⑥ Ich kann verschiedene Teilbarkeitsregeln anwenden.

S. 109

a) 349□ : 2 b) 574□ : 5

c) 837□ : 10 d) 972□ : 3

e) 582□ : 9 f) 453□ : 2

Didaktische Information
Aufgaben zur Selbstüberprüfung und Selbsteinschätzung

① a) Probiere das Rätsel mit einem Partner. Warum kann Umut Gedanken lesen?

b) Vergleiche die gedachte Zahl und die Ergebniszahl.

②

③ Denke dir selbst ein Rätsel aus.

Didaktische Information
Anregungen zum Ausprobieren, Knobeln, Forschen und Entdecken mit Anforderungen, die über die der vorherigen Seiten hinausgehen; D Eigene Aufgaben erfinden und in ein Lerntagebuch schreiben

Gefäße füllen

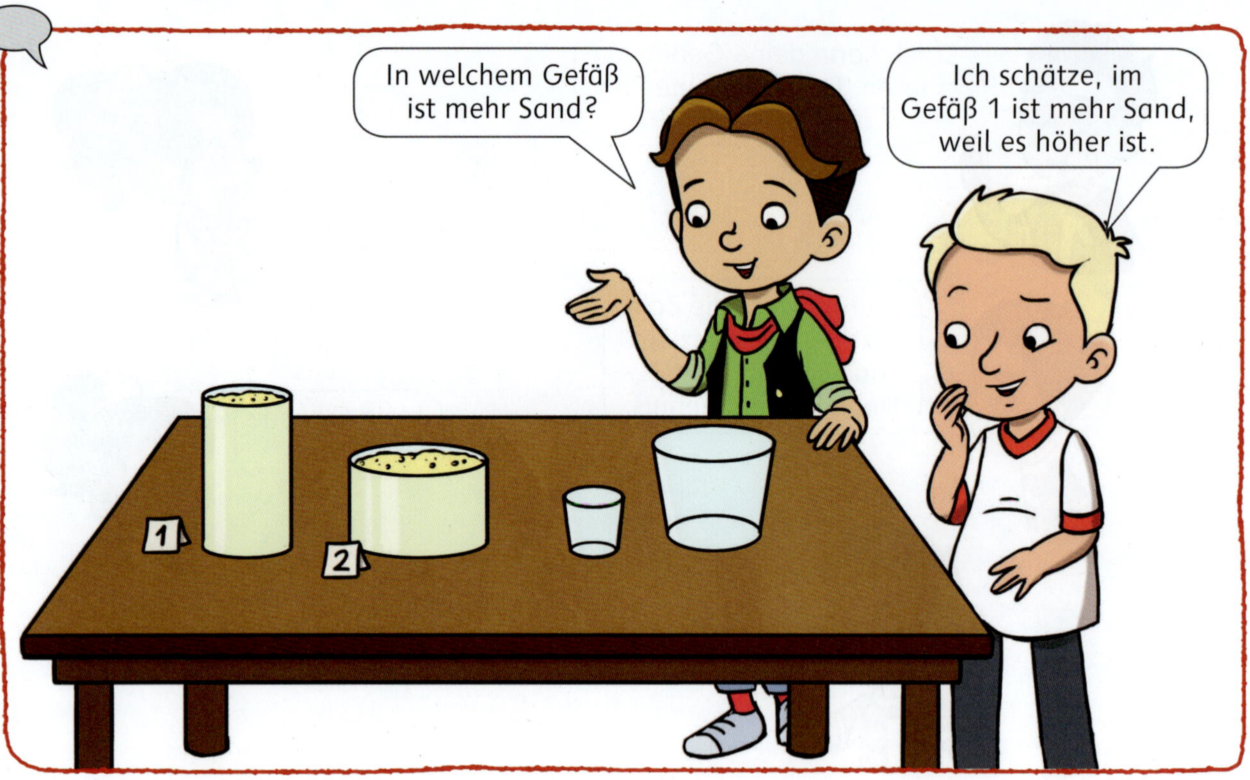

① Wie kannst du überprüfen, in welchem Gefäß mehr Sand ist?
Vergleicht eure Ideen in der Klasse.

② In welches Gefäß passt am meisten Wasser?
Schätze zuerst und überprüfe dann.
Begründe und erkläre, wie du überprüft hast.

③ In welches Gefäß passen ungefähr 10 Esslöffel Wasser?
Schätze zuerst und überprüfe dann mit einem Esslöffel.

④ a) Wie viele Tropfen Wasser passen auf einen Esslöffel?

b) Wie viele Tropfen Wasser passen auf eine 1-Euro-Münze?

Schätze zuerst und überprüfe dann mit einer Pipette.

Didaktische Information
Umschütthandlungen und Vergleich verschiedener Gefäße sind wichtig für die Entwicklung einer Vorstellung; auch Diskrepanz von Schätzungen und Überprüfungen

Sprechen
In welchem Gefäß ist mehr Sand?
In welches Gefäß passt am meisten Sand?
In ... passt mehr/weniger als in ...

der Liter
die Milliliter
der Messbecher
das Volumen

① Wie viel Flüssigkeit ist es?
Schreibe in Milliliter und als Kommazahl in Liter.

a) 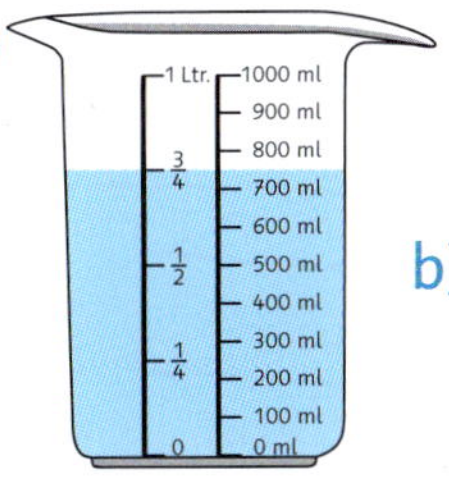

b) 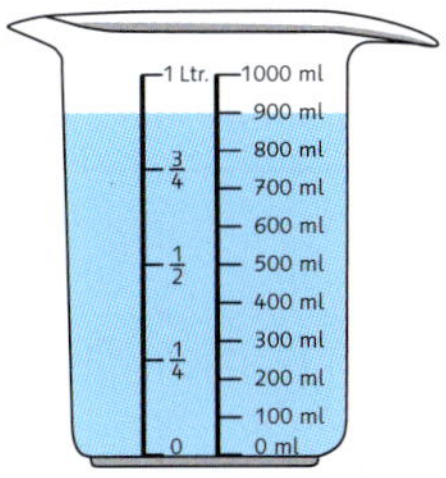

c) 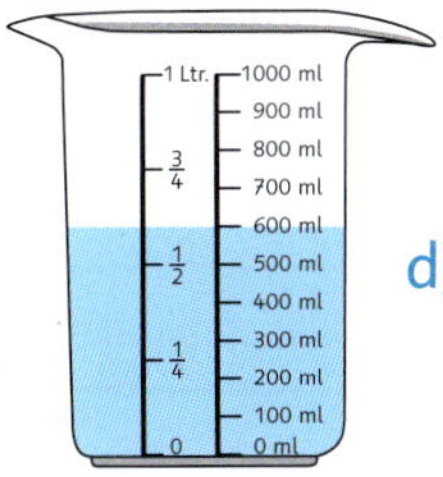

d) 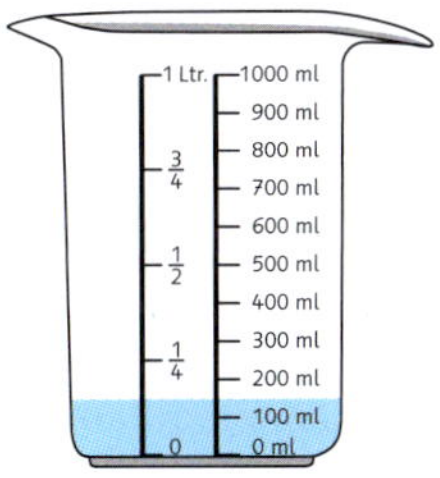

e) 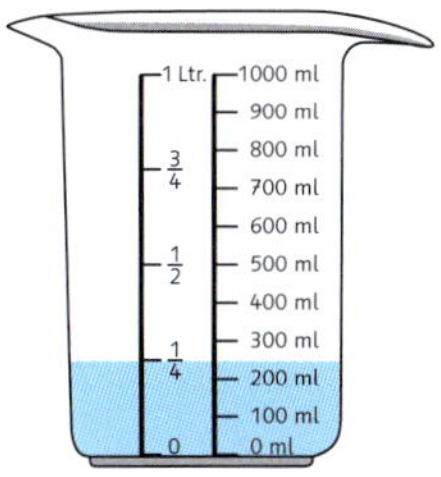

② Fülle Wasser in einen Messbecher.

a) 800 ml   b) $\frac{1}{2}$ l   c) 450 ml   d) $\frac{3}{4}$ l   e) 850 ml

③ In eine Flasche passt 1 Liter Saft.
Du verteilst den Saft gleichmäßig auf verschiedene Gläser.

a) Wie viele Milliliter sind in jedem Glas, wenn du den Saft auf 4 Gläser verteilst?

b) Wie viele Milliliter sind in jedem Glas, wenn du den Saft auf 10 Gläser verteilst?

c) Wie viele Milliliter sind in jedem Glas, wenn du den Saft auf 5 Gläser verteilst?

d) Finde weitere Möglichkeiten. Wie kannst du den Saft aufteilen?

Sprechen
! Volumen als Fachbegriff für den Rauminhalt wird eingeführt

Didaktische Information
Nutzung der ml-Skala und Bruchteile von einem Liter (Viertel, Hälfte); siehe hierzu S. 96/97

Liter und Milliliter

der Liter
der Milliliter
das Volumen

Ein Liter hat 1 000 Milliliter.
1 l = 1 000 ml

10 l	1 l	,	100 ml	10 ml	1 ml	
	0	,	3	3	0	0,33 l
		,				

① Vergleicht das Volumen der Gefäße miteinander.

hat ein größeres Volumen als

hat ein kleineres Volumen als

der Inhalt von ________ passt ___ mal in ________

② Vergleicht verschiedene Gefäße: Flaschen, Schüsseln, Gläser.
Welches Gefäß hat das größte Volumen? Schätzt und ordnet.
Überprüft mit einem Messbecher.

③ Auf vielen Flaschen und Gefäßen ist das Volumen angegeben.
Sammle die Angaben in einer Tabelle.

S. 116 Nr. 3

	10 l	1 l	,	10 l	10 ml	1 ml
Milch		1	,	0	0	0

④ Schreibe als Kommazahl in Liter.

a) 750 ml
250 ml
400 ml
900 ml

b) 1 500 ml
1 800 ml
1 650 ml
1 993 ml

c) 3 002 ml
3 020 ml
3 200 ml
322 ml

S. 116 Nr. 4

1 l	,	100 ml	10 ml	1 ml	
0	,	7	5	0	0,75 l

Didaktische Information
Gefäß-Ausstellung zum Vergleich und zur Entwicklung einer Vorstellung

Sprechen
! Zahlen hinter dem Komma werden ziffernweise genannt.

► AH 78/79
► D 105/106
► KV 99, 101–103

Wasserverbrauch

Wasserverbrauch einer Person an einem Tag

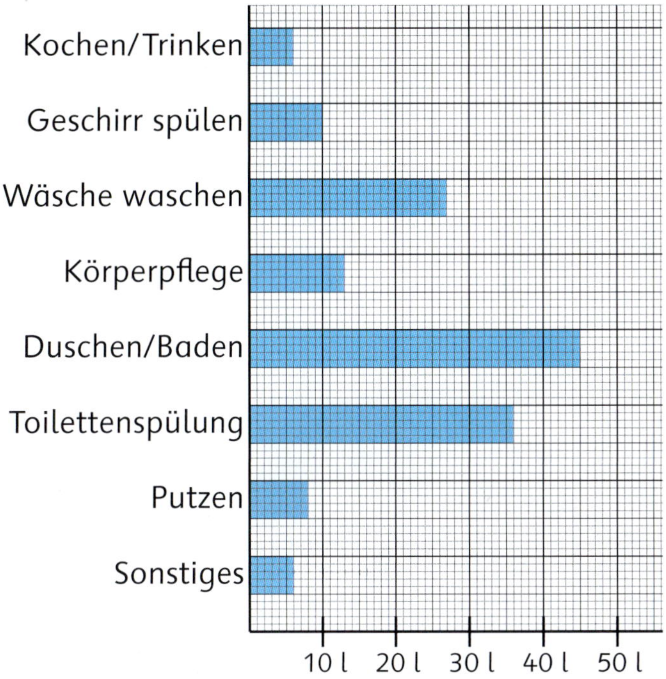

① Schreibe eine Tabelle in dein Heft.
Wie viel Wasser verbraucht eine Person an einem Tag
für die oben genannten Tätigkeiten?

---

② Berechne den durchschnittlichen Wasserverbrauch.

Wie viel Wasser verbraucht eine Person in einem Monat?

Wie viel Wasser verbraucht eine Person in einem Jahr?

---

③ 1000 Liter Wasser kosten ungefähr 2 Euro.
Rechne aus, wie viel eine Familie mit 4 Personen in einem Jahr
für den Wasserverbrauch ungefähr bezahlen muss.

---

④ Wie kannst du zu Hause Wasser sparen?
Warum ist es wichtig, sparsam mit Wasser umzugehen?
Sammle Tipps für ein Lernplakat.

---

⑤ Sammle Daten über den Wasserverbrauch in anderen Ländern.
Hier kannst du dich informieren:

Sprechen
Wörter zum Thema Wasserverbrauch besprechen

Didaktische Information
Informationen aus einem Balkendiagramm entnehmen

Der Literwürfel

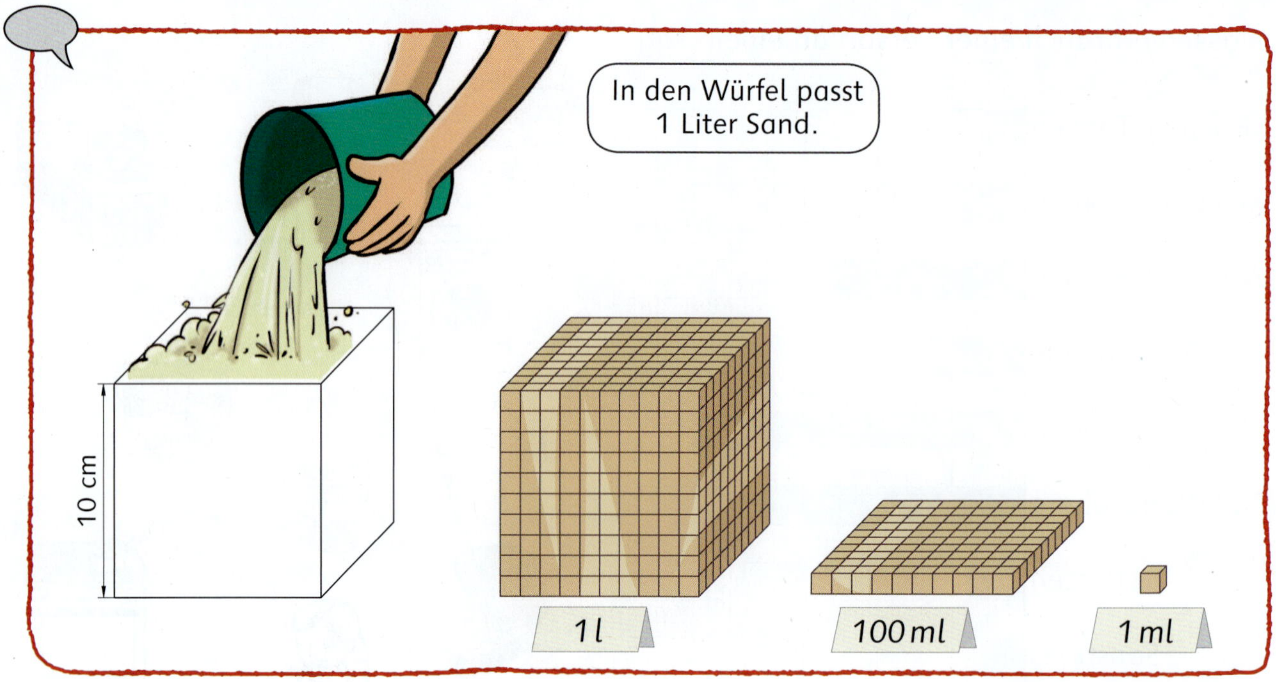

① Erstelle dir eine eigene Milliliter-Einteilung.

Du brauchst ein quadratisches Papier mit der Seitenlänge 10 cm.

Zeichne parallele Linien mit dem Abstand 1 cm.

Beschrifte deine Einteilung.
Klebe die Einteilung in den Würfel.

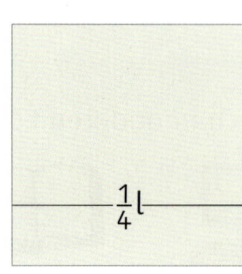

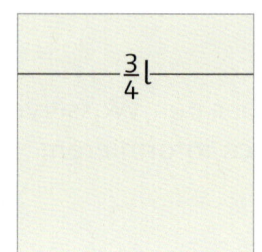

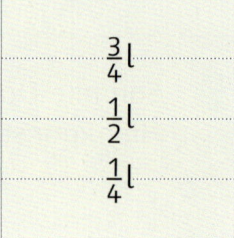

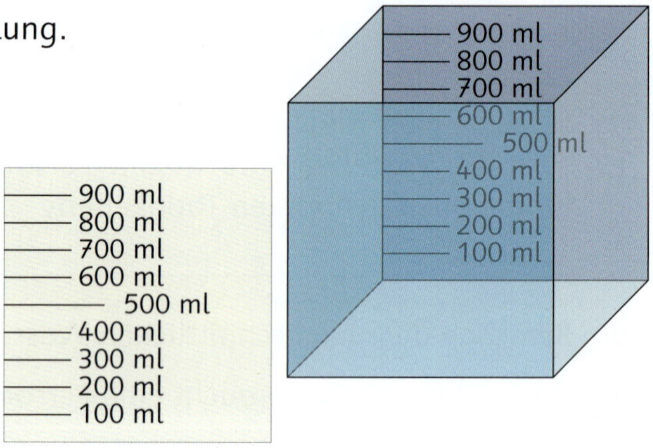

② Erstelle eine zweite Milliliter-Einteilung durch Falten.

Du brauchst ein quadratisches Papier mit der Seitenlänge 10 cm.

Falte das Papier zweimal.

Beschrifte deine Einteilung.

Klebe die Einteilung in den Würfel.

Didaktische Information
Literwürfel als Größe für einen Liter hilft bei der Volumenbestimmung von Körpern

► AH 81
► KV 104

Der Zentimeterwürfel

① Wie viele Zentimeterwürfel passen in die Körper?
Wie viele Milliliter sind das?

a)
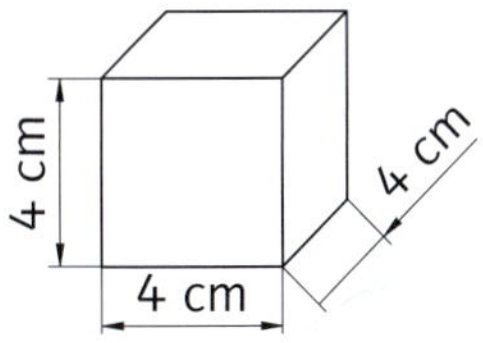

b)
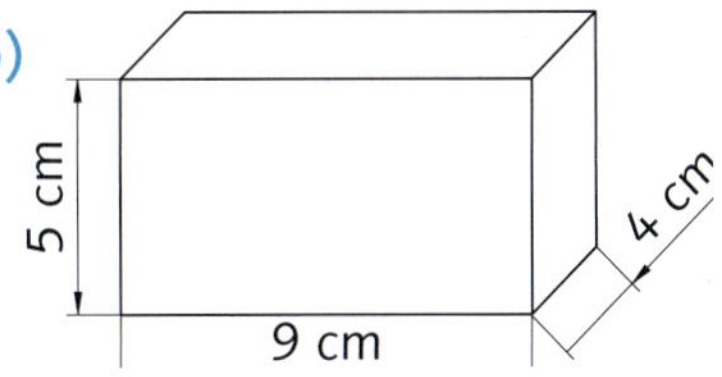

c)
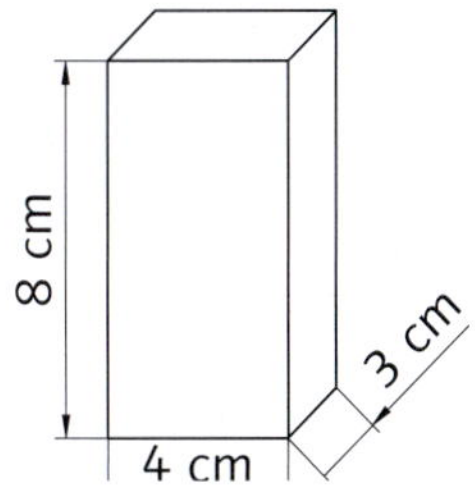

② In welchen Quader passen die meisten Zentimeterwürfel?
Schätze zuerst und überprüfe dann mit einer Rechnung.

a)
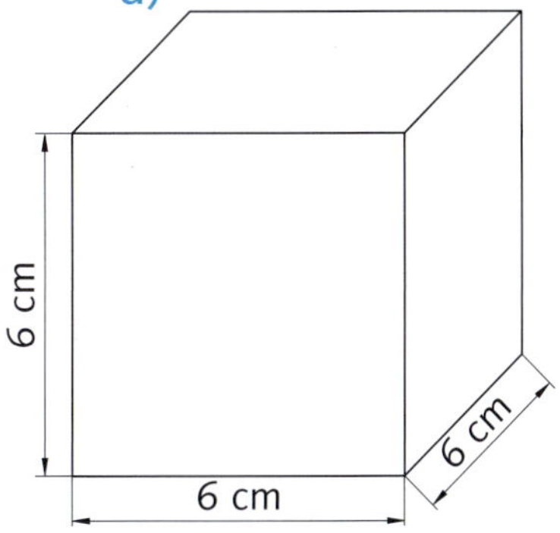

b)
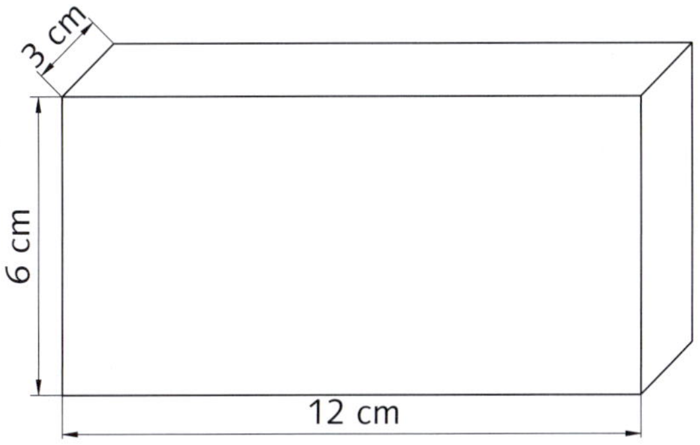

c)
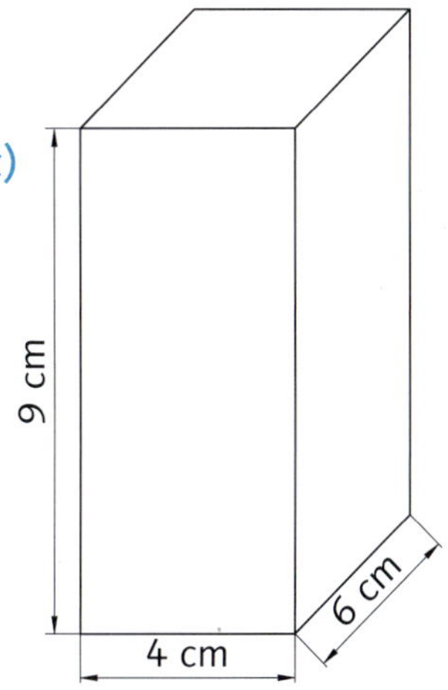

③ In einen Würfel mit der Kantenlänge 10 cm passt genau 1 Liter.
Wie viel passt in einen Würfel, wenn du die Kantenlänge halbierst?
Vermute zuerst und überprüfe dann mit einer Rechnung.

Sprechen
Wie viele Zentimeterwürfel passen in den Quader?

Didaktische Information
Volumenberechnung von Quadern, indem Quader mit Zentimeterwürfeln gefüllt werden

Das kann ich schon

① Ich kann mit einem Meßbecher Flüssigkeiten messen.

😊 ⚠ S. 115

a) 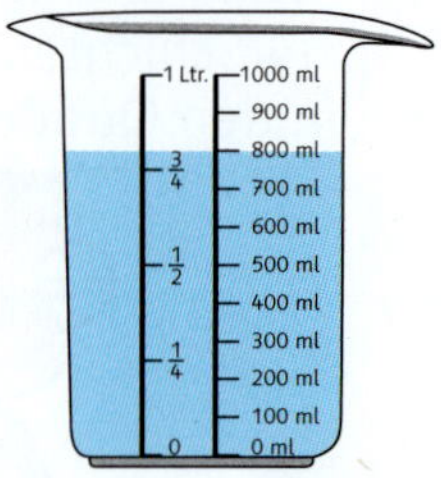

b) 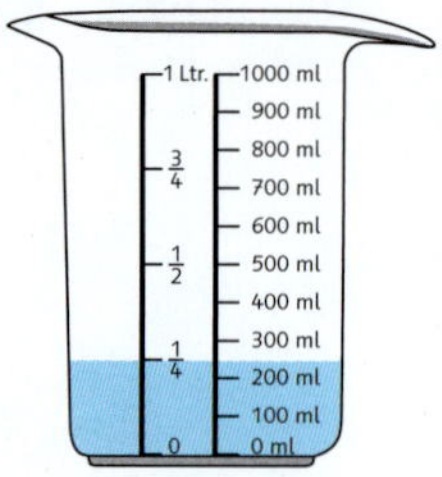

c) 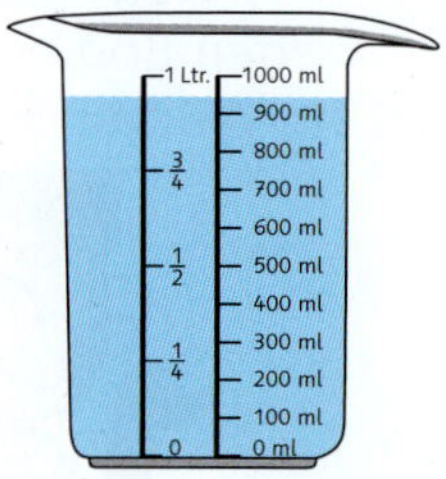

d) 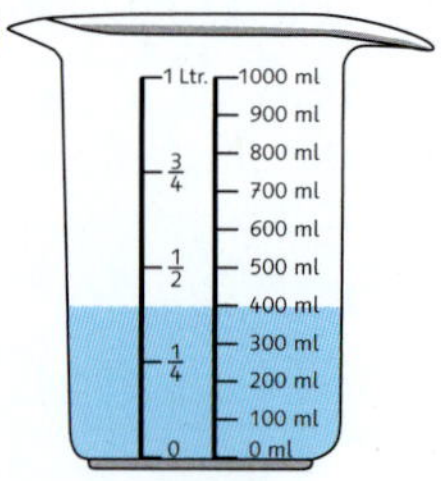

---

② Ich kann Literangaben als Kommazahl schreiben.

😊 ⚠ S. 116

a) 800 ml
950 ml

b) 1 600 ml
1 950 ml

c) 4 005 ml
4 050 ml

---

③ Ich kann einem Gefäß eine Literangabe zuordnen.

😊 ⚠ S. 116

200 ml | 1,5 l | 5 ml | 1 l | 5 l

---

④ Ich kann berechnen, wie viel Milliliter in einen Quader passen.

😊 ⚠ S. 119

a) 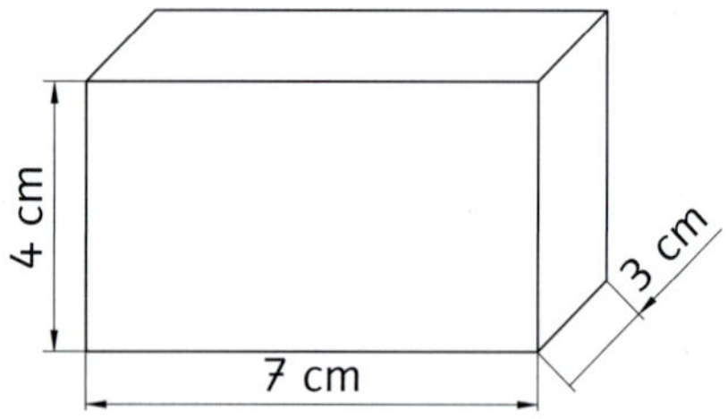

b) 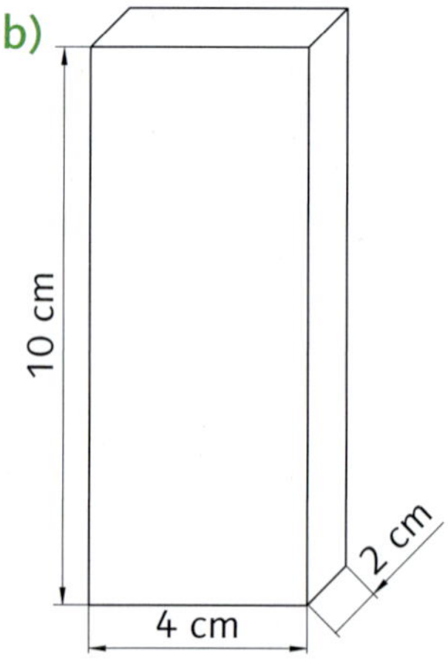

c) 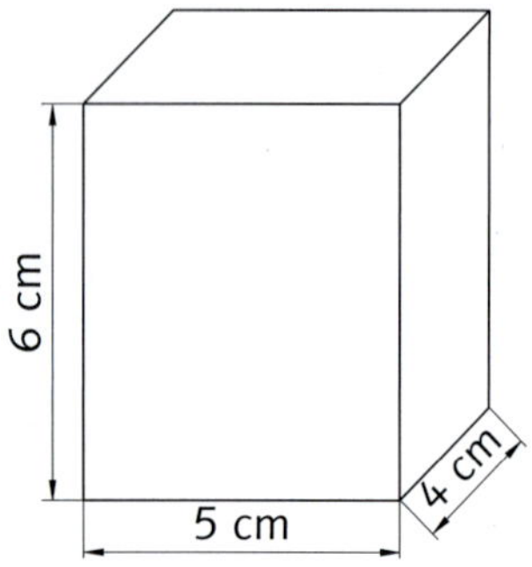

Didaktische Information
Aufgaben zur Selbstüberprüfung und Selbsteinschätzung

Forscherseite

① Wie viel Wasser wird in deiner Schule verbraucht?

a) Überlege zuerst, wofür in deiner Schule Wasser verbraucht wird.

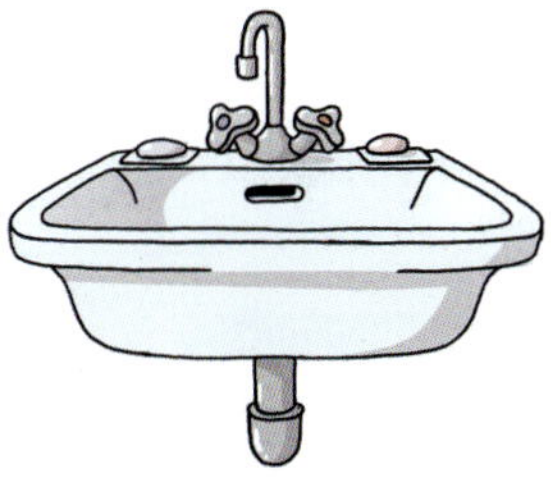

b) Schätze, wie viel Wasser für die Tätigkeiten verbraucht wird.

c) Überschlage den Wasserverbrauch
- an einem Tag.
- in einem Monat.
- in einem Jahr.

d) Wie viele Badewannen könntest du mit dem Jahresverbrauch mit Wasser füllen?

e) Wie hoch ist die Wasserrechnung in einem Jahr?

f) Wie könnt ihr in deiner Schule Wasser sparen? Sammelt Tipps für ein Lernplakat.

---

② Wie viel Wasser verbrauchen die Grundschulen in deiner Stadt?

a) Überschlage den Wasserverbrauch
- an einem Tag.
- in einem Monat.
- in einem Jahr.

b) Wie viele Badewannen könntest du mit dem Jahresverbrauch mit Wasser füllen?

Didaktische Information
Anregungen zum Ausprobieren, Knobeln, Forschen und Entdecken mit Anforderungen, die über die der vorherigen Seiten hinausgehen; D Eigene Aufgaben erfinden und in ein Lerntagebuch schreiben

Daten und Diagramme

In diesem Balkendiagramm ist das durchschnittliche Gewicht von einigen männlichen Zootieren eingetragen.

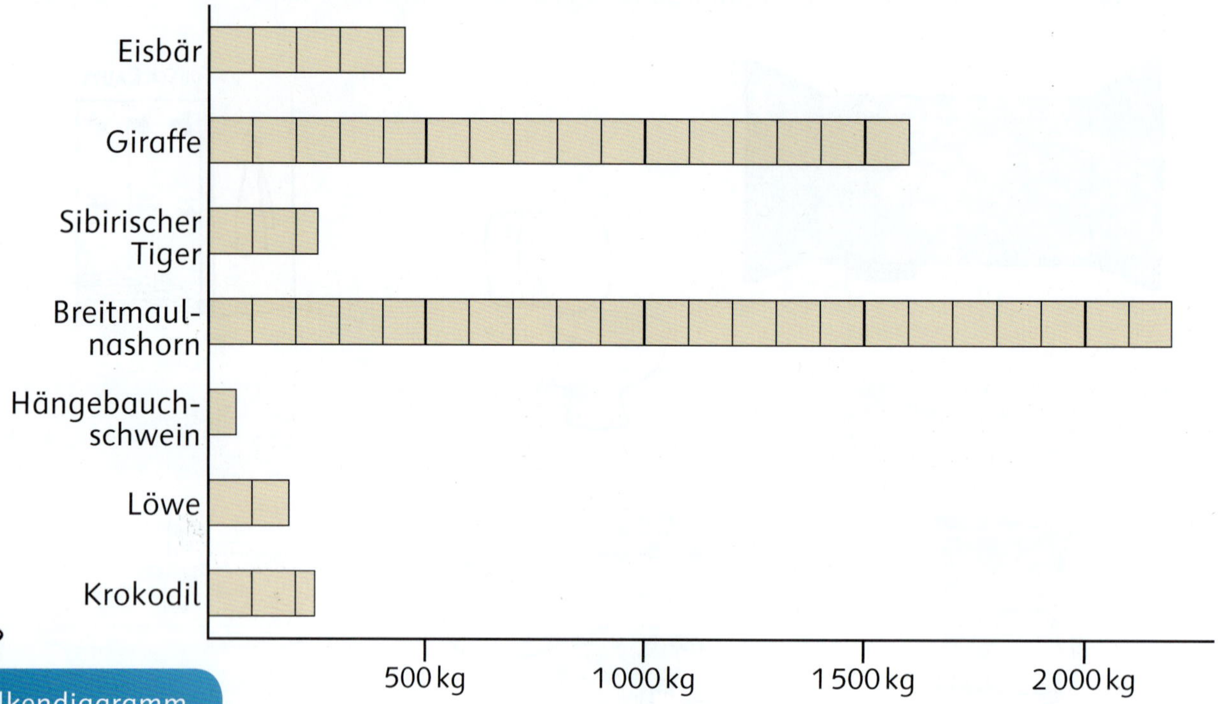

das Balkendiagramm

1 a) Beantworte die Fragen mit Hilfe des Diagramms.

Welche Tiere wiegen durchschnittlich weniger als 1 000 kg?

Welches ist das schwerste und welches ist das leichteste Tier?

Welche Tiere wiegen durchschnittlich zwischen 150 kg und 300 kg?

Um wie viel kg ist ein Eisbär durchschnittlich schwerer als ein Löwe?

Welches Tier ist ungefähr 30-mal so schwer wie ein Hängebauchschwein?

b) Vergleiche mit einem Partner.

c) Was bedeutet das Wort „durchschnittlich“?
Finde mit deinem Partner eine Erklärung.

---

2 Finde die Gewichte von weiteren Tieren heraus.
Hier kannst du dich informieren.

a) Zeichne ein Balkendiagramm zu den Gewichten deiner Tiere.

b) Schreibe Fragen zu deinem Balkendiagramm.

c) Tausche deine Fragen mit einem Partner. Beantworte seine Fragen.

Didaktische Information
2 evtl. Kinder darauf hinweisen, dass es Tiere mit ähnlichen Gewichten sein sollten, weil sonst ein Diagramm schwierig zu zeichnen ist

Sprechen
Singular nutzen:
Ein Eisbär wiegt durchschnittlich mehr/weniger als …
Ein … wiegt durchschnittlich … kg mehr/weniger als …

▸AH 83
▸D 111/112
▸KV 106/107

③ Wie schwer ist ein Afrikanischer Elefant im Zoo durchschnittlich?
Berechne den Durchschnitt.

Felix	Fritz	Ferdinand	Friederike	Franzi	Finja
4200 kg	5030 kg	5280 kg	3250 kg	2800 kg	2540 kg

a) Schreibe die richtigen Sätze auf.

Ein Elefant wiegt durchschnittlich 3750 kg.

Ein Elefant wiegt durchschnittlich mehr als 3 t.

Alle Elefanten wiegen mehr als 3 t.

Ein Weibchen wiegt im Durchschnitt mehr als ein Männchen.

Die Männchen wiegen alle mehr als der Durchschnitt.

b) Schreibe eigene richtige Sätze zu den Elefanten.

der Durchschnitt
durchschnittlich

④ Arbeitet in einer Gruppe. Sammelt Daten zu einem Thema in eurer Klasse.
Berechnet den Durchschnitt.

a) Überlegt gemeinsam, was ihr dafür braucht und in welcher Reihenfolge ihr arbeiten müsst.

b) Teilt die Aufgaben so auf, dass jeder etwas erledigen muss.

c) Erstellt eine Präsentation zu eurem Ergebnis, zum Beispiel auf einem Lernplakat.

▸AH 84
▸D 111/112
▸KV 108

Sprechen
Singular nutzen:
Ein Elefant wiegt durchschnittlich …
Im Durchschnitt wiegt ein Tiger …

Didaktische Information
Besprechen, dass der Durchschnitt ein „fiktiver" Wert ist und nicht immer einer der gesammelten Werte genau dem Durchschnitt entspricht

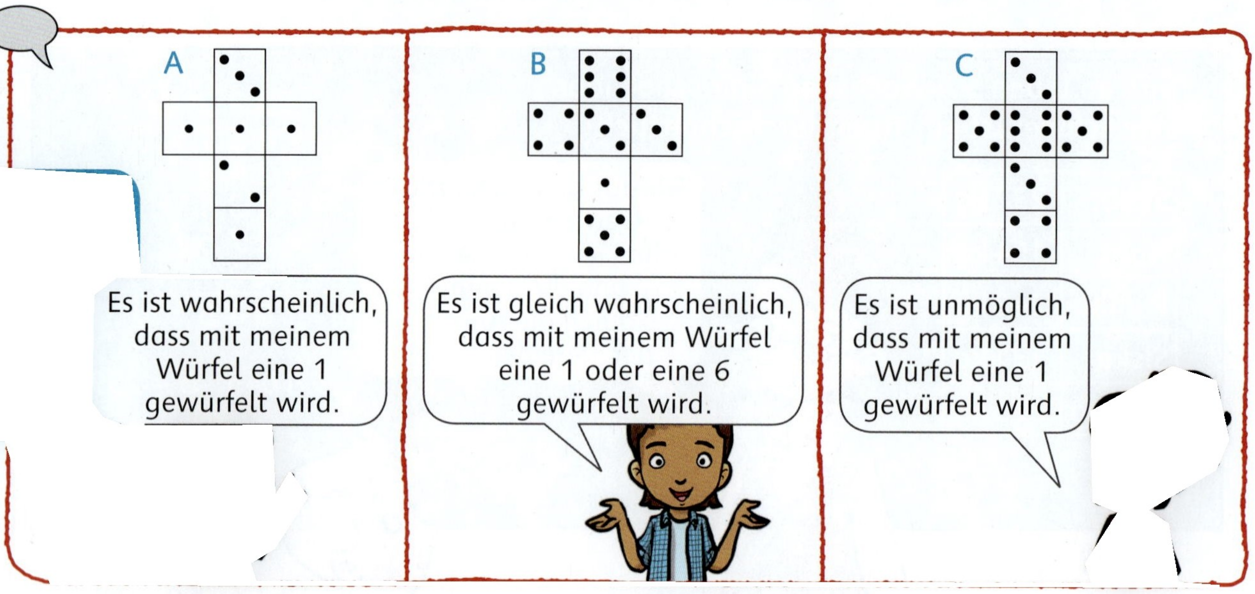

① a) Zu welchen Würfeln passt der Satz? A, B oder C?

> Es ist möglich, dass eine 6 gewürfelt wird.
>
> Es ist wahrscheinlich, dass eine ungerade Zahl gewürfelt wird.
>
> Es ist gleich wahrscheinlich, dass eine 3 oder eine 5 gewürfelt wird.
>
> Es ist unmöglich, dass eine 4 gewürfelt wird.

b) Schreibe deine Erklärung zu den folgenden Wörtern auf und vergleiche mit einem Partner.

wahrscheinlich | unwahrscheinlich | gleich wahrscheinlich

---

② Jedes Kind hat mit einem anderen Würfel 30-mal gewürfelt und die Würfe in eine Tabelle eingetragen.

Timo

1	卌 ||
2	卌
3	||||
4	
5	卌
6	卌 ||||

Momo

1	||||
2	卌
3	||||
4	卌 ||
5	卌
6	卌

Lisa

1	卌 卌 ||
2	卌
3	卌 ||
4	卌 |
5	
6	

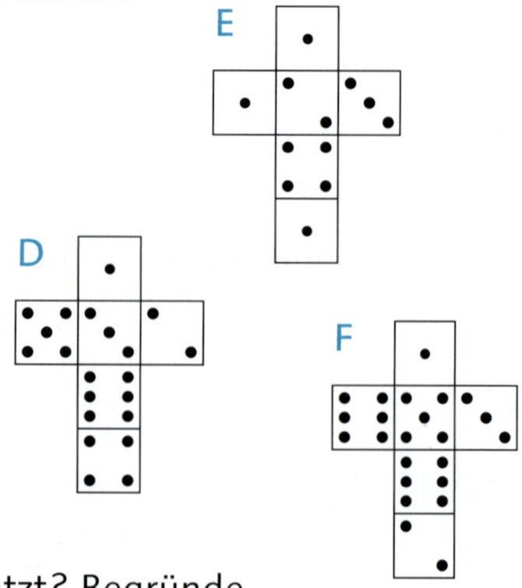

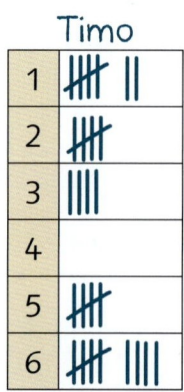

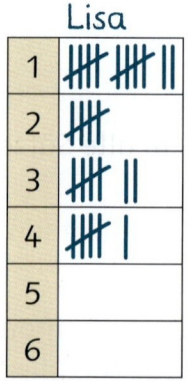

a) Welche Würfel haben Timo, Momo und Lisa benutzt? Begründe.

b) Welcher der 3 Würfen ist am besten geeignet für das „Mensch ärgere dich nicht"-Spiel? Diskutiere mit einem Partner. Begründe.

Didaktische Information
Die Begriffe mit lebensweltlichen Zusammenhängen verbinden, z. B. mit dem Wetter

Sprechen
Es ist möglich/unmöglich/wahrscheinlich/unwahrscheinlich, dass …
… hat Würfel … benutzt, weil …

1 Bestimme die Wahrscheinlichkeit.

a) Schreibe die Sätze auf und setze passende Wörter ein.

Es ist ______, dass Rot gewinnt, weil nur ___ von 8 Feldern rot ist.

Es ist ______, dass Gelb gewinnt, weil ___ von 8 Feldern gelb sind.

Es ist ______, dass Schwarz gewinnt, weil ____________.

b) Schreibe eigene Sätze zu Blau und Grün.

---

2 Für welches Glücksrad entscheidest du dich?
Begründe.

a) Du gewinnst bei Blau.

b) Du gewinnst bei Gelb.

c) Du gewinnst bei Grau.

d) Du gewinnst bei Rot.

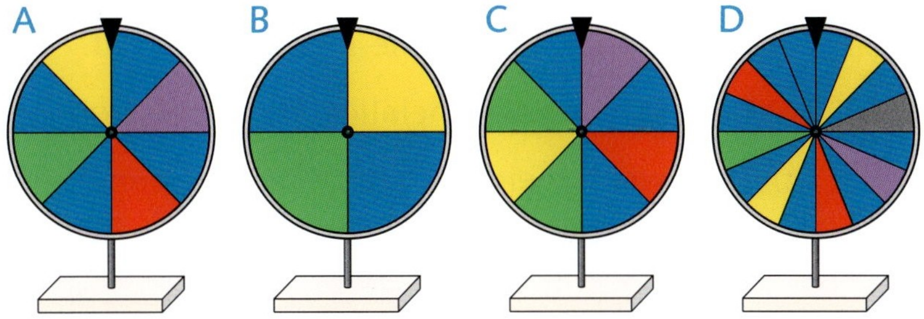

---

3 a) Zeichne ein Glücksrad, zu dem alle Sätze passen.

Es ist wahrscheinlich, dass Grün gewinnt.

Es ist gleich wahrscheinlich, dass Rot oder Gelb gewinnt.

Es ist unmöglich, dass Lila gewinnt.

Es ist unwahrscheinlich, dass Orange gewinnt.

b) Arbeitet in einer Gruppe. Ordnet eure Glücksräder auf einem Plakat.
Erklärt, wie ihr sie geordnet habt. Präsentiert euer Plakat der Klasse.

►AH 86
►D 115/116
►KV 110/111

Sprechen
Die Bruchschreibweise $\frac{1}{8}$ als 1 von 8 Teilen sprechen; dadurch verdeutlichen, dass mehr Teile eine andere Farbe haben und ein Gewinn daher unwahrscheinlich ist

Didaktische Information
Zur Verdeutlichung der Wahrscheinlichkeit evtl. die Teile des Glücksrads ausschneiden und gleiche Farben im Kreis nebeneinander legen

① Ich kann Fragen zu Diagrammen beantworten.

S. 122

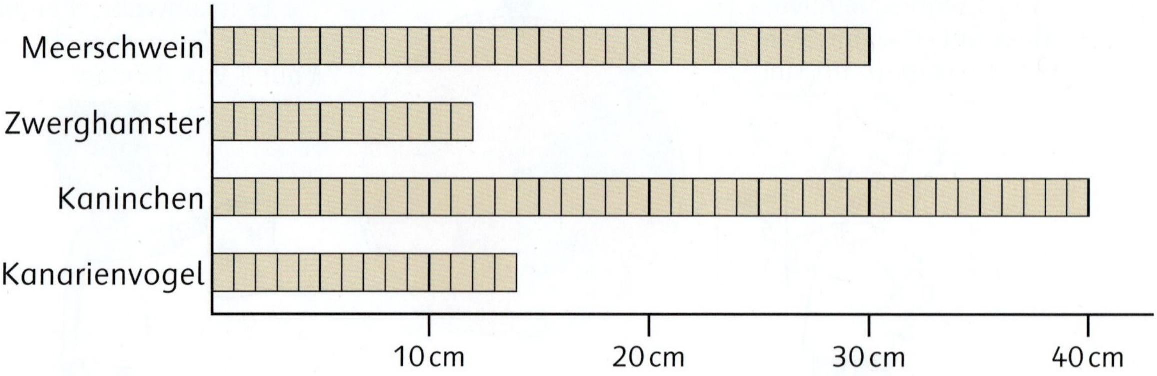

a) Welche Haustiere sind durchschnittlich zwischen 10 cm und 20 cm groß?

b) Welches ist durchschnittlich das kleinste Haustier?

c) Welches Haustier ist durchschnittlich größer als 30 cm?

d) Welches Haustier ist ungefähr halb so groß wie das Meerschwein?

② Ich kann den Durchschnitt berechnen.

S. 123

Umut	Dilara	Matteo	Emira	Timo
154 cm	139 cm	150 cm	136 cm	151 cm

③ Ich kann Sätze zur Wahrscheinlichkeit verstehen und zuordnen.

S. 124

a) Es ist möglich, dass eine 3 gewürfelt wird.

b) Es ist gleich wahrscheinlich, dass eine 2 oder eine 4 gewürfelt wird.

c) Es ist wahrscheinlich, dass eine 3 gewürfelt wird.

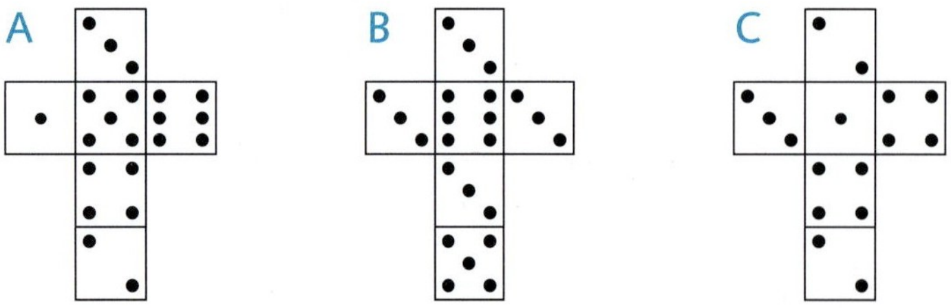

④ Ich kann selbst Sätze zur Wahrscheinlichkeit schreiben.

S. 125

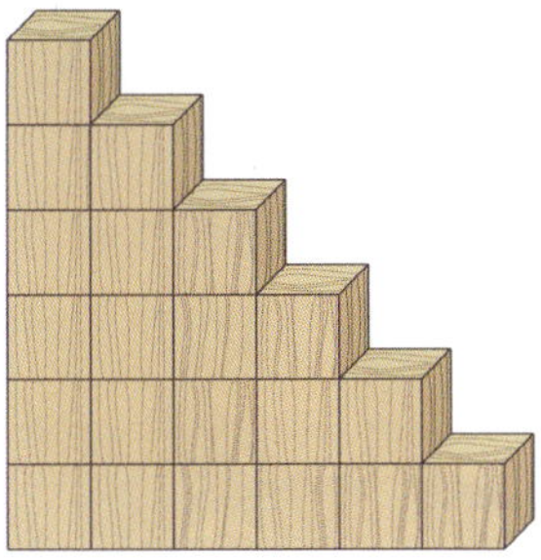

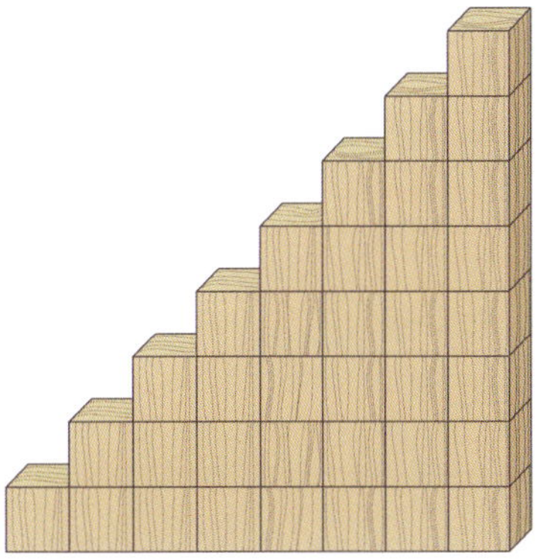

① Emira und Timo bauen Treppen aus Holzwürfeln.

a) Wie viele Holzwürfel braucht Emira für ihre Treppe?

b) Wie viele Holzwürfel braucht Timo für seine Treppe?

c) Wie kannst du die Anzahl der Würfel bestimmen, ohne die Würfel zu zählen?

d) Finde eine Lösung und erkläre sie einem Partner.

② Wie viele Holzwürfel braucht Emira für eine Treppe mit 20 Stufen?
Vermute zuerst und überprüfe dann.

③ Emira baut eine Treppe mit 12 Stufen. Timos Treppe hat doppelt so viele Stufen.
Braucht Timo auch doppelt so viele Holzwürfel? Begründe.

④ Milan baut eine bunte Treppe.
Für die rote Stufe braucht Milan 4 Holzwürfel.

a) Überlege, was die Zahl 4 mit dem Durchschnitt zu tun hat.

b) Erkläre einem Partner.

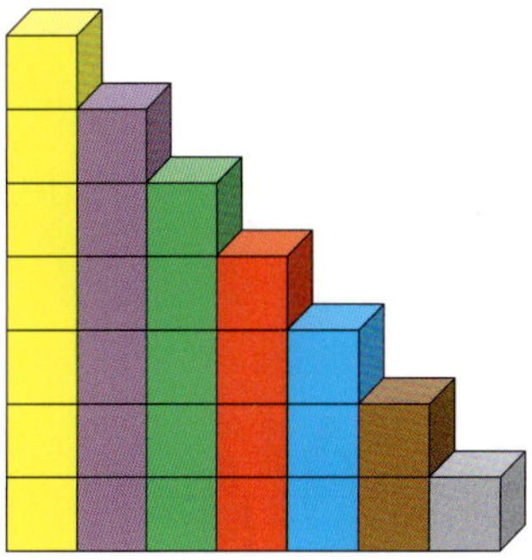

⑤ Milan hat durchschnittlich für seine Stufen 12 Holzwürfel gebraucht.

a) Wie viele Stufen hat seine Treppe?

b) Wie viele Holzwürfel braucht er für seine Treppe?

Didaktische Information
Anregungen zum Ausprobieren, Knobeln, Forschen und Entdecken mit Anforderungen, die über die der vorherigen Seiten hinausgehen; D Eigene Aufgaben erfinden und in ein Lerntagebuch schreiben

Rezept für 20 leckere Waffeln
250 g Zucker
250 g Margarine
5 Eier
1 Vanillezucker
0,5 l Milch
500 g Mehl
2 TL Backpulver
1 Prise Salz

① Berechne die Zutaten für:

a) 40 Waffeln b) 80 Waffeln c) 10 Waffeln

d) Vergleiche mit einem Partner. Begründe.

② 

0,95 €	0,79 €	1,15 €	0,85 €	0,69 €	0,49 €	0,39 €	0,29 €

Für das Schulfest wollt ihr 100 Waffeln backen.

a) Schreibe einen Einkaufszettel mit den Zutaten für das Rezept für 100 Waffeln. Berechne, wie viel der Einkauf kostet.

b) Überlege, wie viel eine Waffel kosten muss, damit ihr etwas für eure Klassenkasse verdient.

c) Vergleiche mit deinem Partner.

③ 

Ein Würstchen kostet ____.

Ein Muffin kostet ____.

Didaktische Information
Größen: Gewicht, Volumen, Geld;
ein Rezept wird für verschiedene Mengen umgerechnet;
die Preise für die Zutaten werden berechnet

▸AH 87
▸D 117/118
▸KV 112–114

Meine Wege mit dem Fahrrad

Ich fahre jeden Tag 1000 m zur Schule. Dafür brauche ich jeweils 5 Minuten. Montags fahre ich zum Jugendclub. Er ist 2100 m weit entfernt. Einmal in der Woche bin ich im Reitstall. Dort reite ich eine halbe Stunde. Der Reitstall ist 3,5 km entfernt. Mittwochs und donnerstags bin ich bei meiner Freundin. Für den Weg brauche ich 4 min.

④ Schreibe Dilaras Wege für eine Woche in eine Tabelle. Berechne die fehlenden Daten.

S. 129 Nr. 4

Ziel	Wie oft?	Strecke	Fahrzeit ungefähr
Schule			

⑤ Dilara reitet sehr gerne. Berechne die gefahrene Strecke zum Reitstall und zurück und wie viel Zeit sie dafür benötigt.

a) in einem Monat b) in einem Jahr

c) Vergleiche mit einem Partner.

⑥

Mein Tag in Zahlen

Ich bin ein Schulkind. Der Wecker klingelt morgens um 6.45 Liter. Zum Waschen, Anziehen und Frühstücken brauche ich 40 g. Dann gehe ich 250 kg zur Haltestelle und fahre 2,5 € mit dem Bus zur Schule. Um 9.00 Uhr ist der Unterricht zu Ende und ich gehe zum Mittagessen nach Hause. Nach 30 l Hausaufgaben habe ich frei. Heute gehe ich zum Fußballspielen. Es beginnt um 15.30 ct. Wir spielen in zwei Mannschaften mit jeweils fünf Spielern 90 Sekunden lang. Ich habe danach Durst und trinke meine 75-cm-Wasserflasche leer. Meine Mitspieler haben größere Wasserflaschen. Sie trinken gemütlich 1 mm in 10 Stunden. Abends gehe ich 400 km weit nach Hause. Es ist bereits 18.00 ml. Mit meiner Schwester esse ich gemeinsam Abendbrot. Im Bett lese ich noch einen halben Meter und schlafe dann um halb sechs ein.

Finde die Fehler und schreibe den Text richtig in dein Heft.

▸ AH 88
▸ D 119/120
▸ KV 115/116

Didaktische Information
Größen: Zeit, Längen; in einer Sachsituation werden Längen und Zeitangaben zueinander in Beziehung gesetzt und berechnet; in einen Text müssen Maßeinheiten sinnvoll eingesetzt werden

PKW

Länge:	4,3 m
Breite:	1,78 m
Höhe:	1,47 m
Leergewicht:	1 360 kg
zulässiges Gesamtgewicht:	1 820 kg
Sitzplätze:	5
Tankvolumen:	53 l
Verbrauch: (Diesel auf 100 km laut Hersteller)	4,4 l

Kleinbus

Länge:	4,89 m
Breite:	2,28 m
Höhe:	1,97 m
Leergewicht:	2 067 kg
zulässiges Gesamtgewicht:	3 100 kg
Sitzplätze:	9
Tankvolumen:	80 l
Verbrauch: (Diesel auf 100 km laut Hersteller)	10,5 l

Bus

Länge:	11,95 m
Breite:	2,55 m
Höhe:	3,07 m
Leergewicht:	10 770 kg
zulässiges Gesamtgewicht:	19 000 kg
Sitzplätze:	76
Tankvolumen:	328 l
Verbrauch: (Diesel auf 100 km laut Hersteller)	38,7 l

① Vergleiche den PKW mit dem Kleinbus und dem Bus.
Berechne den Unterschied

a) der Längen.

b) der Breiten.

c) der Höhen.

d) des Leergewichtes.

e) des Verbrauchs auf 100 km.

f) Gib deine Ergebnisse einem Partner zur Kontrolle.

S. 130 Nr. 1

a) Der Kleinbus ist 59 cm länger als der PKW.

② Die kleine Autofähre in Hamburg hat eine 36 m lange Fahrbahn.
Auf der Fähre sind zwei Fahrbahnen für PKWs nebeneinander.

a) Wie viele PKWs können mitfahren?

b) Wie viele Kleinbusse können mitfahren?

c) Wie viele Busse können mitfahren?

d) Vergleiche mit einem Partner.

Didaktische Information
Steckbriefe von verschiedenen Fahrzeugen werden untersucht; Daten in einer Sachsituation angewendet

Sprechen
! Die Begriffe *PKW*, *Kleinbus*, *Leergewicht*, *zulässiges Gesamtgewicht* müssen geklärt werden

► AH 89

③ Wie weit können die Fahrzeuge ungefähr fahren, ohne zu tanken? Eine Skizze kann dir helfen.

a) PKW

b) Kleinbus

c) Bus

d) Vergleiche mit einem Partner.

---

④ Wie viel Liter Diesel verbrauchen die Fahrzeuge pro Person auf 100 km?

a) PKW

b) Kleinbus

c) Bus

d) Vergleiche mit einem Partner.

---

⑤ Monstertrucks sind PKWs, die auf sehr große Räder montiert sind.

Vergleiche den Monstertruck mit dem PKW, dem Kleinbus und dem Bus.

a) Berechne den Unterschied der Längen.

b) Berechne den Unterschied der Breiten.

c) Berechne den Unterschied der Höhen.

d) Berechne den Unterschied des Verbrauchs auf 100 km.

e) Vergleiche mit einem Partner.

f) Erstelle Steckbriefe von weiteren Autos.

Monstertruck

Länge:	4,20 m
Breite:	3,80 m
Höhe:	3,00 m
Leergewicht:	ca. 5 000 kg
zulässiges Gesamtgewicht:	— — kg
Sitzplätze:	2
Tankvolumen:	105 l
Verbrauch: (Diesel auf 100 km laut Hersteller)	mindestens 35 l

▸AH 90
▸KV 117

Didaktische Information
Rechnen mit Volumen und Längen; Internetrecherche wird empfohlen; eine Ausstellung der Steckbriefe in der Klasse ist möglich

Sachrechnen: FERMI-Aufgaben

Diese Aufgaben heißen FERMI-Aufgaben. Du kannst verschiedene Lösungen finden. Beachte beim Lösen die Arbeitsschritte.
Ich sammle Daten, damit ich die Aufgabe bearbeiten kann.
Ich überlege mir Fragen. Wie viele Bücher haben wir in der Klasse?

1 Bearbeite die Aufgabe schrittweise.

Frage Wie viele Schulbücher gibt es in meiner Schule?

Vermuten Ich vermute, es sind zwischen ____ und ____ Schulbücher.

Informationen sammeln Ich sammle Daten und Informationen.

Hilfsfragen Ich beantworte die Hilfsfragen:
Wie viele verschiedene Schulbücher habe ich?
Wie viele Kinder sind in meiner Klasse?
Wie viele 4. Klassen gibt es?
Wie viele 1., 2. und 3. Klassen gibt es?

Lösung Ich zeichne oder schreibe meine Lösung auf.

Überprüfen Ich vergleiche meine Lösung mit meiner Vermutung und schreibe einen Antwortsatz.

Didaktische Information
Struktur zum Lösen der Aufgaben orientiert sich am Modellierungskreislauf

Sprechen
Lösungsweg mit Kindern besprechen und Rückmeldung geben

▸AH 91
▸D 121/122
▸KV 118/119

② Wie lang wäre eine Kette, wenn alle Fahrräder der Kinder deiner Klasse hintereinanderstehen?

a) Welche Skizze passt zur Aufgabe?

Skizze 1

1,20 m	1 Fahrrad
12,00 m	10 Fahrräder
24,00 m	20 Fahrräder

Nicht jedes Fahrrad ist 1,20 m lang.

Skizze 2

b) Erkläre deine Entscheidung einem Partner.

③ Bearbeite eine FERMI-Aufgabe schrittweise. F V I H L Ü

FERMI 1:
Die Ranzen deiner Klasse wiegen zusammen mehr als 250 Kilogramm.

FERMI 2:
Wie lang ist eine Kette, wenn sich alle Kinder meiner Schule an den Händen halten?

FERMI 3:
Wie viele Tage ist ein Kind in der 4. Klasse in die Schule gegangen?

a) Erkläre einem Partner deinen Lösungsweg.

b) Dein Partner gibt dir Tipps und Rückmeldung.

- Ich habe deine Hilfsfragen verstanden / nicht verstanden.
- Deine Skizze ist deutlich / nicht so deutlich.
- Der Lösungsweg ist verständlich / nicht so verständlich.

④ Schreibe eigene FERMI-Aufgaben.
Erstelle eine Karte für eine FERMI-Kartei.

a) Denke dir eine Frage F aus. Schreibe sie vorne auf die Karte.

b) Bearbeite deine Frage schrittweise.
Schreibe V I H L Ü auf die Rückseite.

►AH 91
►D 121/122
►KV 118/119

Sprechen
Lösungsweg mit Kindern besprechen und Rückmeldung geben; Kinder geben sich auch gegenseitig Rückmeldung

Didaktische Information
Bearbeitungsschritte wiederholen – verschiedene Vorgehensweise beachten und aufgreifen verschiedene Lösungen der Kinder besprechen

Das kann ich schon

① Ich kann Mengen berechnen.

S. 128

Hirsebrei süß für zwei Personen

120 g Hirse
$\frac{1}{2}$ l Milch

Hirse und Milch aufkochen und 25 Minuten bei schwacher Hitze quellen lassen. Dann mit Zimt und Zucker oder mit Honig servieren.

a) Berechne die Zutaten für 6 Personen.

b) Berechne die Zutaten für 1 Person.

② Ich kann Preise berechnen.

S. 128

2,29 € | 0,85 € | 1,98 € | 0,95 € | 4,99 €

a) Schreibe einen Einkaufszettel für 6 Personen.

b) Berechne, wie viel der Einkauf kostet.

③ Ich kann eine Sachaufgabe mit Kommazahlen in mehreren Schritten lösen.

S. 128

Ein Apfel kostet ____.

Eine Banane kostet ____.

④ Ich kann Fehler in einem Text finden und korrigieren.

S. 129

Mein Ferientag in Zahlen
Ich fahre gerne ins Schwimmbad, es ist 1,5 ml weit entfernt. Dort trainiere ich und kann schon 12 g. lang schwimmen. Dann mache ich eine Pause. Ich darf mir ein Brötchen für 1,60 Uhr kaufen und ein 330-mm-Getränk. Ich trainiere danach weiter und kann schon 2,20 kg tief tauchen. Bald mache ich mein Schwimmabzeichen.

Schreibe den Text richtig in dein Heft.

Didaktische Information
Aufgaben zur Selbstüberprüfung und Selbsteinschätzung

Forscherseite

①

> **Marathon in Berlin**
> In Berlin fand auch 2013 wieder ein Marathonlauf statt.
> Die Strecke von 42,195 Kilometern führte mitten durch die Stadt.
> Viele Tausende Zuschauer standen an der Strecke und jubelten den 41 120 Läufern aus 119 Ländern zu. Der Sieger lief 2 Stunden, 3 Minuten und 23 Sekunden. Er bekam eine Siegerprämie von 40 000 € und dazu noch 50 000 € für den neuen Weltrekord.
> Quelle: Presse-Dokumentation 40. Berlin Marathon

a) Wie viele Kilometer lief der Sieger ungefähr in 5 Minuten?

b) Welche Strecke läufst du in 5 Minuten?

c) Vergleiche mit einem Partner.

---

② Sind Inlineskater und Rollstuhlfahrer schneller?

a) Vermute.

b) Finde die Zeiten der Sieger und vergleiche.

---

③ Für Schülerinnen und Schüler wird in vielen Städten ein verkürzter Marathon veranstaltet. Manche nennen ihn „Mini-Marathon", andere „Das Zehntel".

> 8 788 Schülerinnen und Schüler nahmen am Mini-Marathon in Berlin teil. Die Laufzeiten lagen zwischen 15 Minuten 48 Sekunden und 34 Minuten.
> Quelle: Presse-Dokumentation 40. Berlin Marathon

a) Finde die Länge der Laufstrecke.

b) Finde weitere Städte, in denen es einen verkürzten Marathon gibt.

c) Vergleiche die Siegerzeiten.

d) Schätze, welche Zeit du läufst.

---

④ Finde die 10 schnellsten Marathonläufer der Welt.

a) Finde die Zeiten der Sieger und vergleiche.

b) Aus welchen Ländern kommen die Sieger?

c) Vergleiche mit einem Partner.

Didaktische Information
Anregungen zum Ausprobieren, Knobeln, Forschen und Entdecken mit Anforderungen, die über die der vorherigen Seiten hinausgehen; **D** Eigene Aufgaben erfinden und in ein Lerntagebuch schreiben

Körpernetze

der Körper
das Körpernetz
die Flächen
quadratisch
rechteckig
kreisförmig
dreieckig
der Würfel
der Quader
der Zylinder
der Kegel
die Pyramide

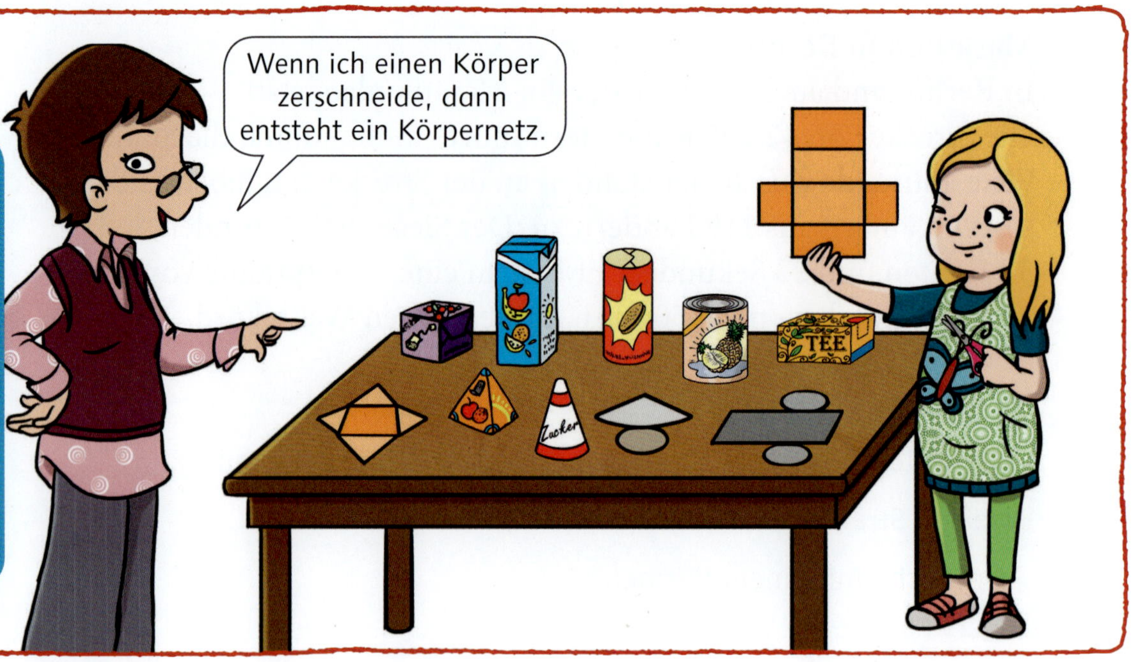

① a) Nimm Verpackungen und schneide sie auf.
b) Vergleiche die Körpernetze miteinander.

② Welche Flächen gehören zu dem Körpernetz?
a) das Quadernetz
b) das Pyramidennetz
c) das Zylindernetz

das Rechteck | der Kreis | das Dreieck | das Quadrat

S. 136 Nr. 2
a)

③ Ordne jedem Körper das passende Körpernetz zu.

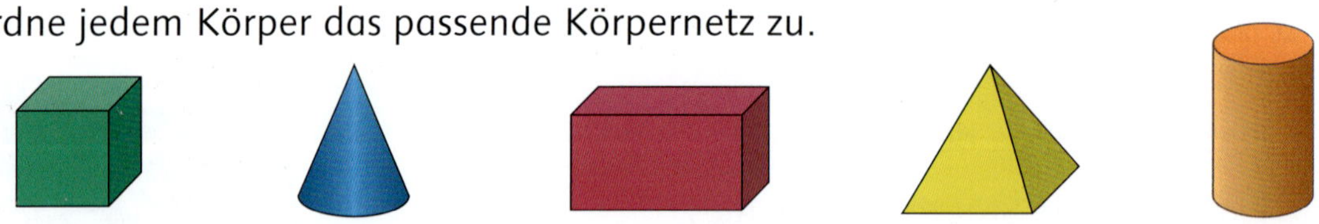

• der Würfel • der Kegel • der Quader • die Pyramide • der Zylinder

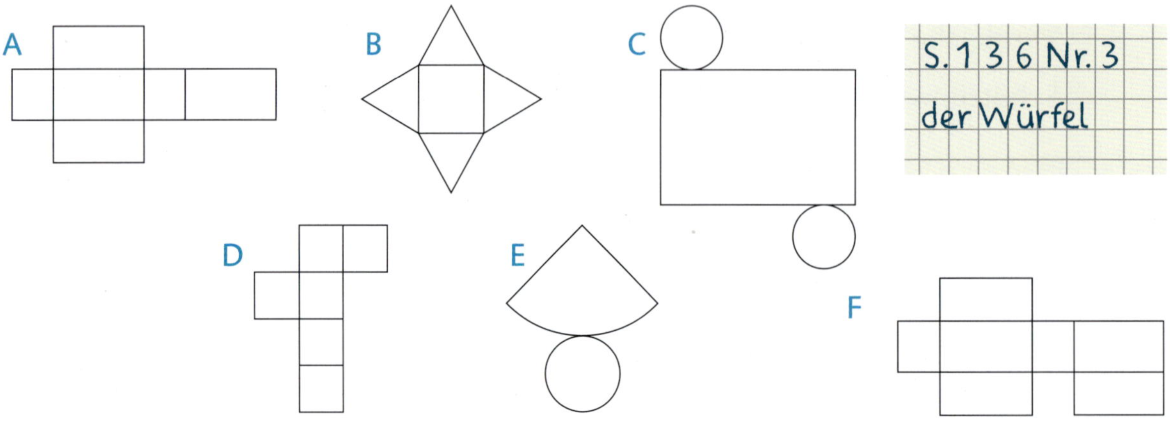

S. 136 Nr. 3
der Würfel

Didaktische Information
Verschiedene Alltagsgegenstände geometrischen Körpern zuordnen; beim Aufschneiden Schneidelinien thematisieren; bei Quader und Pyramide verschiedene Lösungen möglich

Sprechen
Das Quadernetz hat quadratische und rechteckige Flächen.
Das Quadernetz hat nur rechteckige Flächen.

►AH 92
►D 123/124
►KV 120/121, 124

④ Finde alle Würfelnetze.

a) Nimm 6 quadratische Pappen und klebe sie aneinander.

b) Überprüfe und zeichne dann das Netz.

c) Wie kannst du vorgehen, damit du alle Netze findest?

d) Erkläre deinen Tipp.

⑤ Welches Körpernetz wird zu einem Quader?
Zeichne, schneide aus und überprüfe.

A
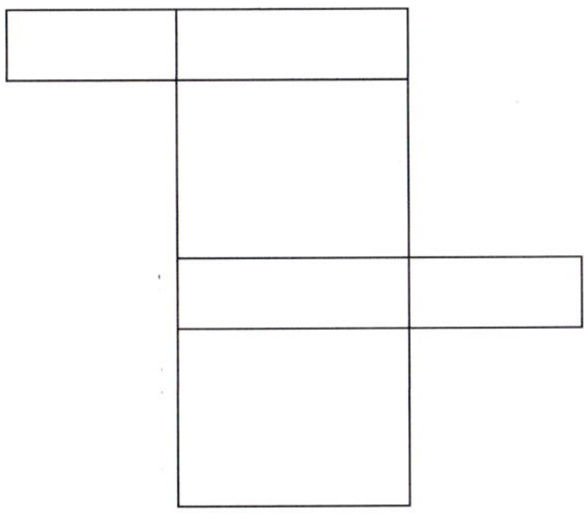

B
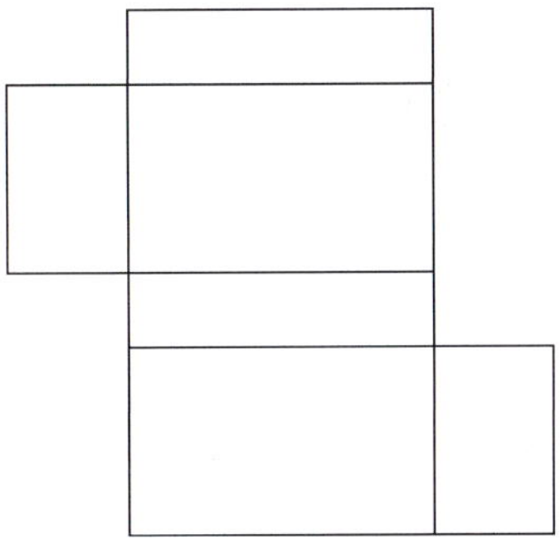

C
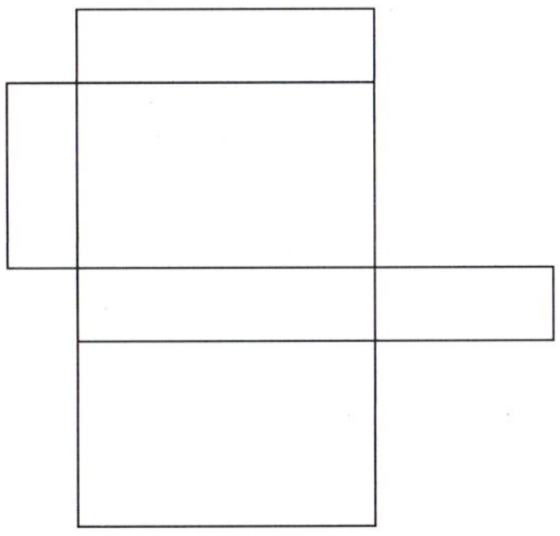

D
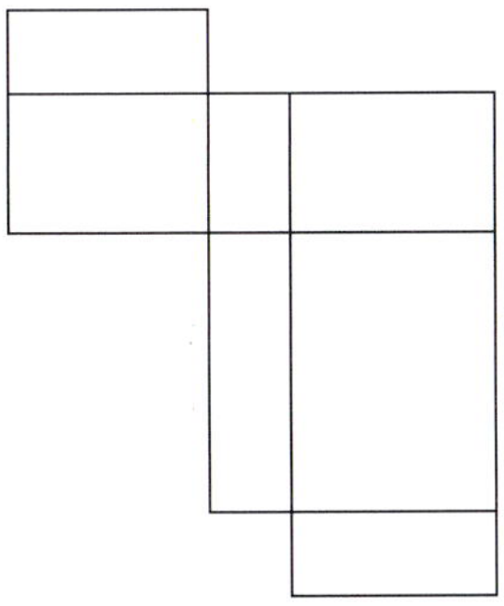

E
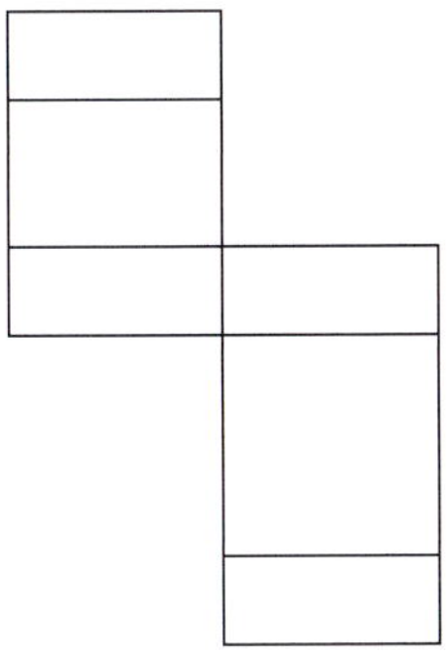

F
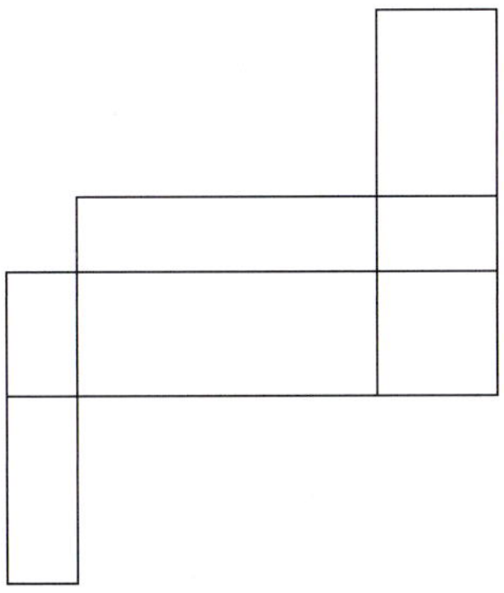

⑥ Erstellt ein Plakat zu verschiedenen Körpernetzen.

Ich denke mir ein Körpernetz. Es besteht aus zwei Kreisen und einem Rechteck.
Dein Körpernetz ist ein Zylinder.

▸AH 93
▸D 123/124
▸KV 122–124

Didaktische Information
Strategisches Vorgehen mit Kindern besprechen – Wer hat einen Trick? Wie kannst du die Netze ordnen?

Würfelgebäude

① Wie viele Würfel fehlen?

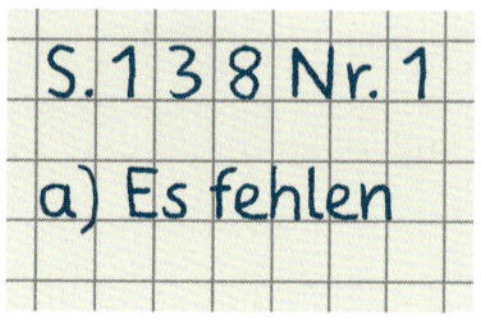

a)

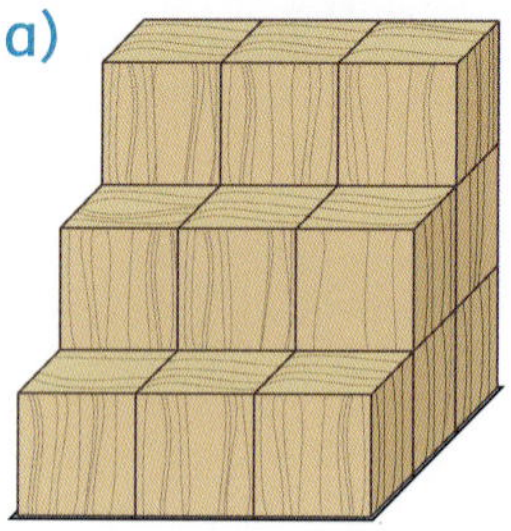

b)

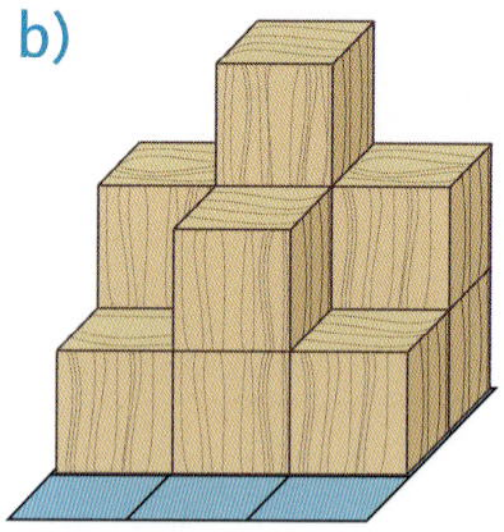

c)

d)

e)

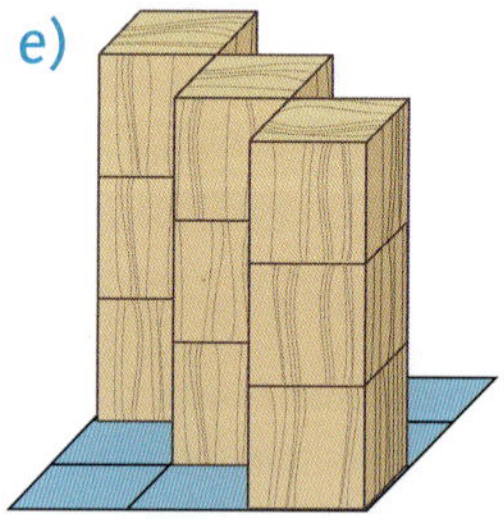

f)

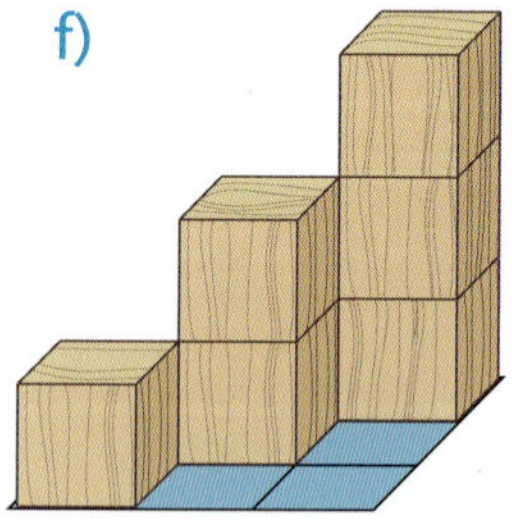

g)

② Wie viele Würfel fehlen?

a)

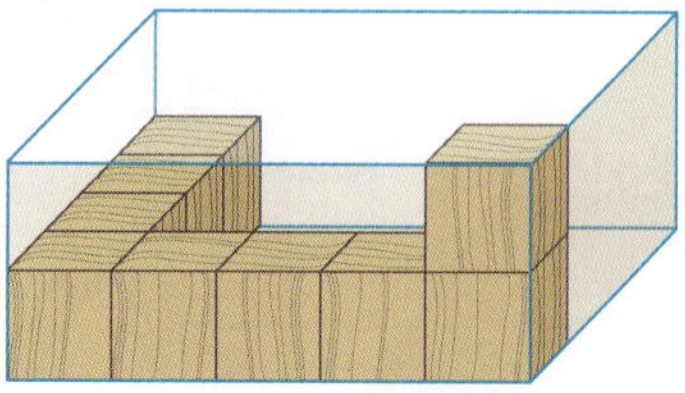

b)

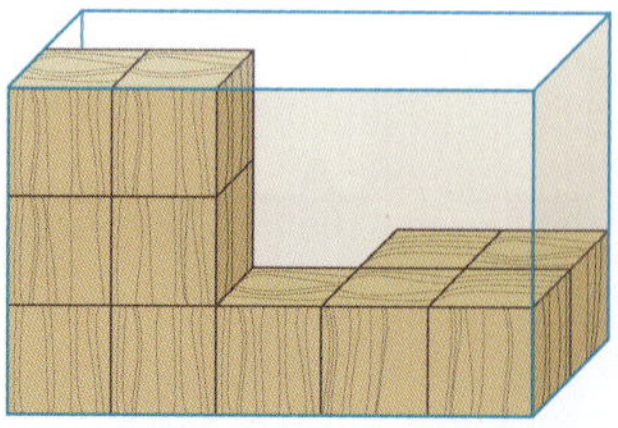

c)

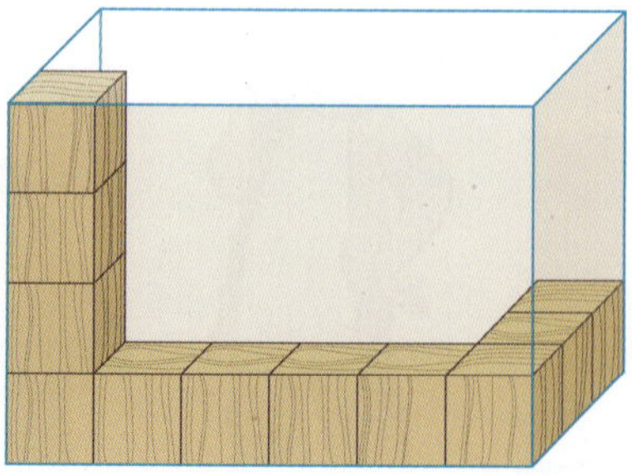

Didaktische Information
kopfgeometrische Übungen

Sprechen
Ich ergänze … Würfel zu einem Quader/Würfel.

▸ AH 94
▸ D 125/126

die Kante
das Schrägbild
die Seitenfläche
schräg
sichtbar

③ Zeichne und ergänze die fehlenden Kanten.

a) 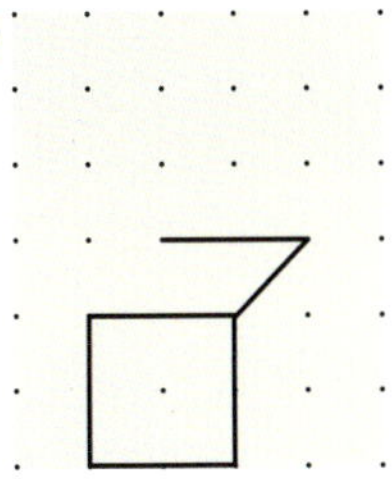
b) 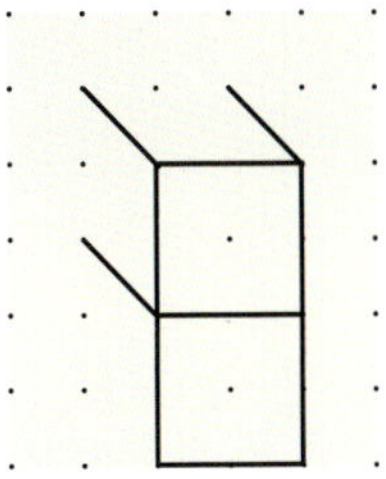
c) 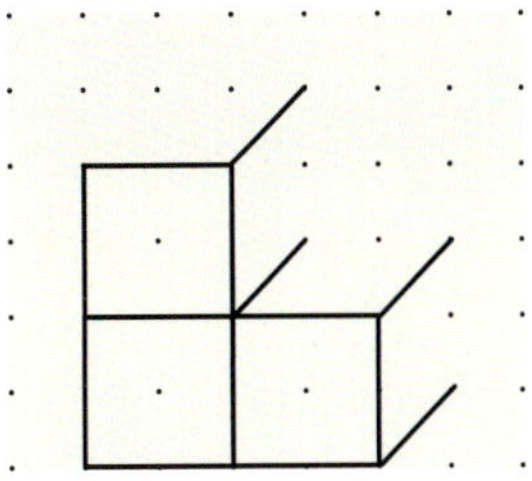
d) 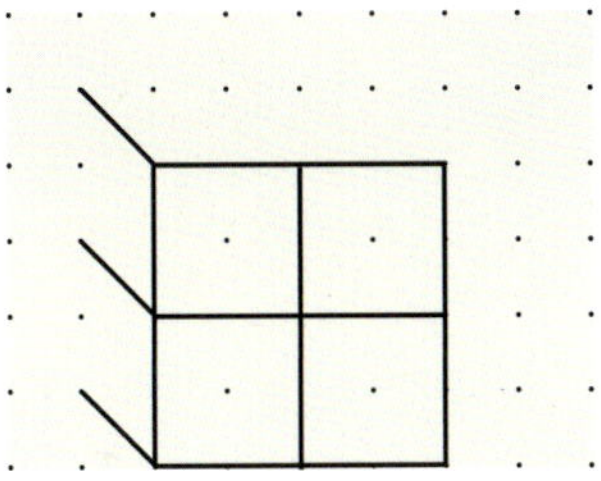

④ Baue das Würfelgebäude. Zeichne es als Schrägbild.

a) 
b) 
c) 
d) 
e) 
f) 
g) 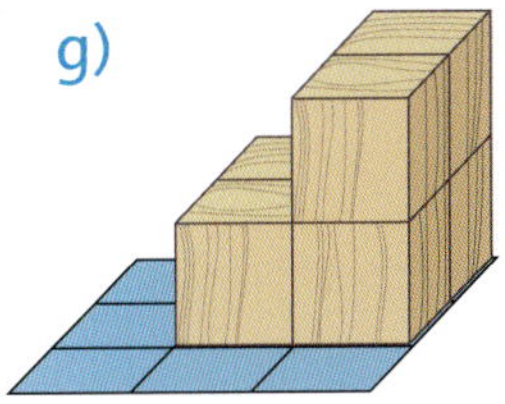
h) 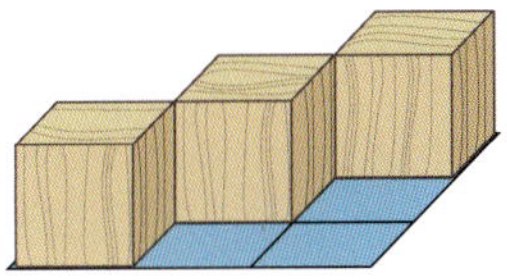

⑤ Baue und zeichne eigene Würfelgebäude.

Sprechen
Über sichtbare und unsichtbare Kanten und Ecken sprechen

Didaktische Information
Schwierigkeiten der Darstellung von 3 D in 2 D verdeutlichen;
D freie Zeichnungen

Das kann ich schon

S. 136

① Ich kann geometrischen Körpern ein Körpernetz zuordnen.

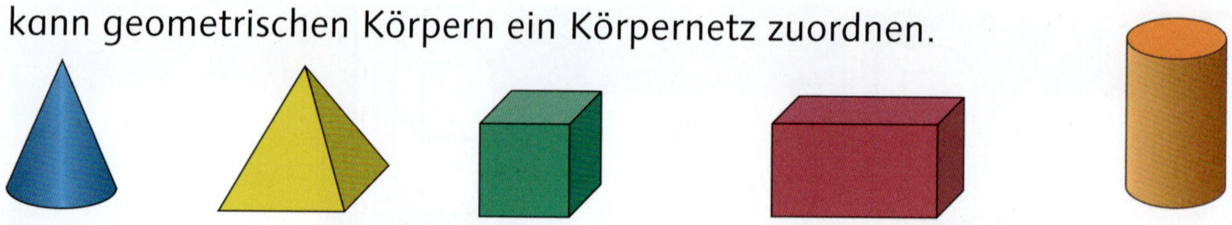

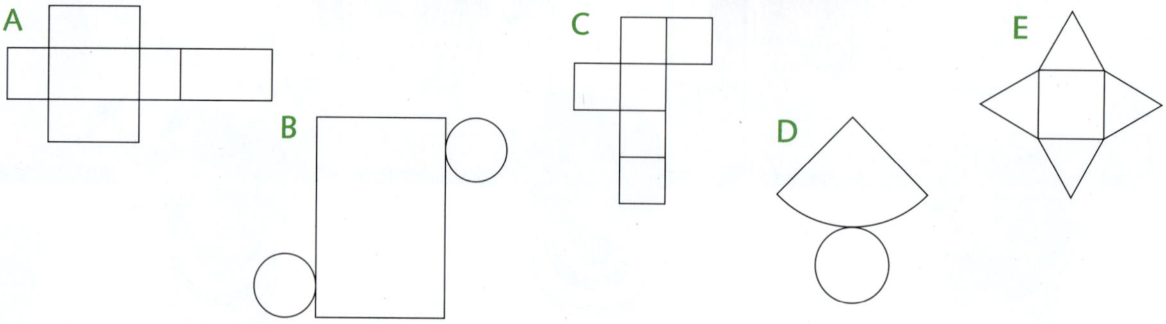

S. 137

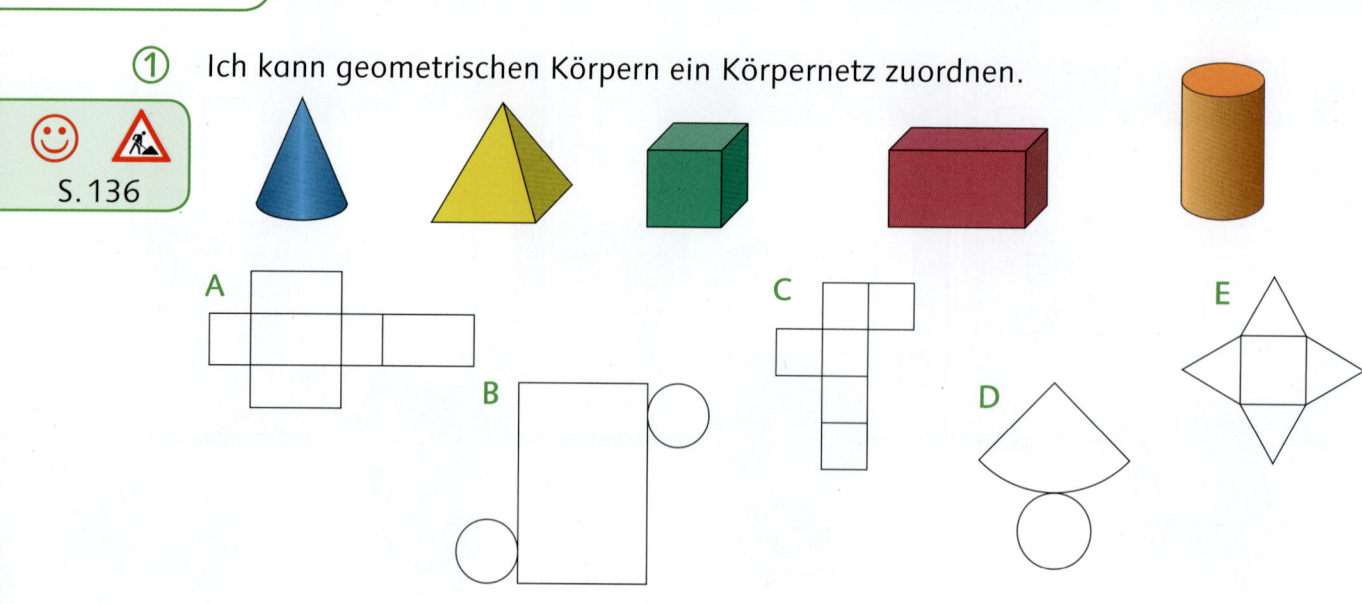

② Ich kann ein Quadernetz vervollständigen.

a)

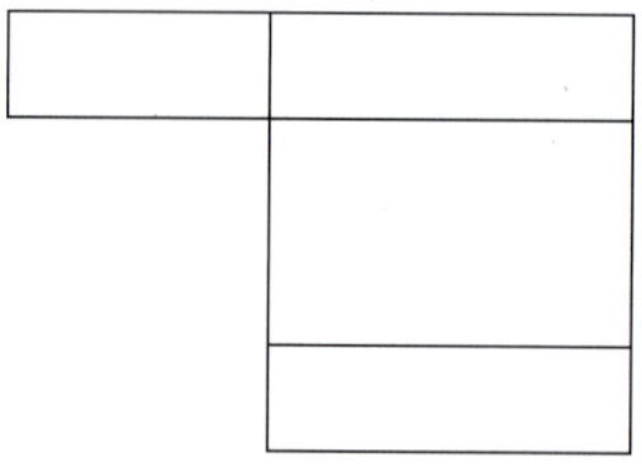

b)

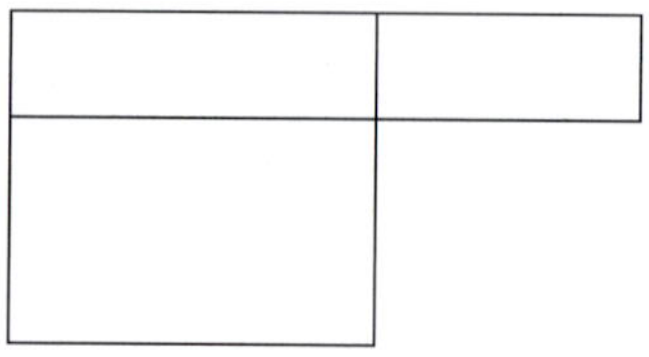

S. 138

③ Ich kann in einem geometrischen Körper erkennen, wie viele Würfel fehlen.

a)

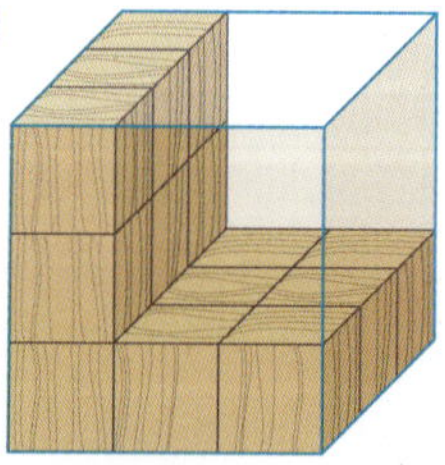

b)

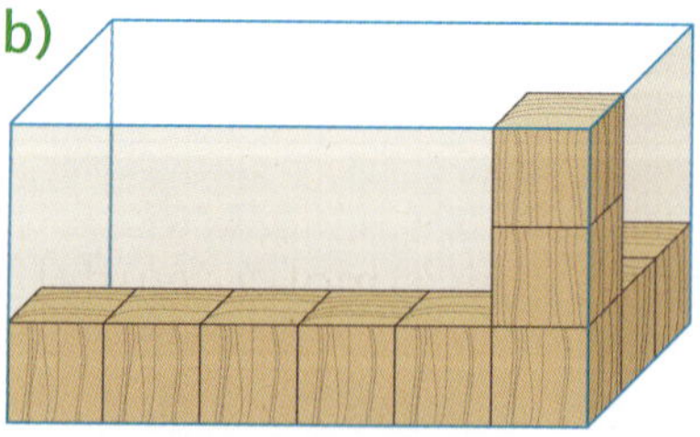

S. 139

④ Ich kann zu einem Würfelgebäude ein Schrägbild zeichnen.

a)

b)

Didaktische Information
Aufgaben zur Selbstüberprüfung und Selbsteinschätzung

Forscherseite

Ich baue einen 3-mal-3-mal-3-Würfel. Dann male ich die sichtbaren Seitenflächen blau an.

① Wie viele Würfel gibt es, die

a) 6 blaue Flächen haben?

b) 5 blaue Flächen haben?

c) 4 blaue Flächen haben?

d) 3 blaue Flächen haben?

e) 2 blaue Flächen haben?

f) 1 blaue Fläche haben?

g) 0 blaue Flächen haben?

---

② Wie ist es bei einem 4-mal-4-mal-4-Würfel?
Kannst du die Aufgabe im Kopf lösen?

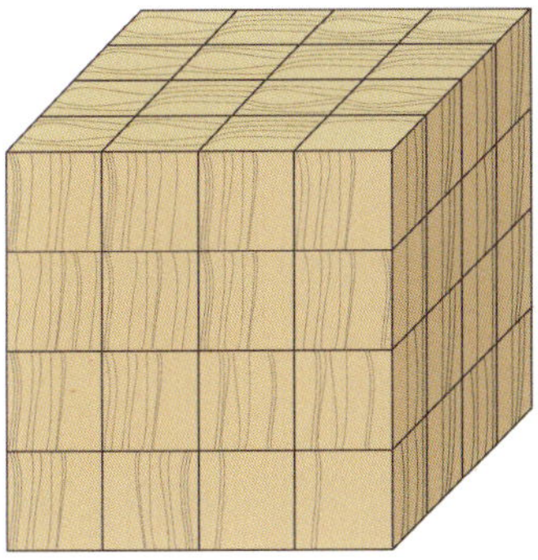

---

③ Wie ist es bei einem 5-mal-5-mal-5-Würfel?

Didaktische Information
Anregungen zum Ausprobieren, Knobeln, Forschen und Entdecken mit Anforderungen, die über die der vorherigen Seiten hinausgehen; D Eigene Aufgaben erfinden und in ein Lerntagebuch schreiben

S. 19–23 Die Zahlen bis 1 000 000

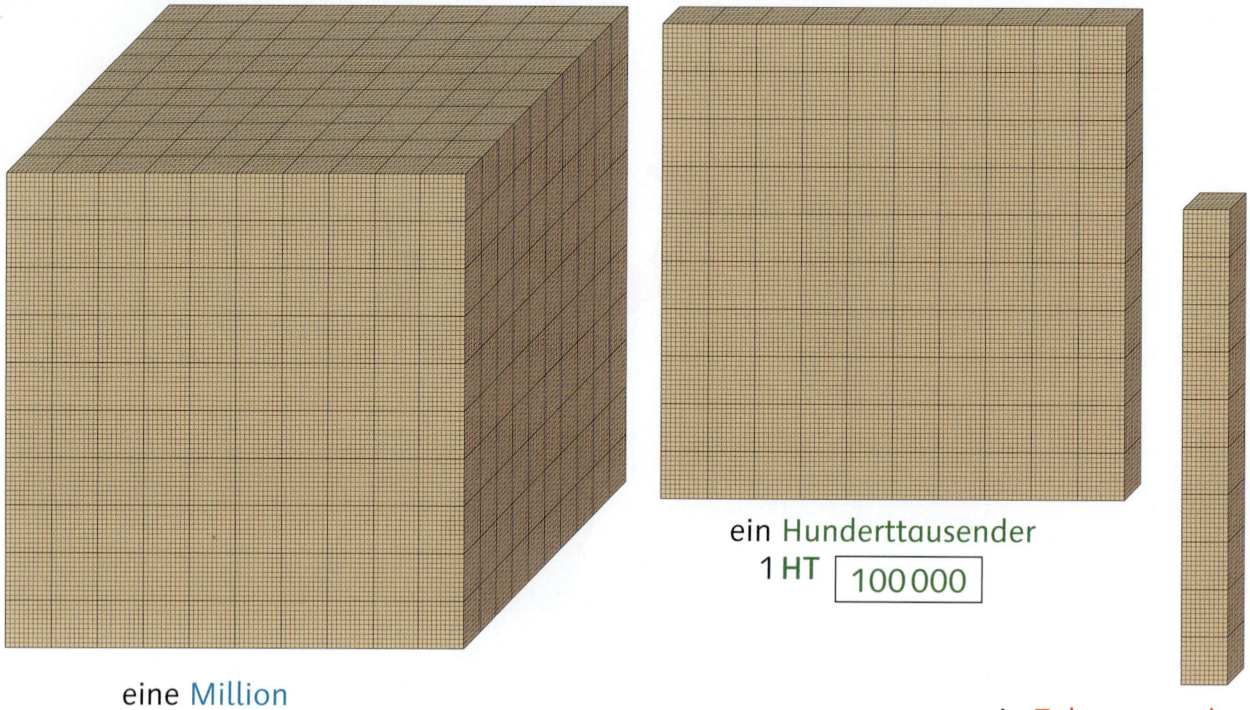

eine Million
1 M 1 000 000

ein Hunderttausender
1 HT 100 000

ein Zehntausender
1 ZT 10 000

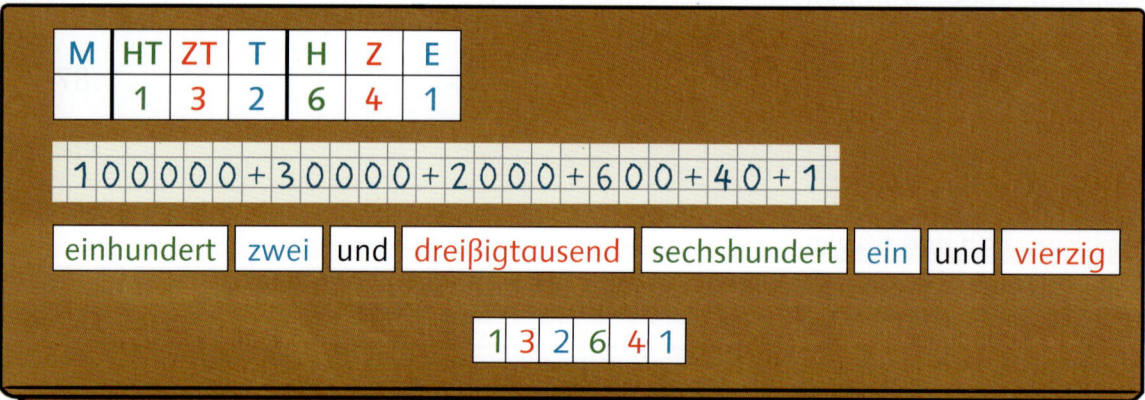

M	HT	ZT	T	H	Z	E
	1	3	2	6	4	1

100000 + 30000 + 2000 + 600 + 40 + 1

einhundert zwei und dreißigtausend sechshundert ein und vierzig

132641

S. 76–78 und S. 102–105 Schriftliche Rechenverfahren

1283 · 3
3849

876 : 6 = 146
6
27
24
36
36
0

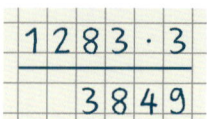

Der Maßstab

S. 66

vergrößern

• die Ameise

3 : 1

3 cm im Bild sind 1 cm in Wirklichkeit.

verkleinern

• die Blaumeise

1 : 3

1 cm im Bild sind 3 cm in Wirklichkeit.

Flächeninhalt

S. 98/99

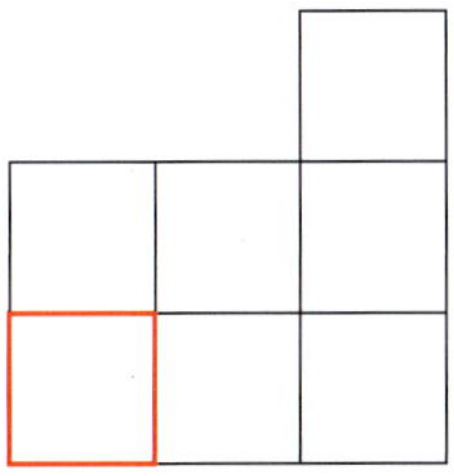

1 Quadratzentimeter

Umfang

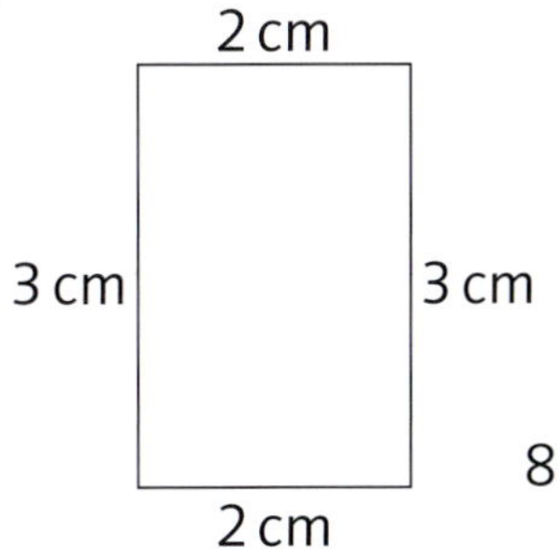

8 cm Umfang

Gewichte

S. 87 und S. 116

100 t	10 t	1 t	,	100 kg	10 kg	1 kg
	8	0	,	0	0	0

Eine Tonne hat 1 000 Kilogramm.
1 t = 1 000 kg

Volumen

10 l	1 l	,	100 ml	10 ml	1 ml	
	0	,	3	3	0	0,33 l
		,				

Ein Liter hat 1 000 Milliliter.
1 l = 1 000 ml

Körpernetze

S. 136

• der Würfel

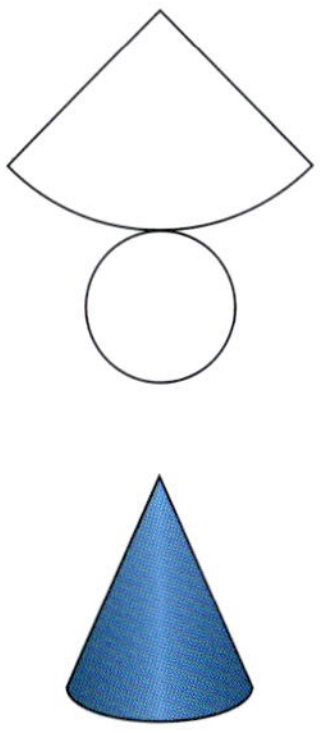

• der Kegel

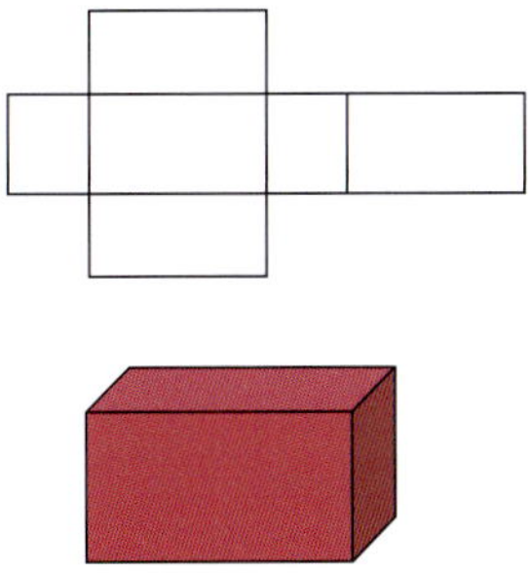

• der Quader

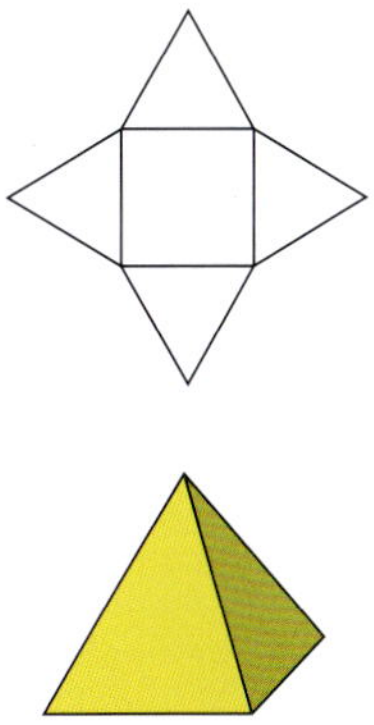

• die Pyramide

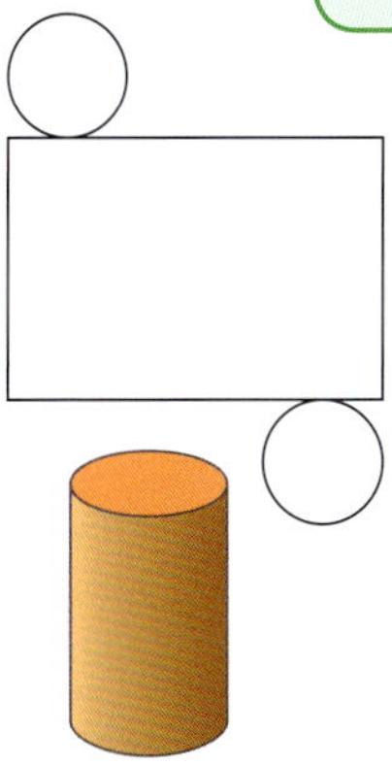

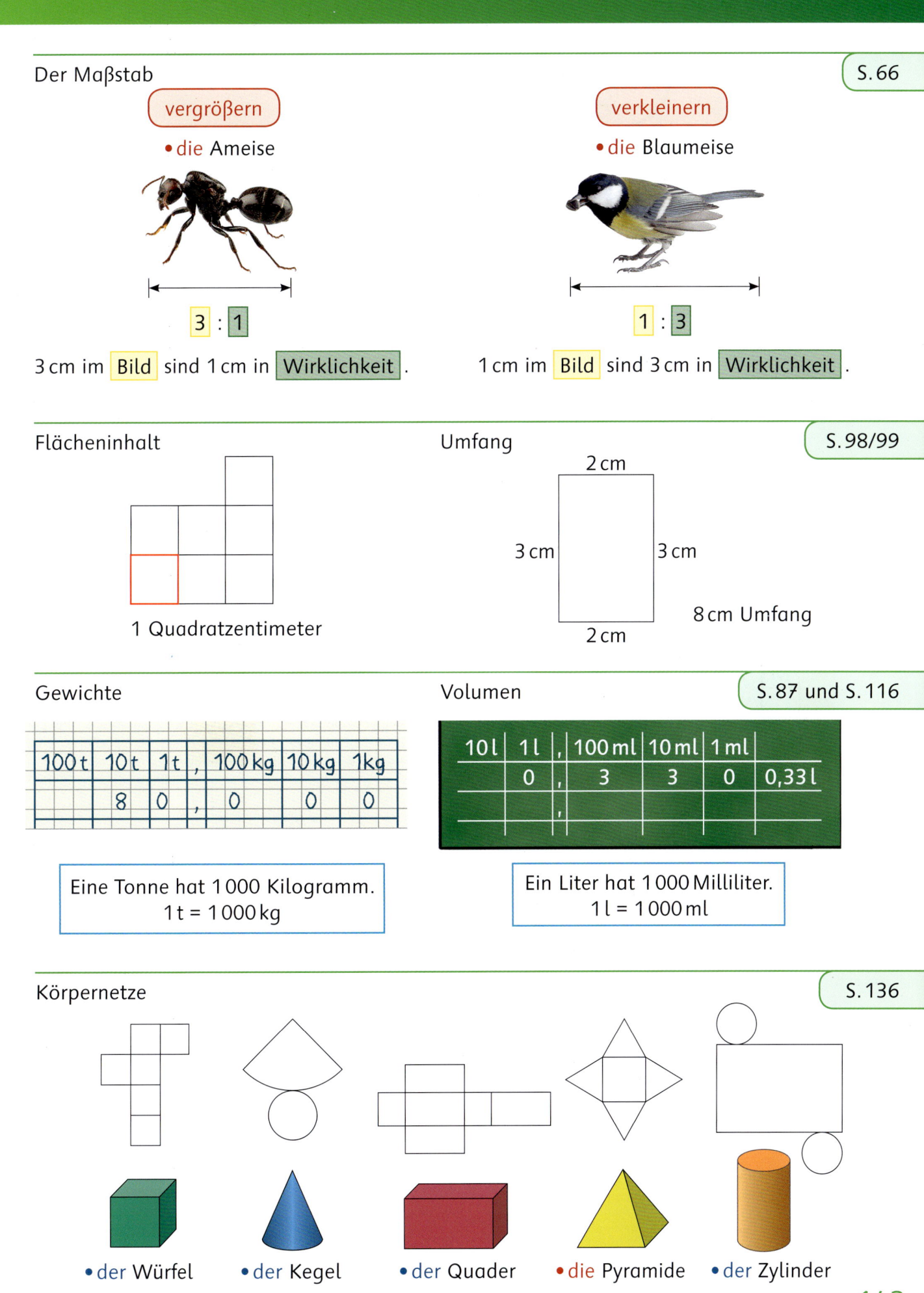

• der Zylinder

Mathematik
4

Schülerbuch eins zwei drei

Erarbeitet von

Ümmü Demirel, Astrid Deseniss, Claudia Drews, Christina Hohenstein, Christian Grulich, Anne Schachner, Susanne Ullrich, Christine Winter und der Cornelsen Redaktion Primarstufe

Redaktion

Mario Hanschmann-Neubert, Angela Lucke und Claudia Thomas

Illustration, Grafik, Kartografie

Doris Umschaden

Christine Wächter S. 19 (Holzmaterial), S. 44–51 (Geodreieck und technische Zeichnungen), S. 68/69 und 74 (Grundrisse), S. 115–120 (Messbecher, Würfel, Quader, Holzmaterial), S. 125–127 (Glücksräder, Würfeltreppen), S. 136–141 (Körper, Körpernetze, Würfelbauten), S. 66 (Münze)

Peter Kast S. 31, 34, 70, 71, 75 (Karten)

Dr. Volkhard Binder S. 25 (Karte)

Layoutkonzept und Umschlaggestaltung

Katharina Wolff-Steininger und Rosendahl Berlin

Layout und technische Umsetzung

Checkplot Anker & Röhr

Bildquellen

S. 66 (Ameise) paulrommer/fotolia.com, (Blaumeise) max5128/fotolia.com, (Nilpferd) sattapapan tratong/fotolia.com, (Baum) Artex67/shutterstock.com, (Bleistift), picsfive/fotolia.com, (Anspitzer) nito/fotolia.com, (Haus) JSB/fotolia.com, (Waschmaschine) Lucky Dragon/fotolia.com, S. 71/72 (Streckennetz, Fahrplan) Verkehrsverbund Rhein-Sieg GmbH, S. 91 (Containerschiff) nmann77/ fotolia.com, S. 108 (Taschenrechner) PROFIL Fotografie Marek Lange

www.cornelsen.de

1. Auflage, 5. Druck 2021

Alle Drucke dieser Auflage sind inhaltlich unverändert
und können im Unterricht nebeneinander verwendet werden.

Druck: AZ Druck und Datentechnik GmbH, Kempten

ISBN 978-3-06-082067-2 (Schülerbuch)
ISBN 978-3-06-084156-1 (E-Book)

PEFC
PEFC/04-31-2260

PEFC zertifiziert
Dieses Produkt stammt aus nachhaltig bewirtschafteten Wäldern und kontrollierten Quellen.

www.pefc.de